DE

L'ENSEIGNEMENT A L'ÉCOLE

ET

DANS LES CLASSES ÉLÉMENTAIRES

DES LYCÉES ET COLLÈGES

EN VENTE A LA MÊME LIBRAIRIE

DU MÊME AUTEUR :

DE L'ÉDUCATION A L'ÉCOLE. — 9ᵉ édition. — Un très fort
 volume in-18, broché. **3 50**
   Cette publication, ainsi que, l'ENSEIGNEMENT A l'ÉCOLE ET
l'INSTITUTEUR, ont été couronnées par l'Académie des Sciences morales et politiques: **Prix Halphen, 1888.**

LA QUESTION DU LATIN DE M. FRARY ET LES PROFESSIONS LIBÉRALES. — 3ᵉ édition. — Une brochure in-18
jésus. . . . . **1 »**

LECTURE COURANTE. — COURS PRÉPARATOIRE 1 vol. in-12
illustré, avec notes, questionnaires et exercices, 2ᵉ édition, cartonné. . . . . **» 65**

LECTURE COURANTE. — COURS ÉLÉMENTAIRE. 1 vol. in-12
illustré, avec notes, questionnaires et exercices, 2ᵉ édition, cartonné. . . . . **» 75**

Ouvrages inscrits sur un très grand nombre de listes départementales.

POUR NOS ENFANTS, petites récréations morales. Livre de lecture courante à l'usage du COURS MOYEN des Écoles primaires.
 — Ouvrage contenant de nombreuses illustrations par GEORGES
Roux. Un volume in-12, 8ᵉ édition, cartonné. . . . **1 30**

Ouvrage inscrit sur un très grand nombre de listes départementales.

LA RÉCITATION A L'ÉCOLE ET LA LECTURE EXPLIQUÉE.
COURS MOYEN ET SUPÉRIEUR. Ouvrage illustré par GEORGES
ROUX et contenant une carte littéraire de la France, un tableau
chronologique des principaux écrivains du XVIᵉ au XIXᵉ siècle,
avec notices biographiques, quatre dialogues sur la versification,
30 récitations avec développements et notes, 40 lectures expliquées et 25 lectures à expliquer.

Livre du maître, 1 fort volume in-12, broché. . . . **3 50**
  —   —   cartonné. . . . **4 »**
Livre de l'élève, 1 volume in-12, 5ᵉ édition, cartonné. . **1 50**

Ouvrage inscrit sur un très grand nombre de listes départementales.

CONTES A MES PETITS AMIS, *petites leçons d'éducation.* —
Nombreuses gravures sur bois de DE BERGEVIN.
Un vol. in-12, broché. . . . . **2 »**

VIENT DE PARAITRE :

GRAMMAIRE FRANÇAISE. *Nouvelle méthode inductive d'enseignement grammatical,* cours moyen et supérieur. *Livre de l'élève*
1 fort vol. in-8° carré cartonné. **1 50**

SOUS PRESSE :

GRAMMAIRE FRANÇAISE, *Livre du maître.* 1 fort volume
in-12. . . . . **» »**

DE L'ENSEIGNEMENT A L'ÉCOLE

ET DANS LES CLASSES DE GRAMMAIRE
DES LYCÉES ET COLLÈGES

PAR

A. VESSIOT

Inspecteur général honoraire de l'enseignement primaire,
Ancien élève de l'École Normale supérieure,
Ancien membre du Conseil supérieur de l'Instruction publique.

> Les idées ne viennent pas d'elles-mêmes à l'esprit de l'élève : il faut lui apprendre à *trouver* ; encore moins prennent-elles toutes seules l'ordre et la forme qu'elles doivent revêtir : il faut lui apprendre à *composer*.
> GRÉARD.

ONZIÈME ÉDITION

PARIS
LECÈNE, OUDIN, ET Cⁱᵉ, ÉDITEURS
17, RUE BONAPARTE, 17

—

1893
Tous droits réservés.

PRÉFACE

La pédagogie est chez nous en progrès et en honneur ; elle a vaincu l'inexplicable indifférence où elle végétait depuis si longtemps ; elle attire aujourd'hui d'excellents esprits et produit d'excellents travaux. Dans la transformation sociale qui s'accomplit sous nos yeux, la question de l'éducation apparaît comme la question même de l'avenir; car on commence à s'apercevoir que le changement des institutions politiques n'a pas la vertu de changer les mœurs, et que si l'on veut d'autres hommes, c'est aux enfants qu'il faut songer.

Jusqu'à ce jour pourtant, ce n'est pas l'éducation morale qui a pris le premier rang dans les préoccupations de l'opinion publique; non que l'état des mœurs et de la littérature, qui en est l'image, ne parle assez clair et assez haut ; mais l'on paraît croire encore à la toute-puissance de l'instruction que l'on répand à flots. En attendant, le flot de l'immoralité monte, et il faudra bien finir par reconnaître que l'on peut accroître considérablement la somme de l'instruction générale sans accroître très sensiblement la somme de la moralité publique : c'est que la règle de la conduite et la source de la moralité ne se trouvent ni dans les sciences exactes physiques ou naturelles, ni même dans les sciences historiques et politiques ; elle est ailleurs, comme j'ai essayé de le faire voir dans l'ouvrage intitulé : *l'Éducation à l'École*.

Grâce au concours de toutes les bonnes volontés et de tous les talents, l'éducation intellectuelle est en bonne voie. Les livres abondent, les maîtres se forment ; cependant ces maîtres ne sont encore qu'une élite, et la pédagogie n'a pas pénétré aussi avant qu'on pourrait le croire dans le corps nombreux et précipitamment accru des instituteurs et des institutrices. Ce ne sont pas les théories qui manquent : mais les théories flottent à la surface, et la routine reste au fond. Pour le grand nombre la pédagogie n'est qu'un amas de formules creuses et sonores et non un système de règles claires et simples qui soient comme les muscles et les nerfs de l'enseignement.

Nous n'avons qu'une confiance médiocre dans la vertu des formules pédagogiques ou autres. Sans doute quand elles se présentent, en manière de conclusion, à la fin des longs travaux qui les ont élaborées, elles sont pleines de force et de sens ; mais, une fois détachées de leurs principes, isolées et mises en circulation, elles se vident de sens et se remplissent de vent ; ce ne sont plus que des ballons qu'il suffit souvent de toucher d'une épingle pour les dégonfler instantanément.

Ces formules ont une vertu singulière : elles font croire à ceux qui en usent, qu'ils sont des maîtres accomplis. Quand on a prononcé le fameux : *du connu à l'inconnu*, il semble qu'on n'ait plus rien à apprendre ; mais trop souvent il reste à comprendre. Est incomprise toute formule qui ne peut être immédiatement appliquée, et c'est là, dans l'application, qu'est l'écueil. Tel maître, la plume à la main, traite pertinemment une question de méthode ; entrez dans sa classe, voyez-le à l'œuvre, cette même méthode qu'il a savamment exposée, il ne la pratique pas ; c'est qu'il a écrit ce qu'il avait lu, et qu'il continue à faire ce qu'il a toujours fait ; sa lecture était récente, son habitude était ancienne ; et puis lui a-t-on suffisamment appris à passer de la théorie à la pratique ?

Le maître a entre les mains deux genres de livres, excellents tous les deux, les uns purement théoriques et les autres purement pratiques ; les premiers l'initient à la connaissance des méthodes et des principes, les seconds le dispensent d'en chercher l'application. Sans doute il est bon de lui donner des devoirs tout faits, mais il ne serait pas mauvais de lui apprendre à les faire, sans quoi nous aurons beaucoup de livres, mais nous aurons peu de maîtres.

Du concret à l'abstrait, dit-on sans cesse aux instituteurs ; n'y aurait-il pas profit à procéder avec eux comme on les engage à procéder avec leurs élèves ? La théorie, c'est l'abstrait ; le modèle, c'est le concret ; commençons donc par mettre sous leurs yeux des modèles ; exerçons-les à y découvrir les méthodes qu'ils recèlent. Exposées théoriquement, dogmatiquement, ces méthodes ont je ne sais quel air imposant, mystérieux ; prises sur le vif, dégagées des écrits dont elles forment le support et la trame, elles se comprennent mieux, on se familiarise avec elles, on se les approprie plus aisément. Comme on les retrouve toujours les mêmes sous la diversité infinie des sujets et des genres, on finit par reconnaître qu'elles ne sont ni si compliquées, ni si ardues qu'elles semblaient l'être sous la forme abstraite et dans l'isolement théorique.

Nombre de gens s'imaginent que les règles qui président à la conduite de l'esprit sont d'invention récente; c'est une opinion flatteuse pour l'amour-propre des contemporains, mais c'est une pure illusion. Les chefs-d'œuvre de l'esprit humain ne datent pas d'hier ; or du jour où un chef-d'œuvre avait paru, ces règles étaient découvertes, puisqu'elles étaient appliquées. A diverses reprises on les a formulées, et le *Discours de la Méthode* semblait en avoir trouvé les formules définitives. Depuis, on les a changées, mais le fond n'a pas changé, il ne changera pas. L'esprit a toujours été du particulier au général et du général au particulier, du tout à la partie et de la partie au tout. Induction, déduction, analyse, synthèse: voilà toute la méthode. Ce n'est pas dans l'invention des règles que la force de l'esprit se montre, mais dans leur application ; c'est donc vers l'application qu'il faut tourner les efforts des maîtres.

Dans cet ouvrage, nous nous sommes efforcé de mettre entre les mains de nos maîtres, pour chacune des matières principales de l'enseignement, quelques règles simples et claires, et ces règles, nous les faisons sous leurs yeux, en les tirant des modèles. Grâce à cette méthode, les règles ne peuvent s'oublier, car leur souvenir est lié aux modèles qui les contiennent; la théorie et l'application ne font qu'un. Nous avons cru devoir faire une large part aux exercices de style et de composition, d'abord à cause de leur importance et ensuite parce que ces exercices sont encore à l'état rudimentaire dans la plupart de nos écoles.

DE L'ENSEIGNEMENT

A L'ÉCOLE

ET DANS LES CLASSES ÉLÉMENTAIRES
DES LYCÉES ET COLLÈGES

CHAPITRE PREMIER

LES PROGRAMMES DU 27 JUILLET 1882 — LEUR CARACTÈRE, LEUR ESPRIT, LEUR PORTÉE. (1)

A la date du 27 juillet 1882 paraissait l'arrêté qui règle définitivement l'organisation pédagogique et le plan d'études des écoles primaires publiques. A cet arrêté sont annexés les programmes nouveaux.

La publication de ce programme n'est pas un simple accident dans notre vie scolaire, c'est un événement, c'est une date mémorable, c'est le com-

---

1. Cette allocution a été prononcée dans la séance d'inauguration des conférences faites aux instituteurs de Marseille en janvier 1883, sur l'application des nouveaux programmes,

mencement d'une ère nouvelle, et je l'espère, j'en suis sûr, féconde.

La première lecture de cette œuvre éminemment démocratique et patriotique m'a causé une impression profonde et une émotion mêlée de joie et de crainte. En voyant reparaître, ordonnés et distribués dans un vaste et symétrique ensemble, les grands traits d'une éducation nationale primaire, jetés, il y a un siècle, d'une main si ferme, si hardie par les législateurs de la Révolution française, j'éprouvais un sentiment d'admiration ; mais quand je mesurais l'étendue des devoirs qui s'imposent désormais à nous et l'insuffisance trop manifeste de nos ressources présentes, je ne pouvais me défendre d'un sentiment d'inquiétude. Songeant ensuite à la bonne volonté dont nos instituteurs ont donné tant de preuves, a tout ce qu'on peut attendre du caractère de cette généreuse nation qui s'élance dans les voies ouvertes comme un fleuve dans un lit meilleur, je me suis rassuré. Aussi bien l'heure n'est pas à la mollesse, au découragement, mais à l'énergie et aux résolutions viriles.

Parcourons donc tranquillement ensemble les pages nouvelles des programmes élargis, et rendons-nous compte à la fois et de la nécessité de ces accroissements considérables et de l'importance des obligations qui en découlent.

L'ancien programme, en sa pauvreté volontaire, répondait à l'ancien état politique et social ; il suffisait à former des sujets et des plébéiens ; le nouveau répond aux besoins et aux aspirations d'une société transformée par la science et la Révolution ; il est propre à former des hommes, des citoyens, à développer toutes les aptitudes, à ouvrir les voies par où le mérite peut arriver à tout

Le programme d'autrefois ne s'occupait que de la culture de l'esprit, et, sous ce rapport même, il s'en tenait au strict nécessaire ; il mesurait parcimonieusement à l'enfant du peuple la nourriture intellectuelle, il le tenait à la portion congrue. Savoir lire, écrire et compter, c'était bien assez pour qui devait se borner à lire l'almanach, à signer son contrat de mariage, à compter son fermage et ses impôts. La vieille conception de la vie humaine, conception essentiellement monarchique et théocratique, impliquait l'inutilité de la science. Pas n'est besoin d'être savant pour faire son salut ou pousser le rabot et la charrue ; et même, l'ignorance ne semblait-elle pas une garantie de sagesse et de docilité ? Dangereuse est l'instruction, elle rend volontiers les gens inquiets, indépendants. Dans cette conception, l'homme du peuple, ouvriers, paysans, devaient vivre d'une vie étroite, locale, étrangers au reste du monde, étrangers même aux destinées de leur pays.

Les temps ont changé ; la Révolution française d'abord, puis une série de révolutions engendrées par des restaurations impuissantes et éphémères, ont peu à peu initié le peuple à la vie politique et l'ont enfin mis en possession de ses droits. C'en est fait, le suffrage universel est définitivement, irrévocablement acquis. La contre-révolution elle-même n'oserait y toucher ; elle entreprendrait de le fausser peut-être, mais de le supprimer, jamais. Or, le suffrage universel a fait autant de citoyens qu'il y a de Français ; ces citoyens, il fallait les préparer à l'accomplissement des devoirs civiques et moraux qu'imposent les institutions républicaines, à l'exercice des droits qu'elles confèrent ; il fallait tremper les corps, former les cœurs, éclairer les esprits ; c'était pour l'État un devoir, et pour la République une nécessité. Ce devoir est rempli ; et les programmes du 27 juillet assurent à la nation française une éducation physique, intellectuelle et morale.

C'est là, en effet, le triple caractère imprimé à l'éducation primaire ; elle prend l'homme tout entier, corps, tête et cœur. Elle recommence, au milieu du calme et dans le fonctionnement régulier des institutions républicaines, l'œuvre qu'avait conçue la Révolution française, que Lakanal avait préparée et que les terribles convulsions de la guerre civile, et les malheurs de la guerre étrangère vinrent brusquement interrompre et pour longtemps. Le projet Lakanal comprenait en effet dans l'enseignement primaire :

Les droits de l'homme ;

Les procédés des arts ;

L'agriculture, l'arpentage;
Le mécanisme des métiers;
Les exercices du corps;
Les pratiques de l'âme.

Ce sont là précisément les matières inscrites au nouveau programme sous le nom d'instruction civique, préparation à l'éducation professionnelle, éducation morale. Vous le voyez, il n'a pas fallu moins d'un siècle pour qu'une réforme qui, en 1789, paraissait déjà mûre, qui à cette même époque s'offrait comme le fruit d'une élaboration plus que séculaire, ait pu entrer enfin dans la période de l'application; je dis entrer, car ce n'est pas en un jour, ni en une année, que nous pourrons arriver à l'entier accomplissement de cette réforme aussi grande, aussi profonde que nécessaire.

Une constitution républicaine veut une éducation républicaine. En donnant à chaque citoyen une part de souveraineté par le droit du suffrage, elle lui impose le devoir corrélatif de la défendre. L'obligation du service militaire est donc une conséquence naturelle de l'égalité politique. D'autre part, le service militaire, devenu obligatoire, ne tarderait pas à compromettre les plus grands intérêts du pays, si l'on n'arrivait promptement à en restreindre la durée. C'est là une question vitale, dont la solution réside en grande partie dans l'éducation physique de la nation. Voilà pourquoi les exercices gymnastiques et militaires ont été déclarés obligatoires dans toutes les écoles publiques, primaires et secondaires.

Il faut qu'à un moment donné, la nation entière puisse se lever en armes pour la défense de la patrie. Ah! sans doute il serait beau que l'humanité ne formât qu'une vaste association contre les misères de la condition humaine et contre les rigueurs et les surprises de la destinée. Seuls entre tous les peuples nous avons fait ce rêve grandiose. Le meilleur des rois, celui qui sauva la nation des fureurs du fanatisme, Henri IV, avait rêvé les États-Unis d'Europe. Après lui, l'abbé de Saint-Pierre et d'autres esprits généreux avaient étendu ce rêve à l'humanité tout entière. La Révolution de 89 l'avait recueilli et, noblement confiante en la nature humaine, elle en souhaitait, elle en espérait la réalisation. Puisque nos erreurs et nos malheurs nous ont réduits à lutter pour la vie, il faut renoncer résolument à cette chimère de philanthropie universelle ; il faut regarder la réalité en face ; il faut enseigner un patriotisme viril, militant, à la manière antique, et opposer l'amour passionné et vigilant de la patrie à la haine jalouse d'ennemis irréconciliables. Formons donc des citoyens soldats.

Aussi bien y a-t-il d'autres raisons qui expliquent et justifient l'introduction des exercices du corps dans nos mœurs scolaires.

Les progrès inouïs de la science ont créé ou développé sans mesure ces industries redoutables, qui, tout en contribuant à l'accroissement du bien-être général, altèrent la santé des ouvriers, débilitent leur constitution. Enfin, à quoi bon le dissimuler, le séjour des villes, des grandes villes surtout, est malsain, dangereux ; l'air, l'espace y manquent ; rien n'y invite aux exercices du corps, tout y attire aux délassements tranquilles. Combien il serait à souhaiter que les générations nouvelles, habituées dès l'enfance aux jeux et aux exercices fortifiants, pussent puiser dans cette habitude, devenue un besoin, l'énergie nécessaire pour combattre l'engourdissement des occupations sédentaires et résister au charme des plaisirs énervants !

Les auteurs clairvoyants du programme primaire n'ont fait que répondre par une sage innovation à la logique des institutions républicaines, aux nécessités de notre situation vis-à-vis des nations étrangères, aux besoins de notre état social et au danger des mœurs et des habitudes contemporaines.

Ils ne se sont point arrêtés là ; la force physique, pourtant si nécessaire, ne suffit pas ; il faut y joindre des qualités plus relevées. Soumises à l'implacable loi de la concurrence nationale et de la concurrence étrangère, l'agriculture, l'industrie surtout exigent de nos ouvriers plus d'adresse, plus d'initiative, plus de savoir.

La diffusion du bien-être, l'accroissement de la richesse ont développé dans des proportions énormes la production des objets de luxe ; et même, dans les choses de simple utilité, on recherche, on demande une certaine élégance, un certain agrément.

Aussi partout l'art s'unit et s'applique à l'industrie, pour la relever, pour l'embellir. Dès lors, il importait de cultiver de bonne heure, par des exercices variés, par le maniement des principaux outils, par le dessin, par le modelage, ces qualités, du reste innées dans notre race, la dextérité de la main, la justesse du coup d'œil, la sûreté du goût, et de préparer ainsi les enfants par cette culture générale à l'exercice intelligent et précoce de toutes les professions manuelles. Il importait aussi d'abréger les longueurs improductives et décourageantes de l'apprentissage, et de mettre l'enfant du peuple en état de venir promptement en aide à sa famille et de subvenir à ses propres besoins.

On a pensé aussi au foyer domestique ; on a voulu que la mère cessât d'être tributaire des industries coûteuses, et qu'au lieu d'aller loin des siens gagner péniblement, dans quelque atelier malsain, de quoi payer tailleuses, blanchisseuses et lingères, elle sût elle-même habiller, blanchir et entretenir ses enfants ; et en cela l'on n'a pas uniquement songé à l'économie, mais aux intérêts moraux de l'enfance et de la famille ; car la place de la mère est près du berceau, celle de l'épouse est au foyer.

Enfin, il était bon que la jeune fille pût dès l'école, par des exercices gymnastiques appropriés à sa nature, acquérir les forces nécessaires à l'accomplissement de sa tâche future, tâche multiple autant que laborieuse.

Voilà, en quelques mots, ce que le gouvernement de la République a cru devoir demander à l'enseignement primaire pour l'éducation physique des générations nouvelles.

Mais le corps n'est qu'un organisme au service de la volonté ; si la volonté est pervertie, elle devient d'autant plus dangereuse qu'elle dispose d'armes plus puissantes. De là, la nécessité de diriger, d'exercer la volonté dès l'enfance, de la tourner, de la former à la pratique du bien. Sans doute, jusqu'ici, la morale n'est pas restée étrangère à l'enseignement primaire ; mais elle n'y était pas, de la part de nos maîtres, l'objet d'une préoccupation constante, et elle s'y enseignait surtout sous une forme confessionnelle. D'un côté c'était trop peu, de l'autre c'était trop.

Il ne suffit pas, en effet, que le maître exerce, en quelque sorte involontairement, une influence morale par la vertu propre à tout enseignement et par la vertu de l'exemple ; il faut que la morale soit mêlée intentionnellement à tous les exercices, à tous les actes de la vie scolaire ; il faut que l'enfant y apprenne chaque jour, à toute heure, la première des sciences et la plus difficile, celle de bien faire.

D'autre part, dans un État qui repose sur la pratique de la tolérance religieuse, l'école publique, celle où viennent s'asseoir des enfants qui appartiennent à tous les cultes, celle qui a pour mission de fortifier, au milieu des divergences inévitables des opinions politiques et religieuses, l'unité intellectuelle, morale et patriotique de la nation, l'école publique, dis-je, ne doit donner que des enseignements communs à tous, ne doit inculquer que des vérités universellement reconnues. Dans ces enfants aujourd'hui condisciples, elle voit de futurs concitoyens, destinés à vivre dans l'égalité civile et politique; quelles que soient leurs croyances, elle les réunit pour les unir; elle leur apprend à s'aimer, à s'estimer les uns les autres; elle travaille à nouer entre eux ces liens fraternels, nécessaires au bonheur, que dis-je, à l'existence même de la patrie. Aussi, laissant des dogmes parfois contradictoires, va-t-elle prendre l'enseignement moral à sa source naturelle, source inaltérable et vraiment divine, la conscience. C'est là que l'instituteur puisera ses inspirations; c'est de sa conscience et de son cœur que découleront ses leçons toujours simples, toujours naturelles. Il évitera également d'enfermer des principes universels dans des dogmes exclusifs, et de revêtir d'une forme sèche et abstraite la chose la plus vivante qui soit au monde, celle qui est la vie même, la morale, puisque nous ne pouvons rien faire, rien dire, rien penser qui ne relève de ses lois, et qu'elle ne frappe à l'instant même de l'un ou l'autre de ces deux caractères, le bien, le mal.

Dans son équitable et large neutralité, il prendra le bien partout où il le trouvera, dans les temps anciens comme dans les temps modernes, soucieux avant tout d'en inspirer l'amour et l'émulation. Il n'a que faire de recourir aux démonstrations savantes ; on ne *démontre* pas le bien, on le *montre*. Aussitôt, l'enfant le voit, le reconnaît, le sent, car il a le sens du bien, comme il a le sens du goût, de l'odorat. Ne travaillons donc pas à lui faire acquérir ce qu'il possède ; efforçons-nous de développer, de fortifier ce germe sacré par ce qu'il y a de plus efficace au monde, l'autorité de l'exemple et la chaleur de la conviction. La morale en action, voilà la morale qui convient à l'école, que dis-je à l'école, à la société, à l'humanité tout entière. Ah ! combien la société serait plus digne de son nom, combien l'humanité serait plus voisine de sa fin, si l'on consacrait à la pratique du bien toutes les forces perdues à en discuter et à en imposer des formules arbitraires ! Habituons donc nos enfants à bien faire et à juger les autres non sur leurs opinions et leur langage, mais sur leur conduite et leurs actions.

Mais ce n'est pas assez de fortifier la volonté, il est nécessaire d'éclairer l'intelligence pour qu'à son tour elle éclaire et dirige la volonté. De plus, le progrès général des peuples modernes et en particulier des nations voisines et rivales de la France, les progrès de la science qui renouvelle la face du monde, les progrès parallèles de toutes les industries, la propagation du goût des arts, en un mot la transformation des sociétés modernes exigeaient un accroissement de connaissances dans l'éducation du peuple et une extension correspondante des programmes scolaires. Ces programmes ont en effet doublé d'étendue, et les matières qu'ils comprenaient ont été portées de 6 à 12, d'un seul coup :

1. Instruction civique, droit usuel, notions d'économie politique.
2. Éléments des sciences physiques et naturelles.
3. Géométrie.
4. Agriculture et horticulture.
5. Dessin d'ornement.
6. Chant.

Voilà les matières obligatoires nouvelles, et, dans le nombre, il en est qui contiennent 3 ou 4 objets très différents comme la physique, la zoologie, la botanique, la minéralogie. De plus, à l'histoire et à la géographie de la France sont venues s'ajouter des notions d'histoire et de géographie générales, et l'enseignement de la langue française s'est enrichi d'exercices de tout genre. Toutes ces innovations sont faciles à justifier, et je le ferai rapidement.

On se plaint d'ordinaire et non sans raison de l'ignorance des Français en matière de législation ; la classe aisée n'est pas à l'abri de ce reproche ; mais elle n'a pas l'excuse des classes ouvrières qui n'ont ni le loisir ni les moyens de s'instruire. Certes on comprend que les volumineuses proportions de nos codes et le nombre presque infini de nos prescriptions légales effrayent le public et le détournent d'une étude à coup sûr laborieuse et qui peut sembler superflue. Mais dans ce vaste réseau de nos lois, qui embrassent la vie moderne en sa prodigieuse complexité, il en est un certain nombre d'un caractère général, qui règlent les principaux rapports des citoyens entre eux, et qui président aux actes les plus importants de la vie civile. Ce sont les lois sur les naissances, les mariages, les décès, la propriété, les successions, les contrats, les échanges, etc. Celles-là, tout citoyen doit les connaître, et elles devaient par suite entrer dans le programme de l'instruction obligatoire : d'abord pour répondre aux légitimes exigences de ce principe, que *nul n'est censé ignorer la loi*, ensuite pour affranchir autant que possible les citoyens de la nécessité de consultations souvent coûteuses; enfin parce que ces lois sont empreintes de cet esprit de justice et d'égalité, que la Révolution française ambitionnait de propager dans le monde, et qu'elle a au moins réussi à faire prévaloir dans la législation française. C'était un service à rendre au peuple et à la République que de répandre un enseignement, dont tous les deux doivent tirer honneur et profit. Cet enseignement lui-même réclamait un complément indispensable.

La classe ouvrière, qui vit surtout dans les villes, qui a constamment sous les yeux le spectacle du luxe, de ses splendeurs, de ses folies, qui est sollicitée par des tentations sans cesse renaissantes; qui, malgré la création et la propagation des caisses d'épargne et de retraite, des sociétés de secours mutuels, de crédit, de prévoyance, est encore en grande partie à la merci des chômages, des accidents et des maladies, la classe ouvrière est naturellement tourmentée du désir d'arriver au moins à l'aisance par des chemins rapides; elle s'irrite parfois des lenteurs de l'épargne quotidienne, qui peut tout au plus l'arracher à la gêne; elle prête une oreille complaisante à ceux qui lui parlent d'une révolution nouvelle, non pas d'une révolution politique cette fois, mais bien sociale, c'est-à-dire de l'éternelle utopie du partage des biens.

Mais ce ne sont pas seulement des passions communes à tous les hommes et ravivées soit par la fatalité des situations, soit par l'influence des milieux, soit par des excitations intéressées qui favorisent la propagation des doctrines subversives; c'est aussi l'ignorance profonde et assurément involontaire des conditions de la vie sociale, des lois qui règlent les rapports entre la production et la consommation, entre le travail et le capital. Sans doute la presse ne cesse de montrer et de démontrer l'absurdité de ces théories funestes, dont l'application, si jamais par malheur elle venait à se faire, ne pourrait procurer à leurs partisans que quelques jours à peine de jouissances ensanglantées, pour les replonger ensuite dans une misère plus profonde et dans une inévitable servitude. Mais les journaux et les livres s'adressent à des hommes faits, dont l'esprit est déjà prévenu, que les souffrances du présent, que les déceptions du passé, que la perspective d'un avenir mal assuré peuvent rendre sourds à la voix du bon sens. Ces doctrines du reste ont aussi leur presse, leurs écrivains, leurs orateurs. Le devoir de l'État était tout tracé. Il falloit s'adresser à l'enfance et tourner au profit de la société cette force dont la religion tire un si grand parti, celle que donne au premier occupant la virginité de l'esprit, cette disposition naturelle à s'imprégner des premières idées, à garder dans toute leur fraîcheur les impressions premières, en un mot la force de l'éducation. Il n'y avait rien de mieux à faire, car il est plus facile de prémunir l'esprit contre des idées fausses que de les en extirper. Ainsi, la diffusion, par l'enseignement primaire, des notions essentielles de l'économie politique est donc une œuvre de préservation et de conservation sociales.

De son côté, la science avec ses découvertes, ses inventions, avec son inépuisable fécondité, son activité infatigable, provoque à la réflexion les esprits les plus engourdis; elle assiège les yeux et l'esprit de ses merveilles renaissantes, elle remplit les villes, elle va chercher le paysan jusque dans les villages les plus reculés, et, lui mettant sous les yeux les prodigieux effets de la vapeur et de l'électricité, elle le tourmente du désir d'en pénétrer les secrets. Elle lui apporte aussi des machines ingénieuses pour simplifier et accélérer les travaux des champs, elle lui invente des engrais nouveaux, elle s'ingénie à combattre les fléaux qui menacent ses récoltes. Il y a comme une lutte gigantesque engagée entre la nature et la science, pour la domination.

Ne devait-on pas mettre les générations nouvelles en état de comprendre la transformation qui s'opère sous leurs yeux et dont le but, le caractère principal est de réduire par degrés le rôle et l'importance de la force physique dans les travaux de tout genre et d'accroître sans cesse la part de l'intelligence et du savoir? Sous ce rapport aussi, les programmes répondent à un besoin incontestable et incontesté. L'ouvrier était autrefois une machine vivante ; maintenant il en est souvent le conducteur, le régulateur ; il faut qu'il la comprenne, qu'il en connaisse les ressorts, le jeu, les dangers, qu'il soit en état de la juger, de la corriger, et, s'il est inventif, de la perfectionner. Peut-il remplir ce rôle sans une certaine culture scientifique? Les innombrables applications de la science et de l'art à l'industrie n'exigent-elles pas de l'ouvrier des connaissances variées? Fallait-il enfin, au milieu du progrès général, laisser tant d'hommes dans une complète ignorance au sujet du sol qui les porte, des végétaux qui les nourrissent, des animaux qui les servent, des phénomènes atmosphériques qui les entourent, qui les charment et les effrayent, quand ces connaissances facilement acquises peuvent si largement accroître leur richesse et leur bonheur?

Est-il besoin de dire qu'en un temps où l'on s'efforce d'arracher l'agriculture à la routine, où les progrès accomplis chez les peuples étrangers viennent stimuler l'activité nationale, où le développement prodigieux des richesses industrielles et de la propriété mobilière doit provoquer un développement parallèle de nos richesses foncières, sous peine de rompre l'équilibre entre les deux grands éléments de la prospérité publique, est-il besoin de dire que l'agriculture devait prendre place dans l'enseignement élémentaire? A qui enseignerait-on l'agriculture, sinon à ceux qui, pour la plupart, doivent un jour travailler la terre ? L'on ne se propose pas de pousser les futurs cultivateurs dans la voie des innovations chanceuses et d'exposer à la ruine de modestes patrimoines laborieusement conquis. Il s'agit de dégager peu à peu les esprits des préjugés et des habitudes routinières, de les rendre plus accessibles aux améliorations reconnues, de les initier non pas aux recherches et aux expériences de la science qui se fait, mais aux résultats certains de la science déjà faite. Ainsi compris, ainsi donné, cet enseignement doit préparer au pays des agriculteurs assez éclairés pour renoncer à des traditions stériles et pour éviter des expériences ruineuses.

Jusqu'à ce jour, on n'enseignait à l'école primaire

que la seule histoire de France, ou, pour parler plus exactement, qu'une partie de l'histoire de France. Car, comme on avait négligé de régler la marche et la distribution de enseignement, beaucoup d'instituteurs, peu pressés d'arriver aux derniers temps, ralentissaient le pas et atteignaient à grand'peine la date de 1789. Dans les nouveaux programmes, on a donné à l'histoire moderne la place d'honneur qui lui revient; et comme l'histoire de France est étroitement liée à celle des autres peuples, comme elle est à peu près inintelligible à l'état d'isolement, on l'a replacée dans son jour et dans son milieu en prescrivant l'exposé des grands événements de l'histoire générale.

De plus, en dehors de l'histoire sainte, les enfants ne savaient rien du passé; l'antiquité n'était pour eux qu'un mot vide de sens. On a pensé avec raison qu'il était bon de leur mettre sous les yeux un tableau sommaire mais complet de l'histoire de l'humanité, et qu'un peuple qui doit tant à l'antiquité grecque et romaine ne devait pas rester totalement étranger à l'histoire des nations les plus illustres du monde. Aujourd'hui presque tous les peuples de la terre ont noué entre eux des relations politiques et commerciales; nos vaisseaux vont toucher à tous les rivages, nos explorateurs sillonnent le monde en tous sens, et s'ouvrent un chemin jusqu'au cœur des continents immenses; ne convenait-il pas d'étendre aussi le domaine de l'enseignement géographique et de mettre nos jeunes écoliers à même de suivre en imagination les pas de leurs vaillants compatriotes et le pavillon des navires français?

Mais les auteurs de ce programme magistral ne se sont pas bornés à rendre l'école plus féconde par la richesse et la variété des enseignements ; ils se sont efforcés de la rendre plus attrayante, et, à côté des sciences nécessaires, ils ont placé les deux arts à la fois les plus agréables et les plus utiles, la musique et le dessin. Ces arts en effet ne servent pas seulement à rompre l'uniformité des études plus sévères ; ils contribuent efficacement au développement des autres facultés, ils répondent à de véritables besoins de notre nature, ils sont des auxiliaires dans l'exercice de mainte profession, un élément de perfectionnement intellectuel et moral, une initiation à une vie supérieure.

L'homme est essentiellement imitateur et la main et la voix sont ses instruments d'imitation. Quelle merveilleuse ressource dans la vie qu'une main exercée, qui, à l'aide d'un crayon, peut reproduire tour à tour les objets qui le charment et les inventions qui le frappent! Et la musique, quelle source de plaisirs élevés, quelle défense contre l'ennui, quelle bonne et joyeuse compagne des travaux manuels !

L'enfant chante et dessine spontanément ; il charbonne les murailles, il répète les refrains du foyer. Le chant fait la gaieté de la vie domestique ; il doit être l'âme de la vie scolaire. Par lui, les sentiments patriotiques pénètrent dans les cœurs et les font vibrer à l'unisson

Voilà, dans leur ensemble, dans leur esprit et leur portée, les programmes du 27 juillet 1882. Il ne sont pas une pure et sèche nomenclature ; mais sur le but, l'objet et la méthode de chaque enseignement, vous y trouverez des indications précises, de sages conseils, des vues profondes. On n'y lit pas seulement les desseins d'une haute intelligence, on y sent une chaleur communicative, un souffle patriotique et puissant.

Et maintenant que le gouvernement de la République a fait son devoir, à nous de faire le nôtre.

Ces programmes, il ne suffit pas de les lire et de les relire, il nous convient de les méditer, de nous pénétrer des obligations qu'ils imposent, de l'esprit qui les anime, des nobles sentiments qui y respirent. Je ne me dissimule pas, croyez-le bien, les difficultés que nous avons à vaincre, les obstacles que nous avons à surmonter. Il nous faudra enseigner bien des choses que nous ne pouvons guère savoir encore, et, tout maîtres que nous sommes, redevenir écoliers. Que représente aujourd'hui le programme du brevet élémentaire ? Moitié à peine du programme des écoles primaires. Assurément, cette disproportion entre la valeur du titre qui confère le droit d'enseigner et l'étendue des matières que comprend l'enseignement n'a échappé ni au ministre, ni au conseil supérieur de l'instruction publique.

On sait bien que ce grand programme n'est pas immédiatement et complètement applicable; mais on a voulu nous placer sous les yeux le but à atteindre, le champ à parcourir, on a voulu provoquer un immense et général effort, on a pensé que, dans les villes, dans les grandes villes surtout, grâce aux ressources intellectuelles qu'elles possèdent, grâce au mérite des maîtres, et à l'organisation hiérarchisée des écoles à quatre et six classes, on pourrait bientôt embrasser toute l'étendue des programmes; on a compté sur votre intelligence, sur votre volonté, sur votre patriotisme, et, j'en ai assurance, on ne s'est point trompé.

CHAPITRE II

DE L'INSTRUCTION MORALE (1)

SOMMAIRE. — Que cet enseignement est une conséquence de l'établissement de la République. — De son caractère. — Forme à lui donner. — Moyens d'en assurer l'efficacité.

Nous engageons nos maîtres à faire dès ce jour une large place à l'instruction morale et civique dans leur enseignement.

L'instruction morale et civique répond aux besoins comme aux vœux du pays : elle est la conséquence *nécessaire* du changement profond qui s'accomplit dans nos institutions, dans nos lois, dans nos mœurs. L'établissement de la République et du suffrage universel, qui en est la base, a donné à l'école un caractère nouveau, il impose au maître de nouveaux devoirs. L'école primaire n'est plus seulement locale, communale, elle est devenue au plus haut point une institution nationale, sur laquelle reposent les destinées mêmes de la patrie ; ce n'est plus sim-

1. Cette circulaire a été adressée aux instituteurs des Bouches-du-Rhône au mois de décembre 1881. Elle a été reproduite par le *Journal général* et le *Journal officiel*.

plement le lieu où l'on va acquérir quelques notions utiles pour la vie privée, c'est la source où l'on va puiser, avec les principes de la morale universelle, la connaissance de ses droits et de ses devoirs pour la vie publique; c'est l'école du civisme et du patriotisme.

Le rôle de l'instituteur a donc singulièrement grandi, comme aussi sa responsabilité. L'ancien maître d'école enseignait à lire, à écrire, à compter; aujourd'hui l'instituteur, sans négliger cette partie de sa tâche, doit avoir une ambition plus haute; c'est de former à la patrie des défenseurs, et des citoyens à la République.

Ces enfants qu'il a aujourd'hui entre les mains seront tous un jour électeurs et soldats; ils auront leur part d'influence sur l'avenir de la patrie; il faut donc tremper leurs âmes, éclairer leurs esprits; il faut les initier à l'intelligence de leur temps, de la société dont ils seront les membres, des devoirs civiques qu'ils auront à remplir, des institutions qu'ils devront affermir; il faut les animer d'un généreux patriotisme, c'est-à-dire leur apprendre non pas à haïr les peuples étrangers (laissons à d'autres ce triste et cruel enseignement), mais à aimer passionnément leur pays. Le vrai patriotisme est fait d'amour et non de haine; il ne consiste pas dans l'altération systématique des faits les mieux établis de l'histoire, dans le dénigrement jaloux des grandeurs et des gloires étrangères; non, il n'a pas besoin de l'humiliation des autres, il s'inspire de la justice, il s'allie à une noble émulation ; voilà celui qui convient à la France, et qu'on doit enseigner à la jeunesse française.

Sans doute ce double enseignement ne constitue pas une chose absolument nouvelle, et ce serait une erreur de croire que l'instruction morale et civique va faire une apparition soudaine dans nos écoles. Beaucoup parmi nos maîtres donnent et donnaient depuis longtemps des leçons propres à former d'honnêtes gens et de bons citoyens.

Du reste, tout enseignement, même le plus humble et le plus étranger à la morale proprement dite, a pourtant une certaine vertu moralisatrice; et tout honnête homme, par sa seule fréquentation, communique aux autres et surtout aux enfants, quelque chose de sa propre honnêteté. Mais ce qui était l'effet en quelque sorte involontaire de l'instruction elle-même et de la moralité des maîtres, d'une inspiration personnelle et par suite inégale, intermittente, doit devenir le résultat d'un effort commun et soutenu vers un but nettement défini, et d'une préoccupation générale et constante, en un mot, d'un enseignement. Quel en sera le caractère, quelle en sera la forme ?

Maintenant que l'instruction religieuse doit être rendue aux autorités auxquelles elle appartient, et que l'instituteur n'a plus à enseigner des matières de foi, son enseignement ne renferme que des vérités rationnelles, qu'il comprend lui-même et qu'il peut par conséquent faire comprendre. Il ne rencontre plus de ces difficultés inhérentes à la nature des choses et qu'il devait tourner, ne pouvant les résoudre. Tout peut et doit être expliqué, éclairci, démontré. Le maître n'impose rien ; il présente à la raison des vérités que la raison admet, parce qu'elles sont conformes à ses propres lois.

Du reste, l'instruction morale et civique ne saurait se donner sous la forme où se donnait l'enseignement religieux ; il ne s'agit pas de substituer un questionnaire, un catéchisme à un autre et d'imprimer dans les mémoires les articles d'un code aride et laconique ; il s'agit de rendre sensibles, lumineuses, aimables, ces vérités qui découlent de la nature même de l'homme et de l'existence des sociétés, et d'amener les enfants à en faire les règles de leur conduite ; il s'agit d'éveiller, de développer, de fortifier en eux les sentiments qui font la dignité de l'homme, l'honneur des familles et la force des États. L'instruction morale et civique ne doit donc pas être enfermée dans une division ou subdivision du programme scolaire, resserrée dans les limites d'une classe ou d'une heure prescrites, pressée dans le moule étroit de quelques formules inertes, de quelques axiomes solennels ; elle doit se répandre dans toutes les parties de l'enseignement, s'y épanouir en développements variés, y reparaître chaque jour, à chaque heure ; elle doit être la vie, l'âme de l'école. Il faut que l'enfant y respire la morale et le patriotisme comme on respire l'air, sans y prendre garde ; car, pour bien enseigner la morale, il n'est pas besoin de trop moraliser. La morale annoncée risque d'être perdue. Qu'elle se mêle à tout, mais insensiblement, comme ces principes nutritifs que le savant retrouve dans tous les aliments, mais qui se cachent sous l'infinie variété des couleurs et des formes dont la nature revêt les animaux et les plantes, et que l'homme s'assimile sans s'en douter, même sans les connaître. Ainsi la morale se mêlera aux divers exercices de la classe, aux lectures, aux récitations, aux dictées, aux histoires inventées par le maître, aux récits puisés dans les poètes, les romanciers, les conteurs, aux conversations familières et enjouées, aux graves réflexions sur l'histoire, aux jeux, aux promenades, partout présente sans se faire remarquer.

Est-ce à dire que la théorie doive être absolument bannie de l'école? Non ; mais elle n'y doit tenir que la moindre place. Il suffira qu'une fois par semaine et de préférence à la fin, le maître, revenant sur les leçons dernières, en fasse exprimer la substance et la mette sous forme didactique; autant que possible, c'est l'enfant lui-même qui doit tirer les règles et les lois morales des faits qui les contiennent, comme le fruit contient la semence; et la chose n'est pas si difficile. Une lecture achevée, une histoire contée, le maître, par ses questions, provoque le jugement de l'enfant sur telle ou telle action des personnages qui y figurent ; rarement l'enfant se méprend sur la valeur morale des actes soumis à son appréciation. Le maître demande alors à l'enfant s'il jugerait de même tous les hommes qui agiraient de la même manière, et l'amène ainsi sans peine à généraliser son jugement, c'est-à-dire à formuler un principe, une loi. L'enfant devient ainsi son propre législateur ; il a trouvé lui-même la loi ; il la comprend, l'ayant faite, et il s'y soumet plus volontiers parce qu'elle s'est plutôt imposée à sa raison qu'elle n'a été imposée à sa volonté.

Il ne nous parait pas indispensable de tracer aux instituteurs un programme de morale ; ces programmes ne manquent pas ; nous aimons mieux leur laisser le soin de distribuer à leur gré les matières de cet enseignement. Seulement le cahier unique devra le samedi soir en porter la trace et en offrir le résumé. Ces résumés eux-mêmes, réunis de mois en mois, formeront peu à peu un véritable cours, que le maître, éclairé par l'expérience, pourra étendre ou resserrer.

Mais que nos instituteurs ne l'oublient pas : l'enseignement de la morale leur impose à eux-mêmes une obligation morale, celle de mettre leur conduite d'accord avec leur enseignement. De toutes les leçons, la meilleure, c'est la leçon vivante, c'est l'exemple, c'est le maître. Tel maître, tels élèves. Les enfants ont une singulière finesse pour saisir les contradictions entre la conduite du maître et son langage. L'efficacité de cet enseignement se mesure à la valeur morale de ceux qui le donnent, et, à ce point de vue, nous avons confiance que l'instruction morale exercera une heureuse influence sur nos maîtres eux-mêmes et qu'ils tireront profit de leurs propres leçons.

Quant à l'instruction civique proprement dite, comme en dehors des sentiments qu'elle a pour mission de répandre, elle doit offrir à l'enfant l'image même de la société, et lui faire passer successivement sous les yeux les diverses parties d'un vaste et riche ensemble, il y a là matière à un enseignement méthodique, et par conséquent à un programme qui en trace les limites et en règle la marche.

Nous confions avec sécurité ce double enseignement au zèle éclairé de MM. les inspecteurs primaires, au patriotisme éprouvé de nos maîtres; nous leur demandons sans crainte un grand et généreux effort pour relever l'éducation nationale, pour répondre dignement à la sollicitude du gouvernement et des Chambres, aux sacrifices que le pays s'impose et qui vont croissant sans cesse, enfin pour préparer à la patrie de saines et fortes générations. Notre appel sera entendu (1).

1. Nous ne croyons pas devoir insister davantage ici sur l'instruction morale qui fait le sujet de notre livre intitulé : De l'Éducation à l'école.

CHAPITRE III

DE L'INSTRUCTION CIVIQUE

SOMMAIRE. — Des avantages de cet enseignement. — Difficultés qu'il présente. — Caractère à lui donner. — Mesure à garder. — Idées qu'il doit propager. — Sentiments qu'il doit inspirer. — Méthodes qu'il comporte. — Qu'il ne faut pas se borner à l'exposition. — Qu'il faut mettre en lumière les principes et en montrer l'application. — Qu'on peut faire trouver beaucoup aux enfants. — Méthode interrogative. — Application de la méthode aux attributions du conseil municipal, aux fonctions du maire, à l'organisation des divers ministères. — De la méthode narrative. — Dans quels cas on peut l'appliquer.

L'enseignement civique est une des plus heureuses innovations du programme de 1882 ; il offre des avantages de tout genre. D'abord il initie l'enfant à la connaissance de la société dans laquelle il doit vivre ; de plus, il fournit aux maîtres les moyens de le prémunir contre les erreurs grossières et les utopies dangereuses qui s'emparent des esprits incultes aux heures de trouble et de découragement ; enfin, comme il se compose de parties bien distinctes, dont chacune forme par elle-même un tout, il se prête aux nécessités d'un enseignement forcément fractionné et à l'application des méthodes les plus rigoureuses.

La société est une machine immense, puissante et pourtant si délicate qu'on n'en peut fausser ou déranger le moindre ressort, sans compromettre le jeu de l'ensemble ; machine compliquée qui n'est point l'œuvre d'un seul inventeur, mais d'un peuple entier et parfois de plusieurs peuples ; qui n'a pas été fabriquée en une fois, ni montée en un jour, mais qui, d'abord grossière et simple, s'est enrichie peu à peu de pièces nouvelles, ajustées tant bien que mal aux anciennes, et incessamment retouchées. C'est là une vérité fort élémentaire, il est vrai, mais d'une grande importance, et que l'enseignement civique ne saurait trop mettre en lumière ; car ils sont nombreux encore ceux qui s'imaginent qu'une société se coule comme un bronze ou se construit comme un édifice, et que, pour faire une société parfaite, il suffit d'un modèle ou d'un plan. Les hommes ne sont pas des pierres ; ils ne se laissent pas tailler et ranger au gré d'un architecte, quelque habile qu'il puisse être. D'un autre côté, on ne trouve nulle part un espace vide, une place nette pour y construire, et des matériaux tout prêts pour la construction ; mais partout des terrains encombrés de ruines, qu'on n'enlève pas d'un seul coup, couverts d'édifices qu'on ne rase et ne remplace pas instantanément. Tout cela est bon à dire.

Nombreux dans ce temps-ci sont les constructeurs de sociétés en chambre, qui demandent qu'on leur livre le pays, pour le jeter dans leurs moules ; combien plus nombreuses sont les dupes de ces ambitions insensées, nées de l'ignorance et de la folie ! On peut dire et sans exagération que nombre de Français n'ont qu'une idée vague et confuse de ce qu'est une société, des éléments divers qui la composent, des modifications sans nombre qu'elle subit incessamment, des conditions de son existence, des lois de son développement, des améliorations qu'elle comporte et des changements qu'elle ne pourrait supporter sans périr; on peut dire aussi que c'est à la faveur de cette ignorance générale que se répandent les théories absurdes qui trouvent tant de partisans et qui en trouveraient bien plus encore si les inventeurs et les propagateurs de ces utopies ne se chargeaient de les discréditer eux-mêmes par leurs violences et leurs discordes.

Grâce à l'instruction civique, la génération nouvelle n'aura plus l'excuse de l'ignorance, et l'on peut légitimement espérer qu'elle puisera dans une étude aussi instructive l'intelligence des progrès réalisables et le dégoût des chimères décevantes. Rien n'est plus propre à développer le sens pratique et à mûrir la raison que l'étude analytique de la société contemporaine, si elle est faite avec clairvoyance et sagesse ; si, en mettant le présent sous les yeux des élèves, le maitre n'oublie pas de tourner aussi leurs regards en arrière et en avant, équitable en ses jugements pour un passé trop souvent méconnu ou décrié, préoccupé d'un avenir trop souvent escompté ou compromis.

Il n'est pas d'enseignement qui puisse répandre plus d'idées saines et dissiper plus de préjugés que celui qui doit successivement parler de la famille, de l'école, de la commune, de la patrie et de l'humanité; qui doit passer en revue toutes les formes de l'activité individuelle et sociale, apprécier les services que les métiers et les professions libérales, l'agriculture, l'industrie et le commerce rendent au pays; étudier les conditions du travail, de l'apprentissage, du patronat, de la concurrence, du capital, des sociétés de tout genre, des syndicats, des caisses de retraites, d'épargne, d'assurances; exposer l'organisation administrative, militaire, politique, judiciaire, scolaire du pays.

Sur chacun de ces points, le véritable maître a soin, en rapprochant le passé du présent, de faire mesurer le chemin parcouru, les progrès accomplis; il montre les difficultés sans nombre qu'on a eu à vaincre, les résistances intéressées, les obstacles inhérents à la nature des choses; les lenteurs inévitables créées par la force des habitudes, par la ténacité des préjugés, par les conditions de temps imposées à toutes les améliorations matérielles ou morales; il prémunit les enfants contre ce tour d'esprit qui nous porte à ne voir d'autre obstacle à la réalisation de nos vœux que la mauvaise volonté présumée de nos semblables; qui nous rend injustes et sévères pour eux, faibles et indulgents pour nous-mêmes ; qui nous fait prendre nos désirs pour des droits, et exiger d'autrui ce que nous ne devons demander qu'à nous-mêmes. Jaloux de moraliser non moins que d'instruire, il replace sans cesse sous les yeux la limite qui sépare ce qui est permis de ce qui ne peut l'être ; à côté du possible il met l'impossible, à côté du droit il montre le devoir ; s'inspirant des besoins de la société contemporaine, il donne des conseils dictés par le bon sens et le patriotisme ; il ne craint pas de dire à l'enfant du village : « Reste au pays ; à la ville, on est moins heureux, » conciliant ainsi l'intérêt général et l'intérêt particulier. Sa parole est simple, son ton calme ; il se garde des exagérations de langage et des violences ordinaires à la polémique ; il se souvient qu'il est dans une classe et non dans un club ; il enseigne, il ne pérore pas. Ce n'est pas lui qui tranchera ou fera trancher sans hésitation par des enfants de douze ans les questions encore pendantes et les problèmes politiques qui tiennent en échec les plus grandes intelligences depuis des siècles et des siècles ; ce n'est pas lui qui cherchera à recruter parmi des écoliers des partisans pour ses opinions personnelles, et qui se livrera à une sorte de propagande aussi déplacée que prématurée. Sa mission est de former des hommes sages et sensés et non des esprits légers et violents, qui jugent sans examen et ne souffrent pas la contradiction.

L'enseignement civique doit rester un enseignement et ne tourner ni au dénigrement ni à l'exaltation systématiques ; ni à la critique passionnée ni au panégyrique ; il doit être un exposé et une explication, et non un catéchisme et un plaidoyer.

Il n'y a pas de tendance plus regrettable et malheureusement plus générale que celle qui porte les hommes, les générations, les siècles, les partis à se rabaisser les uns les autres, à se faire leur procès et à se condamner sommairement et en bloc. Aussi n'est-il pas de sentiment dont il importe plus de pénétrer les âmes que celui de la bienveillance et de la justice.

Habituons les enfants à voir et à chercher ce qu'il y a de bon dans les hommes et dans les choses, à ne pas perdre de vue que les hommes sont à peu près les mêmes dans tous les temps, que les progrès dont on s'enorgueillit et dont on profite, sont parfois dus à ceux-là même qu'on juge avec le plus de rigueur. Ne leur laissons pas croire que tout le bon sens, toute la raison, tout le dévoûment sont d'un côté, et que toute la sottise, tout l'égoïsme, tous les vices sont de l'autre, et ne leur créons pas ainsi des droits imaginaires à la sévérité et à la violence ; faisons-leur comprendre et aimer les institutions républicaines, en leur montrant qu'elles sont plus conformes à la dignité humaine et plus en harmonie avec la justice ; mais apprenons-leur aussi à respecter cette dignité dans leurs semblables et à faire de cette justice la règle de leur propre conduite et de leurs jugements.

Ne comptons pas outre mesure sur la vertu des institutions ; changer les lois n'est pas le plus difficile, et ce changement reste inutile, s'il n'est accompagné d'un changement dans les mœurs. Un pays n'est pas républicain parce qu'il est en république, mais parce qu'il a des mœurs républicaines. Prenons garde qu'on ne dise un jour que nos ancêtres valaient mieux que leurs institutions, et que nos institutions valent mieux que nous.

En résumé, cet enseignement est nécessaire, mais il est délicat, glissant. Si nos maîtres savent prendre le milieu entre la fausse chaleur des commentaires déclamatoires et la stérile froideur des exposés indifférents et des sèches nomenclatures, l'instruction civique peut devenir un utile instrument d'éducation et de régénération nationales.

Quelle est la meilleure méthode à suivre pour tirer de cet enseignement tout le parti possible, non seulement au point de vue des idées qu'il importe de répandre, des connaissances qu'il faut faire acquérir, mais au point de vue de la conduite même et de la discipline de l'esprit ?

Cet enseignement, avons-nous dit, a ceci de particulier, c'est que l'ensemble forme un tout complet, qui est l'image de la société, et que cet ensemble se décompose naturellement en un certain nombre de parties dont chacune forme elle-même un tout bien défini et peut faire l'objet d'une leçon distincte, qui laisse dans l'esprit un dessin net et clair. C'est comme une série de planches, qui, prises séparément, représentent chacune une partie de l'édifice, et qui, rapprochées, représentent l'édifice tout entier. C'est là pour le maître un précieux avantage ; car il peut ainsi faire entrer une leçon complète dans l'espace de temps que le règlement lui accorde, et il évite l'ennui de couper un sujet en deux ou trois morceaux qu'il faut recoudre ensuite à plusieurs reprises.

Autre avantage : dans chaque sujet, le maître rencontre ou une organisation et par conséquent un principe avec les applications qui en découlent, ou une hiérarchie et par conséquent une gradation avec les lois qui en règlent l'ordonnance.

Ce principe créateur, ces lois régulatrices, il faudra les dégager, les élever en quelque sorte au-dessus du sujet pour qu'ils en éclairent toute l'étendue. A-t-on, par exemple, à expliquer l'organisation judiciaire de notre pays, on ne se bornera pas à exposer la hiérarchie des tribunaux, ce qui est une tâche relativement facile ; on ne se contentera pas de montrer à la base la justice de paix, de superposer comme par étages les tribunaux d'instance, les cours d'appel, et de placer au sommet, comme couronnement de l'édifice, la cour suprême, la Cour de cassation; mais on fera comprendre comment l'édifice entier repose sur un principe fondamental, qui est l'égalité des citoyens devant la loi ; comment ces juridictions ont été créées par le désir et le besoin de garantir les citoyens contre les erreurs et les surprises, contre les illégalités et la partialité, et d'assurer un recours équitable à quiconque se croit victime d'une injustice voulue ou d'une irrégularité involontaire ; comment ces juridictions sont nées, la seconde de l'insuffisance de la première, la troisième de l'insuffisance de la seconde, et la dernière et la plus haute, de celle des trois autres.

S'agit-il d'expliquer l'économie de notre système scolaire, il ne suffira pas d'étager les trois ordres d'enseignement, le primaire avec ses écoles maternelles, primaires, supérieures, professionnelles ; le secondaire avec ses lycées et ses collèges ; le supérieur avec ses facultés et au-dessus l'Institut avec ses académies ; il faudra montrer le principe générateur de ce système dont le but est d'assurer à tous les citoyens en général le minimum d'instruction nécessaire à l'exercice de leurs droits communs ; à chacun en particulier la somme des connaissances nécessaires à l'exercice de son métier ou de sa profession ; au pays tout entier le développement littéraire et scientifique nécessaire au maintien de son rang et de sa dignité ; il faudra faire voir comment les programmes vont s'élargissant à mesure que l'on monte de degrés en degrés, comment les exigences de l'enseignement public augmentent et les difficultés grandissent avec l'importance des fonctions auxquelles il prépare ; comment enfin il répond par la variété de ses formes à la diversité des aptitudes individuelles et à celle des besoins nationaux.

Mais s'il est bon de donner aux enfants la raison des choses, il est meilleur encore de la leur faire trouver, et l'instruction civique est un domaine où les enfants, bien dirigés, peuvent découvrir beaucoup par eux-mêmes.

D'abord ils ont autour d'eux bien des éléments dont on peut tirer parti; ensuite avec ce qu'ils voient et avec ce qu'ils savent on peut par le raisonnement leur faire deviner bien des choses qu'ils ignorent. Supposons qu'on ait à leur parler de la commune et du conseil qu'on devrait appeler communal et qu'on nomme municipal. Le maître va-t-il, d'un ton dogmatique, commencer en ces termes :

« La commune est une portion de territoire administrée par un maire qui est assisté d'un ou de plusieurs adjoints et d'un conseil municipal. »

Il vaudra mieux, je crois, par une suite de questions posées avec ordre, faire trouver d'abord à l'enfant le sens du mot commun, et l'acheminer ainsi peu à peu à la découverte et à l'intelligence des institutions nécessaires à l'existence de la commune.

« A qui appartient la mairie, qu'on appelle encore la maison commune ? à qui la place et les rues du village ? à qui les chemins dits vicinaux ? à qui les bois communaux ? à qui l'école ? etc. »

Par ces questions et d'autres semblables, par les réponses qu'elles provoquent, on amènera l'enfant à comprendre que les habitants de sa ville où de son village ont un certain nombre de biens et d'intérêts *communs*, et que c'est de cette communauté que la commune a tiré son nom.

« Cette maison *commune*, ne faut-il pas la réparer de temps à autre ? Cette école, n'a-t-on pas été obligé de la reconstruire ? Ces rues, ces chemins, ne faut-il pas les entretenir ? Ces bois, ne faut-il pas y faire des coupes ? etc. »

Par cette seconde série de questions, auxquelles il répondra sans peine, l'enfant arrive à reconnaître que la commune doit, comme tout propriétaire, entretenir ses propriétés ; qu'elle a par conséquent des travaux à exécuter, des dépenses à faire.

Mais pour ces travaux, pour ces dépenses, elle a besoin d'argent. Ici nouvelles questions pour lui faire découvrir une à une toutes les ressources de la commune, les contributions, les prestations en nature, les baux à ferme ou à loyer, les droits de place dans les foires et dans les marchés, les droits de pâture, etc.

« Et pour décider quels travaux on doit entreprendre, quelle somme on doit y consacrer, en un mot pour bien employer les revenus de la commune, ne faut-il pas choisir des hommes de bonne volonté, et surtout des hommes capables et honnêtes ? »

Voilà la nécessité du conseil municipal établie, et sa fonction principale trouvée.

« Comment choisit-on les conseillers? Que signifient les mots élections, électeur, éligible, élu, élire? que les conseillers doivent être une *élite*, etc. »

Mais c'est assez pour indiquer la méthode à suivre; elle consiste à tirer de l'enfant tout ce qu'il sait sans le savoir, en suivant un ordre logique, et, comme on dit familièrement, à dévider le peloton. L'interrogation finie et le champ de la leçon parcouru, le maître revient au point de départ, il ramasse une à une les idées et les faits qu'il a laissés sur le bord du chemin, il les rapproche et les lie en faisceau, ou, pour parler sans métaphore, il en fait un sommaire, qui peut être dicté, et qui, sous un petit volume, renferme la leçon tout entière.

Dans l'instruction civique, presque tous les sujets comportent l'emploi de cette méthode, qui fait travailler l'esprit des enfants, qui les intéresse et les rend tout heureux et tout fiers de se trouver si savants. Pour la bien appliquer, le maître doit lire à l'avance le chapitre du manuel qui contient la substance de la leçon; réfléchir un moment sur la marche à suivre et planter quelques jalons pour conduire ses interrogations; en s'ingéniant à diriger les enfants il apprendra sûrement à se diriger lui-même.

Prenons un sujet un peu plus difficile que celui qui précède : il s'agit, je suppose, de faire comprendre ce que c'est qu'un maire, et de faire trouver ses attributions.

« Qu'était-ce qu'un *maire* du palais? que signifient les mots *major*, *médecin-major*, *tambour-major*, etc. ? — que maire ou major, c'est la même chose. — Pourquoi lui donne-t-on ce nom ? — Quand un conseil délibère, ne faut-il pas quelqu'un pour diriger les débats et pourquoi ? Ne vaut-il pas mieux qu'il soit choisi par les conseillers eux-mêmes et pourquoi ? »

Voilà trouvée et expliquée une des attributions du maire.

« Lorsque le conseil a décidé quelque chose, ne faut-il pas quelqu'un pour faire ce qu'il a décidé ? — Quand le conseil veut louer un immeuble de la commune, est-ce que tous les conseillers signent le bail les uns après les autres ? — Lorsque la commune a un procès, est-ce que tous les conseillers vont le soutenir au tribunal ? etc. »

Voilà démontrée la nécessité pour un conseil d'avoir un exécuteur de ses délibérations et un représentant de son autorité; autres attributions du maire.

« A quoi sert d'enregistrer les naissances, les mariages, les décès? Qu'arriverait-il, si on ne les enregistrait pas? Quand la commune gagne ou perd un habitant, à qui convient-il que la déclaration en soit faite? — Si un crime est commis dans la commune, qui est-ce qui doit en avertir la justice, et l'aider à découvrir le coupable? N'est-ce pas celui qui représente le conseil et qui par conséquent personnifie la commune ? »

Éclairé par ces questions, l'enfant comprendra et retiendra mieux ces nouvelles attributions du maire que si l'on avait commencé par lui dire : « Le maire est un officier de l'état civil et un officier de police judiciaire » ; et lorsqu'on en viendra à ces formules, tous ces mots d'officier, d'état civil, de police devront être expliqués avec soin.

Si l'on veut initier les enfants à l'organisation générale des services publics, on fera bien de prendre son point de départ dans la commune elle-même ou au moins dans le canton ; il y a dans la commune des soldats, des conscrits ; le percepteur y passe ; le juge de paix y réside ou non loin ; il y a des écoles ; il y a une boîte aux lettres ; dans le voisinage on rencontre un pont, un canal, une voie ferrée ; la commune a son commerce ou au moins quelques marchands ; peut-être est-elle sur le bord d'une rivière où l'on voit des bateaux ; à la porte de la mairie on affiche les lois et les nouvelles importantes de l'intérieur et de l'étranger.

En un mot, tous les services publics ont leurs tenants et leurs aboutissants dans la commune ; il n'y a qu'à prendre l'un après l'autre le bout de chacun de ces fils et à les suivre jusqu'au centre, où tous viennent se rejoindre et se nouer. En montrant que tout ce qui se fait dans la plus petite des communes se fait de même dans les trente-six mille autres, on donne une idée de l'unité du pays, de l'importance des services, et de la nécessité d'une direction générale et d'un contrôle à tous les degrés. Ainsi se trouve expliquée la création successive des divers ministères, qui sont nés des besoins nationaux au fur et à mesure que ces besoins se faisaient sentir et dont quelques-uns, comme le ministère de l'agriculture, sont nés d'hier, et quelques autres, comme le ministère des colonies, naîtront demain ou après.

Cette méthode, qui consiste à s'élever progressivement du particulier au général et à remonter des extrémités au centre, convient à presque toutes les questions d'organisation et de hiérarchie. S'agit-il au contraire de questions d'origine, et veut-on montrer par exemple d'où et comment sont nées la propriété, l'agriculture, l'industrie, les contrats, le commerce, les testaments, les héritages, etc., la forme narrative me paraît préférable, et à coup sûr les enfants la préfèrent; à l'aide d'un conte, d'une histoire, d'un petit roman inventé à dessein, on montre sans peine comment toutes ces choses découlent de nos besoins matériels et moraux, comment la propriété a sa source dans le sentiment profond de la justice; les testaments, les héritages dans le sentiment sacré de l'amour paternel; les contrats, les échanges, dans le sentiment de notre faiblesse et du besoin que nous avons les uns des autres. Il n'est pas nécessaire d'implanter ces idées dans l'esprit de l'enfant; elles y sont en germe, et les incidents du récit les en font sortir. Sa nature droite et simple souffre à voir dépouiller l'homme laborieux d'un bien acquis au prix de ses sueurs, et arracher à ses enfants le fruit de son travail et de sa prévoyance. Autant la bonté le touche, la générosité l'émeut, autant la spoliation le révolte et l'indigne.

Cette méthode narrative a été employée avec succès dans d'excellents livres comme *Francinet*. Il est à désirer que nos maîtres n'y voient pas seulement un ouvrage à lire, mais un modèle à imiter.

CHAPITRE IV

DE L'ENSEIGNEMENT DE LA GRAMMAIRE

SOMMAIRE. — Le but de la réforme entreprise est d'accroître la part que prend l'élève à son propre développement — Que cette méthode est plus longue en apparence, plus courte en réalité. — Des mots. — Des espèces de mots. — De la syntaxe. — Ce qu'est l'étude de la syntaxe. — Ce qu'elle devrait être. — Que presque toutes les règles sont explicables. — Avantages que l'on trouve à les expliquer.
Des espèces de mots principales et secondaires. — Qu'elles sont les mêmes dans toutes les langues et pourquoi. — Pourquoi l'on retrouve partout les genres, les nombres, les degrés, les temps, les modes. — Que les règles essentielles de la syntaxe ne sont autre chose que les lois de la nature et de l'esprit. — Qu'il faut de bonne heure habituer l'enfant à chercher la raison des règles. — Exemple. — Accord de l'adjectif et du nom. — Des exceptions. — Utilité de la recherche, même infructueuse. — Que la plupart des exceptions sont plus apparentes que réelles.

Le but de la réforme inaugurée par les programmes du 27 juillet 1882, c'est, à mon sens, de diminuer le nombre des connaissances que le maître doit donner, et d'accroître le nombre des connaissances que l'élève peut acquérir par lui-même ; c'est de réduire la part de l'enseignement tout en augmentant la somme de l'instruction ; c'est de tirer l'enfant du rôle passif où se complaît et le retient sa paresse naturelle et de lui faire prendre un rôle de plus en plus actif et de plus en plus important dans le développement de sa propre intelligence ; en un mot, c'est de l'amener à devenir promptement son propre maître.

L'esprit est comme le corps ; il a ses organes qui sont les facultés. De même que l'éducation physique consiste à exercer, à fortifier, à assouplir les membres, afin que l'enfant arrive le plus tôt possible à faire tout seul ce qu'on est obligé d'abord de l'aider à faire, c'est-à-dire, à marcher, à manger, à se servir de ses bras, de ses mains, de ses doigts ; de même l'éducation intellectuelle consiste à exercer les facultés, à en accroître la force et la souplesse, afin que l'esprit ait de moins en moins besoin d'aide et puisse enfin se passer de secours étranger. Là, comme dans l'éducation morale, l'instituteur doit travailler de tout son pouvoir à se rendre inutile. Qu'on ne s'y trompe pas, la tâche est malaisée. Bien qu'il soit pénible de parler souvent et longtemps, bien qu'il soit fastidieux de se répéter sans cesse, ce n'est pourtant que de la fatigue pour la poitrine et la voix, mais non pour l'esprit et la volonté ; c'est un travail physique plutôt qu'intellectuel. Faire soi-même est plus aisé que faire faire, parler soi-même qu'apprendre à parler, c'est-à-dire à penser. Pour amener les enfants à réfléchir, à conduire leur esprit, à trouver, à ranger, à exprimer des idées, il faut de la volonté, de la suite, de l'observation, de l'art. Mais aussi est-on plus tôt dédommagé, récompensé.

La besogne va diminuant, s'allégeant, à mesure que l'enfant, enhardi, entraîné, s'aide lui-même, qu'il s'essaye, qu'il va en avant, à la découverte. Peu à peu le maître n'a plus qu'à conseiller, à surveiller, à soutenir, à prêter la main de temps à autre, au lieu de porter l'enfant constamment, d'un bout à l'autre, sur ses épaules.

C'est en ce sens qu'il faut aborder l'étude de la grammaire. Là, peut-être plus qu'ailleurs, les anciennes habitudes ont conservé leur empire, et l'on a peine à s'y dégager des liens tenaces d'une routine séculaire.

Une langue est l'ensemble des mots nécessaires à l'expression de la pensée ; nombreux sont ces mots dans toutes les langues, et dans celles des peuples civilisés et civilisateurs ils sont innombrables.

Mais s'il y a une multitude de mots, il n'y a par contre qu'un petit nombre d'espèces, et ce nombre est invariable. Les mots passent, changent, les espèces restent. C'est à les distinguer, à les définir, que la grammaire s'applique avant tout.

Les mots eux-mêmes si nombreux se combinent en apparence de mille manières ; mais sous la variété infinie de ces combinaisons, il n'y a en réalité qu'un nombre très limité de rapports constants, qui répondent aux lois mêmes de l'esprit humain, et qu'on appelle des règles, parce qu'ils nous dirigent, même à notre insu. L'étude de ces règles forme la seconde partie de la grammaire. Cette partie s'appelle syntaxe, mot grec qui veut dire arrangement, combinaison.

Je m'attacherai d'abord à la syntaxe, parce que c'est là que la routine règne encore souverainement, tyranniquement ; parce que l'étude de la syntaxe est l'écueil des maîtres et l'effroi des enfants ; parce qu'elle gaspille, et dévore un temps énorme ; parce qu'au lieu d'ouvrir l'esprit, de l'éclairer, et de l'assouplir, elle ne sert bien souvent qu'à le rendre plus étroit, plus raide et plus lourd.

L'étude de la syntaxe doit tendre à un double but : faire comprendre les règles et, autant que possible, les faire trouver.

Parmi les règles, les unes s'expliquent aisément par la nature des idées elles-mêmes et par la nature de leurs rapports parfois évidents, toujours sensibles ; les autres sont d'une explication plus difficile, parce que les rapports qu'elles traduisent sont plus secrets, plus délicats ; quelques-unes enfin sont inexplicables, étant nées d'un hasard, d'un caprice ; à peine méritent-elles le nom de règles ; ce sont plutôt des irrégularités consacrées par l'usage.

Toutes celles qui sont explicables, qui ont leurs racines dans la raison même, qui ne font que traduire les rapports permanents des choses ou les rapports logiques des idées entre elles, il faut les expliquer; gardons-nous de laisser croire aux enfants que les règles nombreuses dont on leur recommande et commande l'observation, n'ont pas de raison d'être, et ne sont que des habitudes indifférentes, des conventions arbitraires ; ce serait d'abord les détourner d'une recherche féconde en découvertes faciles et en utiles surprises ; ce serait de plus imposer à la mémoire seule un fardeau pesant que la réflexion peut sans peine alléger. Comprendre dispense d'apprendre.

Une langue n'est pas l'œuvre d'un homme, d'un écrivain, si grand qu'il puisse être ; c'est l'œuvre de tout le monde, c'est l'œuvre de l'esprit humain. Elle en sort comme l'arbre sort de la terre, poussé par une force invisible et toute puissante, ici plus mince et plus pauvre en feuillage, là plus vigoureux et plus opulent en verdure. Mais si les langues sont plus ou moins riches de mots, plus ou moins touffues, toutes elles se nourrissent de la même sève, elles se composent des mêmes éléments, elles obéissent aux mêmes lois.

Dans toutes les langues en effet on retrouve en nombre à peu près égal ce qu'on appelle les parties du discours. Dans toutes on trouve des noms, des adjectifs, des verbes, et par une raison bien simple, c'est que dans tous les pays du monde il y a des êtres animés ou inanimés, que ces êtres ont des qualités, qu'ils passent par certains états, qu'ils agissent ou subissent certaines actions. Ces êtres, il faut bien les nommer ; ces qualités, il faut bien les faire connaître ; ces états, ces actions, il faut bien les exprimer. Nom, verbe, attribut ; voilà la trinité constitutive des langues, et c'est la nature elle-même qui l'impose. Au-dessous se rangent un certain nombre de parties qu'on pourrait appeler auxiliaires ou secondaires, car elles ne sont pas absolument indispensables à l'expression de la pensée, sous sa forme unique, qui est le jugement. Mais, pour désigner plus sûrement les êtres, pour mieux les distinguer les uns des autres, on a été amené à créer des articles définis ou indéfinis, des adjectifs déterminatifs ou autres ; pour éviter la répétition fastidieuse et encombrante des noms, on a inventé les pronoms ; pour préciser les manières diverses dont s'accomplissent les actions, on a fait des adverbes de tout genre ; pour marquer les rapports des idées et des propositions entre elles, on a imaginé les prépositions et les conjonctions. Comme ces besoins se sont fait partout sentir, puisqu'ils découlent de la nature elle-même, partout ils ont produit les mêmes effets et donné naissance aux mêmes espèces de mots.

Ces réflexions-là sont fort simples ; elles sont à la portée des enfants, et je les crois aussi utiles que faciles à faire, parce qu'elles répondent à l'inévitable pourquoi, au point d'interrogation qui, à propos de toutes choses, se lève dans l'esprit de l'enfant et que parfois la timidité ou la crainte empêchent d'arriver à ses lèvres ; en second lieu, parce qu'elles sont de nature à dépouiller la grammaire de cette espèce d'autorité sèche qui la rend déplaisante, et à changer en soumission intelligente l'obéissance passive qu'on exige en son nom.

Ce qui est vrai des parties du discours et de la nécessité qui les a engendrées, ne l'est pas moins de presque tous les éléments et de toutes les formes du langage. Est-elle née d'un caprice, la distinction entre le masculin et le féminin, entre le singulier et le pluriel, entre le positif, le comparatif et le superlatif? N'est-ce pas la nature de l'esprit, d'une part, et des choses, de l'autre, qui nous l'impose? Si partout les verbes ont des personnes et les mêmes, s'ils ont partout des temps et des modes, c'est qu'une action est nécessairement faite par une ou plusieurs personnes, faite à un certain moment et d'une certaine manière.

Ces considérations sont de nature à faire comprendre aux enfants non seulement qu'il doit y avoir une grammaire générale, mais aussi ce que doit être cette grammaire, c'est-à-dire la partie essentielle et commune à toutes les langues, celle qui tient à l'unité de la race humaine, à l'identité des lois intellectuelles et morales auxquelles elle est soumise, à la ressemblance des conditions physiques ou autres dans lesquelles se développent les individus et les peuples.

Quant aux différences que l'on remarque entre les diverses grammaires, elles représentent ce que les différences de lieux, de milieu et d'aptitudes viennent ajouter au fonds commun.

Ce que nous venons de dire s'applique dans une large mesure à la syntaxe elle-même. Les éléments de la proposition, les espèces de jugement, les rapports et combinaisons des propositions entre elles, ne sont que des conséquences nécessaires de la nature de l'esprit humain; aussi dans toutes les syntaxes retrouvera-t-on forcément les mêmes formes et les mêmes espèces de propositions, principales, subordonnées, déterminatives, explicatives, parce que l'esprit humain est partout semblable à lui-même, que dans tous ses mouvements, spontanés ou réfléchis, il suit des chemins tracés dont la folie seule peut le faire dévier; parce qu'il y a un certain nombre de moules préparés par la nature et dont la pensée prend nécessairement la forme. Ces voies, ces moules, ce sont les règles essentielles de la grammaire et de toute grammaire.

Puisque les règles ont une raison d'être, c'est à la recherche de cette raison que le maître doit de bonne heure tourner et exercer l'esprit de l'enfant.

J'ouvre au hasard une grammaire et je lis : « Tout adjectif s'accorde en genre et en nombre avec le nom auquel il se rapporte. » Ceci est un ordre; l'enfant doit obéir. Mais il obéirait bien mieux, s'il savait pourquoi on lui commande, ou plutôt, on n'aurait même pas besoin de lui dicter des ordres, il se les donnerait à lui-même. Cependant la grammaire est muette, ou presque toujours, sur ce point. Essayons de la faire parler, ou plutôt de faire parler l'enfant.

Si l'adjectif exprime une qualité comme dans ces phrases: *Paul est bon; Les pierres sont lourdes;* comment pourrait-il y avoir désaccord entre le nom et l'adjectif? Est-ce que la bonté ne fait pas partie de Paul? Est-ce que la lourdeur n'est pas inhérente aux pierres? Il serait donc absurde de séparer, dans la langue, ce qui est inséparable dans la nature ; le langage serait un contre-sens, s'il brisait les liens qu'il a pour but de faire sentir et voir.

Si l'adjectif est déterminatif, comme dans les phrases que voici : « *Ce tableau est vendu; La première reine de France est Clotilde* » ; il a pour but évident de désigner une certaine chose, une certaine personne d'une façon plus précise et plus sûre ; ne serait-ce pas aller contre ce but, le nom étant au singulier, de mettre l'adjectif au pluriel ; le nom étant du masculin, de mettre au féminin l'adjectif? Ne serons-nous pas induits en erreur si, au lieu d'indiquer qu'il n'y a qu'une chose, l'adjectif nous dit qu'il y en a plusieurs; si, au lieu de nous apprendre que telle personne est une femme, il nous annonce qu'elle est un homme? Singulier interprète, que celui qui dirait continuellement le contraire de ce qu'il faut dire, et qui ne servirait qu'à tromper l'oreille et les yeux, et par eux l'esprit!

Concluons donc qu'il est impossible que l'adjectif

ne s'accorde pas avec le substantif, et que, pour le savoir, pas n'est besoin d'un effort de mémoire; un peu de réflexion suffit.

Bien des règles ne sont pas plus difficiles ou beaucoup plus difficiles à expliquer. Est-ce pour cela qu'on ne les explique pas? Je l'ignore ; ce que je sais, c'est que, si l'on croit ces explications superflues, on se trompe du tout au tout. Ne serviraient-elles qu'à faire prendre l'habitude de la réflexion, ce serait déjà quelque chose.

Mais, me dira-t-on, les exceptions, comment les expliquer, et l'on sait si elles sont nombreuses! Je répondrai que les exceptions ont, elles aussi, leur cause et que cette cause n'est pas toujours impossible à trouver; encore faut-il la chercher. Je prends un exemple dans ce chapitre des adjectifs où le hasard m'a conduit. Voici une exception à la règle des adjectifs : « Les adjectifs numéraux ordinaux s'accordent, les adjectifs numéraux cardinaux sont invariables. » Pourquoi? y a-t-il une raison ? Peut-être. Quand je dis : « Charles est le *premier* élève de sa classe, » l'adjectif *premier* indique le rang qui appartient à l'élève, qui en est inséparable ; dans ce cas l'adjectif et le nom ne font qu'un, l'accord s'impose. Mais si je dis : « J'ai rencontré *sept* soldats, » en est-il de même? peut-on dire qu'il y ait là quelque chose qui soit propre aux soldats? qui soit inhérent aux personnes? Non, le nombre est accidentel, indépendant ; chaque soldat est une partie d'un tout, qui est sept ;

l'accord n'est donc pas nécessaire. Il est à remarquer que ni en grec, ni en latin, ni en allemand, les adjectifs cardinaux ne s'accordent avec le nom, tandis que les ordinaux s'accordent; une exception, qui est exception dans quatre langues, sans parler de celles que je ne connais pas, ressemble fort à une règle, et doit avoir sa raison dans la nature des choses.

Je ne prétends pas que toutes les exceptions se justifient sûrement et aisément; je dis seulement qu'il est bon que le maître cherche et l'enfant après lui; car il faut bien se garder de poser des questions dont on n'a pas la réponse toute prête. Autant vaudrait sauter dans un puits sans savoir comment l'on en sortira.

En général, on se défie trop de l'intelligence des enfants; on croit aussi trop aisément à des difficultés qui ne sont qu'apparentes, et l'on favorise ainsi sa propre paresse et la leur. Dirigé, stimulé, l'esprit de l'enfant va vite et loin, et, en matière de bon sens, il est d'une précocité et d'une sûreté surprenantes; d'autre part, l'effort de la recherche, même infructueuse, outre qu'il aiguise l'esprit, fait que l'on comprend mieux ce qu'on n'a pas trouvé par soi-même; de plus il rend plus apte à d'autres découvertes; il est un préservatif contre les infidélités et les caprices de la mémoire; car on n'oublie guère ce qu'on s'est donné de la peine à chercher; enfin il a pour effet certain de réduire dans de notables proportions le nombre, hélas! trop considérable des règles inutiles, des prétendues règles, et surtout de ces maudites exceptions, qui sont les parasites de l'enseignement grammatical et dans la multitude desquelles la règle vraie, la règle importante finit par disparaître.

Un exemple entre mille : « Le féminin des adjectifs qualificatifs *blanc, franc, sec,* etc., se forme non par l'addition d'un *e* muet, conformément à la règle, mais en ajoutant *he* au masculin. »

Est-il vraiment bien nécessaire d'enfler la grammaire de l'école de ces volumineuses formules, d'encombrer la mémoire de ces prétendues irrégularités au fond très régulières ? Est-il si difficile d'en faire trouver la cause aux enfants ? Qu'on essaye seulement de leur faire prononcer, une toile *sèce*, une *france* explication, une *blance* voile ; qu'on leur demande ensuite s'ils trouvent cette prononciation agréable et facile ; je me trompe fort, ou on les amènera sans peine à reconnaître qu'ici, comme en tant d'autres cas, l'euphonie est la cause de cette irrégularité plus apparente que réelle. L'oreille toute seule et à coup sûr l'usage les préservera d'une faute vraiment difficile, pour ne pas dire impossible à commettre. De combien d'inutilités de ce genre ne pourrait-on pas débarrasser nos grammaires qui devraient ressembler à des maisons simples et confortables, pourvues des meubles et des objets nécessaires, et non à des habitations luxueuses remplies de superfluités et de curiosités sans nombre.

CHAPITRE V

DE L'ENSEIGNEMENT DE LA GRAMMAIRE (SUITE)

SOMMAIRE. — Qu'il faut faire trouver et formuler les règles par les enfants eux-mêmes. — Que c'est la meilleure préparation à l'étude des autres langues et des sciences expérimentales. — Que les exceptions ne sont pas plus difficiles à formuler que les règles. — Exemple. — Qu'il en est de même de la définition des parties du discours, des préfixes, des suffixes : exemples. — Méthode pour prévenir les confusions. — De l'importance de la racine. — Ses métamorphoses. — De l'importance de la préposition. — Méthode à suivre pour la bien définir. — Résumé.

Mais ce n'est pas assez de faire chercher aux enfants l'explication d'une règle donnée, il faut, le plus souvent possible, leur faire trouver la règle elle-même. La meilleure des grammaires est celle dont l'enfant est l'auteur. J'entends qu'on se récrie : Un enfant ! composer une grammaire ! Est-ce possible ? — Oui, cela est possible et même relativement facile ; il y faut seulement de la volonté et de la méthode : de la volonté pour changer une habitude invétérée, de la méthode pour graduer les difficultés. Mais, me dira-t-on, nous allons perdre un temps énorme à diriger les tâtonnements de l'enfant qui ne sait encore ni voir ni comparer ; à corriger ses essais de formules et d'énoncés qu'il ne pourra jamais amener à la précision requise ; en allant de ce pas, jamais nous n'arriverons au bout de la grammaire ; autant vaudrait demander au voyageur de construire la route qu'il doit parcourir.

Ce que vous appelez temps perdu est à mes yeux du temps gagné ; cette dépense dans le présent est une économie pour l'avenir. Lorsque l'enfant aura appris à faire une règle, c'est-à-dire, à observer, à comparer, à généraliser, vous n'aurez plus qu'à le guider, à le redresser de temps à autre ; il marchera avec vous et parfois même il vous devancera.

L'important est de lui apprendre à se servir de ses jambes, à supporter des marches de plus en plus longues et à s'orienter. Ainsi comprise, l'étude de la grammaire est non seulement un gage assuré de progrès, mais une excellente préparation à l'étude de toutes les langues, et une initiation véritable à l'étude des sciences physiques et naturelles.

En effet, lorsqu'on aborde l'étude d'une autre langue avec l'habitude de la comparaison, l'esprit ne cesse d'aller de la langue qu'il apprend à celle qu'il possède ; les rapprochements continuels mettent en lumière les différences des langues comme aussi leurs ressemblances, ils facilitent l'intelligence des règles, ils en fixent le souvenir. D'autre part, enseigner à faire des règles, c'est apprendre à induire ; or, l'induction est l'instrument commun de toutes les sciences expérimentales ; et quel plus grand service peut-on rendre à l'enfant que de l'exercer de bonne heure à manier cet instrument si précieux, si puissant ? n'est-ce pas là le meilleur et le plus fécond des apprentissages ?

L'induction est un mouvement spontané de l'esprit ; il faut le transformer en mouvement réfléchi ; c'est un élan naturel, souvent fougueux, presque toujours précipité ; il faut le changer en une marche prudente, réglée, mesurée.

La pratique de l'induction n'est pas du reste un exercice ingrat ; il provoque l'attention, il pique la curiosité, il procure à l'esprit une satisfaction assurée, lorsque après une montée lente et laborieuse il arrive à la vérité générale, qui est la règle, et s'y repose comme sur un sommet, en regardant au-dessous et autour.

Cette méthode a cause gagnée, du moins en théorie, mais elle n'a pas encore passé dans la pratique. Partout ou presque partout on commence par donner la règle avec ou sans explications, et la dictée suit invariablement.

Il vaudrait mieux commencer tantôt par mettre sous les yeux des élèves un texte choisi dans leurs livres en vue de la règle à découvrir, tantôt par leur faire une dictée composée à dessein, avec des exemples plus ou moins nombreux, plus ou moins rapprochés, plus ou moins frappants, selon l'âge des élèves, de la règle à extraire et à formuler. Il va sans dire que ces lectures ou ces dictées, que j'appellerais d'invention ne dispensent pas des lectures et des dictées d'application ; mais elles les préparent, elles les rendent plus intéressantes, parce que l'enfant a le plaisir d'y retrouver ce qu'il a trouvé lui-même, et qu'elles sont en quelque sorte la preuve de l'opération qu'il a faite ; en second lieu, ces dictées d'invention permettent de diminuer le nombre et la longueur des autres, parce que les efforts que l'enfant s'est imposés pour découvrir et formuler la règle, la lui ont imprimée plus profondément dans l'esprit.

Les exceptions sont-elles plus difficiles à faire trouver et formuler que les règles ? Je ne le pense pas. « Les adjectifs terminés au singulier par un s ou un x ne changent pas au pluriel du masculin. » Voilà une formule donnée par la grammaire. Sans doute elle n'est ni obscure, ni difficile à comprendre ; mais elle est abstraite, elle ne représente rien à l'esprit, et il faut un effort d'attention pour la saisir. Au lieu de débuter par cette formule encore vide, que l'on dicte quelques phrases comme celle-ci : « les murs étaient si *épais* que les *doux* sons de sa voix ne pouvaient arriver jusqu'à nous » ; il n'est guère d'enfant qui ne soit en état de comparer un singulier avec un pluriel, et s'il les trouve semblables, de constater cette similitude, et de l'énoncer sous une forme claire et précise.

Cet énoncé sera la règle. Si ensuite on lui demande le pourquoi, lui sera-t-il bien difficile de répondre qu'il est inutile de mettre un *s* là où il y en a un, *x* équivalant à *cs* ?

Grâce à ce petit travail de comparaison, grâce à ce petit effort de réflexion, il n'a plus besoin d'apprendre la règle, car il la sait ; et s'il l'oublie, l'ayant faite, il pourra la refaire.

C'est donc une méthode à changer, c'est une autre habitude à prendre, et la difficulté réside bien moins dans la faiblesse prétendue des enfants que dans la force trop réelle de la routine. On ne sort pas de la routine sans un effort vigoureux, soutenu, et, pour s'épargner cet effort, la paresse qu'engendre l'habitude ne manque jamais d'en exagérer la grandeur.

Quand on aura ainsi simplifié, vivifié l'étude de la grammaire par la pratique intelligente de la méthode inductive et par l'habitude de la réflexion, quand on aura fait circuler l'air et la lumière dans cet épais fourré de règles entrelacées d'exceptions, la mémoire aura encore assez à faire ; mais au moins elle ne se fatiguera plus en efforts inutiles, que le jugement lui aura épargnés.

Ce qui est possible pour les règles, ne l'est pas moins pour les définitions. Combien de fois faut-il faire répéter aux enfants la définition de l'adjectif ordinal et celle de l'adjectif cardinal, avant qu'ils la possèdent! Si, au lieu de l'apprendre par cœur, ils pouvaient la trouver eux-mêmes, quelle économie de temps, quel profit pour l'esprit! Avec une phrase comme celle-ci : « Nous étions *trente* dans notre classe-et j'étais le *cinquième*, » ou d'autres semblables, est-il si difficile de les amener à reconnaître que le mot *trente* exprime une idée de nombre et *cinquième* une idée de rang ? Admettons que l'enfant n'y arrive pas du premier coup ; ne peut-on, à l'aide de questions comme les suivantes : « quel était le *nombre* des élèves ? quel était votre *rang* ? » ne peut-on, dis-je, le mettre sur la voie, et l'acheminer vers la réponse ?

Apprise, la définition s'oublie ; trouvée, elle reste ou se retrouve. La vérité est qu'il est bien plus commode de faire apprendre que de faire chercher. Dans le premier cas, un ordre suffit, qui est vite donné ; dans le second, il faut de la patience, de la méthode, et un peu d'ingéniosité.

Rien n'empêche d'employer le même procédé pour faire déterminer le sens des préfixes et des suffixes, au moins de ceux qui expriment le plus clairement et le plus constamment la même idée. Au lieu, par exemple, de commencer par dire que le suffixe *ette* exprime ordinairement l'idée de petitesse, et de le prouver par des exemples, demandons aux enfants ce que c'est qu'une clochette, une maisonnette, une planchette, une colonnette, une tablette, etc ; ils nous répondront certainement : c'est une petite cloche, une petite maison, une petite planche, etc. Déjà cette inévitable répétition de l'adjectif *petite*, frappant leur oreille, frappera leur esprit. Demandons-leur ensuite quelle est dans les mots clochette, maisonnette, planchette, etc., la partie du mot qui signifie *petite*; la réponse n'est guère douteuse. On pourrait leur faire écrire l'un au-dessous de l'autre, les mots clochette et petite cloche, etc., de la manière suivante :

Cloch-ette,
Cloche-petite.

Le sens du suffixe leur sauterait aux yeux. Alors le moment serait venu de poser cette question : Quelle idée exprime donc le suffixe *ette ?* et de leur faire écrire sur leur cahier la réponse qu'ils feraient, et qui n'est pas douteuse. Voilà comment ils deviendraient les auteurs de leur petite grammaire.

Autre exemple : Qu'est-ce que des *combattants ?* — Ceux qui sont *réunis* pour se battre. Qu'entend-on par *condisciples ?* — Ceux qui sont *réunis* pour étudier. — Et par *concitoyens ?* — Ceux qui sont *réunis* sous les mêmes lois. — Et par *commensaux ?* — Ceux qui se *réunissent* à la même table, etc. Quelle idée exprime donc d'ordinaire le préfixe *con* ou *com ?* La réponse est forcée.

La définition des termes, si utile dans l'étude de la langue en général, est d'une utilité bien plus grande encore, ou plutôt d'une absolue nécessité dans l'étude de la grammaire. Je parle surtout des mots qui servent à désigner les diverses espèces de mots, de compléments, de propositions, les formes des verbes, etc., tous ceux enfin qui ont un degré plus ou moins élevé de généralité, et dont l'intelligence répand comme une traînée de lumière sur des portions entières de la langue. Si les enfants avaient une fois bien compris le sens étymologique et la valeur de ces termes, ils ne seraient pas exposés à des confusions renaissantes, et les maîtres ne seraient pas condamnés à de continuelles et fastidieuses répétitions. Qui n'a remarqué qu'après cinq, six, sept ans d'études, nombre d'enfants en sont encore à confondre les temps avec les modes, et qu'à une question de ce genre : « à quel temps est ce verbe ? » ils répondent le plus souvent : à l'infinitif, au subjonctif, etc. ?

Pour éviter ces méprises, je recommanderais aux maîtres, d'abord de revenir fréquemment sur la définition de ces termes, et ensuite de ne demander jamais qu'une seule chose à la fois ; par exemple, de dire : « A quel *temps* est ce verbe ? » et d'exiger que l'élève réponde : au *temps* présent, au *temps* passé ; « A quel *mode* est ce verbe ? » et d'exiger qu'il réponde : au *mode* participe, au *mode* indicatif. Longue en apparence, cette méthode est en réalité la plus courte. Elle a l'avantage de forcer l'élève à réfléchir au sens du mot sur lequel la question porte, et la répétition obligée du mot contenu dans la question lui rend la confusion presque impossible ; rarement il lui viendra à l'esprit de répondre : « Ce verbe est au temps *subjonctif*, au mode *futur*. » C'est en leur laissant prendre la liberté et l'habitude de répondre en bloc : « Ce verbe est à l'imparfait du subjonctif passif, » qu'on fait naître et qu'on perpétue les confusions et qu'on perd le fruit du travail de la définition. L'interrogation analytique est la condition d'un bon enseignement, surtout d'un bon enseignement primaire.

Que le maître se garde donc bien de croire qu'il avance parce qu'il va vite, car il lui faudra revenir mainte et mainte fois sur ses pas, et reparcourir le même chemin. Aller et venir n'est pas avancer.

Ce n'est pas non plus du temps perdu que celui qu'on emploie à dégager une racine, à la mettre à nu ; car il y a telle racine qui donne naissance à des arbres énormes aux branches nombreuses, aux feuilles sans nombre. Tel petit mot, tel monosyllabe apporte avec lui l'intelligence de vingt, trente, quarante autres mots, où il se retrouve et qu'il éclaire. C'est dans les langues surtout qu'il ne faut pas mesurer l'importance aux *dimensions;* car les longs mots ne sont que des agrégats de mots microscopiques. De même, dans le règne animal, les êtres les plus gros ne sont que des composés des cellules ; c'est la cellule qu'il faut étudier avec soin.

A ce propos, j'appellerai l'attention des maîtres sur un fait important, et sinon ignoré, du moins rarement signalé dans les classes primaires ; c'est ce que j'appellerais la *métamorphose* de la racine.

La racine est nécessairement monosyllabique ; elle ne peut donc se passer d'un élément vocal, c'est-à-dire d'une voyelle ; car, sans ce secours, elle serait muette, elle ne sonnerait pas. Mais cette voyelle, nécessaire à la constitution de la racine, elle peut changer sans que pour cela la racine change. Il y a telle racine dont la voyelle première se transforme souvent en une autre voyelle. C'est ainsi que dans certains verbes on voit jusqu'à trois et quatre voyelles passer successivement dans la racine et se remplacer d'un temps à l'autre, et cela dans toutes les langues. Exemple ; je *vois*, je *vis*, j'ai *vu*, je *verrai* (1). On pourrait dire qu'il n'y a en réalité qu'une seule et unique voyelle, dont le son devient plus ou moins grave, plus ou moins aigu, plus ou moins ouvert, mais qui demeure au fond la même.

Au premier rang des mots qui ont besoin d'être définis souvent et avec soin je mettrais la préposition.

La préposition tient peu de place, elle est presque toujours monosyllabique, souvent elle passe inaperçue. Est-ce à cause de sa petitesse, je ne sais ; mais sous un petit volume la préposition enferme et contient beaucoup de sens ; elle reparait à tout moment et partout, au début, au milieu, à la fin de la proposition, tantôt seule entre les termes qu'elle lie, tantôt unie aux verbes, aux adverbes, aux adjectifs, aux noms ; c'est presque la cheville ouvrière du discours. Il ne faudrait pas mesurer son importance

---

1. En latin : Percipio, cepi, captum. En grec : τεθω, έταγον, τέτογα. En anglais : *ring, rang, rung*. En allemand : brechen brach, gebrochen, brich.

à sa taille ; c'est un petit personnage, mais qui joue un grand rôle, et beaucoup de rôles, sans changer de costume. Aussi est-il bon d'habituer de bonne heure les enfants à dégager l'idée ou les idées que chacune d'elles renferme, et pour cela de leur poser souvent des questions de ce genre : Quelle idée exprime cette préposition ? et de ne pas se contenter de réponses vagues, mais d'exiger qu'ils répondent par des noms abstraits, qui sont de tous les plus clairs et les plus précis. Des exemples me feront comprendre.

« La maison *de* mon frère. » Quelle idée exprime *de ?* — Si l'enfant hésite, demandez-lui de remplacer *de* par une périphrase équivalente, comme, « qui appartient à mon frère, » ce qui lui fait à la fois trouver le sens et comprendre l'importance de la préposition ; et ne vous tenez pour content que lorsqu'il aura répondu : *de* exprime ici une idée de propriété. Autre exemple : « Les tragédies *de* Corneille. » *De* exprime ici l'idée d'*œuvre;* les tragédies qui sont l'*œuvre* de Corneille. Autre exemple : « Un mouvement *d'*impatience. » *De* exprime ici une idée de *cause,* il y a des mouvements de colère, d'étonnement, d'admiration, de mépris, etc., c'est-à-dire, causés par ces sentiments divers.

La seule préposition *de* n'exprime pas moins de vingt à trente idées différentes, et ce serait une bonne et forte leçon que celle qui consisterait à les faire successivement trouver par l'enfant. Des exercices de ce genre habituent à la réflexion, aiguisent la pénétration, apprennent à distinguer les nuances, et donnent à l'esprit de la justesse et de la précision.

Cette même préposition *de*, ou toute autre, après l'avoir ainsi suivie seule dans les services qu'elle rend au langage, on peut encore la suivre dans les mots où elle joue le rôle de préfixe et faire retrouver dans ces mots divers les divers sens qu'on lui a reconnus.

En résumé, l'étude de la grammaire doit être un exercice de jugement plutôt que de mémoire et porter sur les idées plutôt que sur les mots. Les règles sont des abstractions; pour y arriver, il faut passer par les exemples qui les concrètent et les contiennent; les règles sont des prescriptions, il faut en comprendre le sens et ne pas s'habituer à une obéissance machinale; les règles sont l'expression de rapports naturels ou logiques, il faut saisir ces rapports dont l'intelligence fixe le souvenir; les exceptions sont rarement arbitraires, il faut en chercher la raison; les parties du discours, les préfixes, les suffixes, les racines, les prépositions sont les éléments les plus importants du langage, il faut s'exercer à les définir exactement.

Tout ce que l'enfant trouve par lui-même est autant de gagné, tout ce qu'il apprend sans comprendre est autant de perdu. Le mieux serait qu'il fît sa syntaxe lui-même avec le secours de son maître

Si la grammaire reste nécessaire, qu'elle soit surtout un recours, qu'elle soit simple et courte, semblable à ces jardins où l'on se promène dans des allées droites et larges, et non à ces bois où l'on se perd dans d'inextricables sentiers.

CHAPITRE VI.

DICTÉE — ORTHOGRAPHE

SOMMAIRE. — De l'habitude de faire épeler la dictée tout entière, et répéter toutes les règles qu'on y rencontre. — Effets inévitables de cette fâcheuse habitude. — Qu'il vaut mieux épeler dans chaque dictée les mots douteux et nouveaux, et insister seulement sur un certain nombre de règles choisies avec intention. — Dans quelle mesure on doit user du tableau noir pour la correction de la dictée. — Procédés à employer pour fixer dans la mémoire la forme orthographique des mots. — L'émargement. — La composition spéciale. — L'épellation. — Habitude vicieuse d'épellation. — De l'influence de la dictée sur le développement de l'esprit et l'accroissement des connaissances. — Deux sortes de recueils à faire, l'un comprenant des sujets d'un intérêt général, l'autre des sujets d'un intérêt local. — Avantages de ces recueils. — De la pauvreté du vocabulaire de l'école primaire. — De la nécessité de l'enrichir. — Moyens d'y réussir. — Le lexique personnel. — Triage des mots techniques et savants.

La dictée est sinon le meilleur des exercices, au moins l'un des plus utiles, et, s'il est bien entendu, l'un des plus agréables. Il a un double but : former à l'application des règles, apprendre l'orthographe des mots. Pourquoi faut-il que certains maîtres semblent prendre à tâche de le rendre à la fois stérile et ennuyeux ; stérile par la monotonie des sujets, ennuyeux par l'emploi de procédés endormants? C'est ainsi que, même dans le cours supérieur, ils font épeler toute la dictée et tous les mots de la dictée, sans omission ni rémission. Il y a dans tout morceau beaucoup de mots que les enfants connaissent et sont en état d'écrire, et d'autres qui leur sont nouveaux ou du moins peu connus. A quoi bon épeler les premiers? Si l'enfant les a mal écrits, c'est par étourderie et non par ignorance. Le maître, qui revoit les cahiers, doit corriger ces fautes ou exiger que l'enfant les corrige; mais en faire l'objet d'une correction générale et vingt fois répétée, c'est perdre un temps précieux, c'est fatiguer sans profit l'attention des élèves, ou, pour mieux dire, c'est la décourager et la rendre impossible.

D'autres en usent avec la grammaire comme ils en usent avec les mots; toutes les règles qu'ils rencontrent dans la dictée, ils condamnent les enfants à les énoncer, sans leur faire grâce d'une seule. Ce régime de répétition à outrance lasserait la patience elle-même, il ne peut qu'engendrer l'ennui et le dégoût, ou endormir l'élève, ou le changer en machine. C'est un exercice à la mécanique.

Chaque dictée, choisie à dessein, doit renfermer un certain nombre de règles soit nouvelles, soit oubliées, et dont le maître se propose ou d'enseigner l'application ou de réveiller le souvenir. C'est sur celles-là qu'il convient d'appuyer, c'est à celles-là qu'il faut se borner, réservant les autres pour les dictées suivantes. Presque toute la grammaire peut tenir dans un morceau de vingt lignes; il ne faut pas s'imposer de revoir chaque jour et dans chaque morceau la grammaire en entier. Ajoutons que ces procédés ont pour effet inévitable d'allonger indéfiniment la durée d'un seul exercice au détriment des autres, et de favoriser la paresse d'esprit d'abord chez les enfants, et, faut-il le dire, chez les maîtres eux-mêmes.

Dans la correction de la dictée, quel doit être le rôle du tableau noir? Faut-il, comme on en a presque partout l'habitude, faut-il y faire écrire la dictée d'un bout à l'autre, soit par un élève faible dont on corrige les fautes aussi nombreuses qu'inévitables, soit par un des meilleurs élèves, qui la transcrit correctement? Je crois qu'il est bon d'envoyer tour à tour au tableau des élèves de force diverse, mais je considère comme une perte de temps la transcription de la dictée entière. A mon sens, il vaudrait mieux se borner, surtout dans le cours supérieur, à faire reproduire au tableau les mots dont l'orthographe offre quelque difficulté, et les phrases qui contiennent les règles que le maître a en vue d'expliquer. C'est là la part de la correction générale, le reste est l'affaire de la correction individuelle. Cependant il est bon, une fois la correction terminée, d'appeler au tableau quelques-uns des enfants dont la faiblesse ou l'étourderie sont bien connues du maître, de leur mettre la craie en main et de leur faire écrire quelques mots corrigés ou exposer quelque règle expliquée. La crainte d'une épreuve, qui peut tourner à leur confusion, les rendra plus attentifs.

Mais ce n'est pas tout de redresser les mots estropiés et de rétablir les règles violées ; il faut encore fixer dans la mémoire la véritable forme des uns et le véritable sens des autres. Sans cela la leçon du maître risque de ressembler à la toile de Pénélope qui se faisait le jour et se défaisait la nuit. Pour réussir à graver les mots, on peut avoir recours à divers procédés. En voici un que je recommande parce que je l'ai employé moi-même et que j'en ai reconnu l'efficacité. Quand la dictée est finie et corrigée au tableau, on peut exiger que chaque élève écrive, en les corrigeant, à la marge de son cahier, les fautes qu'il a commises : d'abord parce que cette petite revue ramène son attention sur ces fautes ; ensuite parce qu'ainsi détachées, alignées les unes au-dessous des autres, mises en évidence et en lumière, l'enfant les embrasse d'un coup d'œil et qu'elles s'impriment d'elles-mêmes dans sa mémoire. On peut prendre un surcroît de précaution et faire recopier à la suite de chaque dictée les fautes ainsi émargées.

Autre moyen. Il y a, comme je l'ai dit, dans tout morceau, un nombre plus ou moins grand de mots, cinq ou six en moyenne, dont l'orthographe est difficile, soit à cause de la nature et de l'origine du mot, soit à cause de sa nouveauté ; aussi donnent-ils lieu à des fautes communes. J'engagerais le maître à prendre note de ces mots, puis, quand il en a recueilli un certain nombre, quinze ou vingt, je suppose, à composer lui-même une dictée spéciale, où il fait entrer ces mots recueillis. Pour provoquer un effort d'attention, il peut faire de cette dictée le sujet d'une composition.

Il est bon aussi, à des intervalles plus ou moins rapprochés, de passer une petite revue de ces mots recueillis, soit en les faisant écrire au tableau, soit en les faisant épeler à haute voix. Et à ce propos je crois devoir signaler un mode d'épellation vicieuse que j'ai trouvé fort répandu. Les maîtres, quelle que soit l'étendue du mot, le font épeler lettre par lettre, sans divisions ni partage. Or un polysyllabe est comme un corps composé de plusieurs membres; ces membres ou parties sont les syllabes et non les lettres ; il faut le décomposer et non le découper ou le déchiqueter. Ce n'est pas après chaque lettre, mais après chaque syllabe que l'enfant doit s'arrêter ; car de cette manière il comprend mieux le mot, il distingue mieux la racine, les préfixes et les suffixes, l'organisme, c'est-à-dire les éléments constitutifs de ce mot. Je conseille donc de faire épeler de la manière suivante : *com-po-si-ti-on* et non *c-o-m-p-o-s-i-t-i-o-n*.

La dictée, indépendamment de son utilité propre,

qui est d'apprendre l'orthographe et la grammaire, la dictée, dis-je, est pour l'instituteur un moyen commode et sûr d'étendre et de compléter l'instruction primaire. Si parfois des élèves intelligents échouent pour l'orthographe aux épreuves du certificat d'études ou du brevet élémentaire, c'est que, dans le choix des dictées, le maître s'est enfermé dans un cercle trop étroit, qu'il n'a pas su varier assez les sujets, et faire passer sous la plume des élèves un assez grand nombre de mots différents. Au double point de vue de l'instruction générale des élèves et de la préparation des candidats aux examens primaires, la dictée a donc une importance capitale, elle doit suppléer à l'insuffisance inévitable des lectures. Si le maître a de l'habileté et de la prévoyance, il s'arrangera de manière à parcourir en deux ou trois ans le cercle complet des connaissances usuelles ; il se composera lui-même, soit à l'aide de ses propres lectures, soit à l'aide des livres et des journaux d'instruction primaire, un recueil de dictées qui comprenne à la fois l'application des règles essentielles et l'ensemble des connaissances indispensables. Il empruntera tour à tour ses sujets aux sciences mathématiques, physiques et naturelles, morales et politiques; aux arts libéraux et aux arts d'agrément, aux métiers et aux professions, au commerce, à l'industrie et à l'agriculture. Il comblera d'année en année les lacunes de son recueil, jusqu'à ce qu'il ait à peu près rempli le cadre d'une petite encyclopédie élémentaire. Il aura ainsi, sans grande difficulté, montré successivement à l'enfant toutes les voies que l'esprit humain s'est frayées vers la vérité, il l'aura amené tout doucement à embrasser le domaine de l'intelligence et l'ensemble des choses; il aura éveillé sa curiosité et provoqué le développement de ses aptitudes. Et qu'on ne me dise pas que je demande l'impossible ; il ne faut ici qu'un peu de méthode et de suite. Quelle difficulté y a-t-il, par exemple, à prendre la liste des arts et à choisir une ou deux pages sur l'architecture, sur le dessin, sur la peinture, sur la gravure, sur la sculpture, sur la céramique, sur la musique, etc. ; à prendre ensuite la liste des sciences et à emprunter un ou deux sujets aux mathématiques, à l'astronomie, à la physique, à la chimie, à la zoologie, à la botanique, à la minéralogie et ainsi de suite ? — N'est-il pas surtout facile autant qu'utile de s'enquérir des diverses professions ou métiers qu'exercent les parents des enfants de l'école et que ceux-ci exerceront un jour, de se renseigner sur tout ce que le canton, l'arrondissement, le département, la région offrent d'instructif aux points de vue archéologique, pittoresque, géographique, agricole, industriel, commercial, littéraire, artistique et de former ainsi un recueil de sujets d'un intérêt local, qui serait le complément du recueil composé de sujets d'un intérêt général? Les parents sauraient gré à l'instituteur d'une préoccupation si évidemment inspirée par le désir d'être utile ; les enfants prendraient un intérêt plus vif à des choses qui les touchent de plus près, et leurs progrès en orthographe seraient d'autant plus sûrs et d'autant plus rapides, que les souvenirs de leurs fautes se trouveraient ainsi liés à des sujets qui les auraient intéressés ; enfin les maîtres eux-mêmes seraient amplement payés de leur peine par le plaisir assuré à tous ceux qui réussissent à imprimer à leur enseignement le cachet de la personnalité ; car on aime d'autant plus sa profession qu'on y met plus de soi-même.

Un des points faibles de l'instruction primaire, c'est la pauvreté, pour ne pas dire la pénurie du vocabulaire qu'enfants et maîtres ont à leur service, et, par contre, le nombre considérable de mots indispensables dont on ignore ou dont on connaît mal le sens et pas beaucoup mieux l'orthographe. Que si parfois l'on ouvre un livre, il n'est pas rare qu'on y rencontre assez de mots inconnus pour en rendre la lecture difficile et pénible. Il faut donc s'appliquer, s'ingénier à enrichir ce vocabulaire, à élargir le cercle trop restreint où se meut l'esprit des enfants, leur aplanir les voies qui conduisent dans les diverses parties du domaine de l'intelligence.

Même dans les campagnes, l'enfant ne peut plus, ne doit plus vivre de la vie étroite qu'on vivait autrefois. Les temps ne comportent plus cette sorte d'isolement.

La science vient relancer le paysan jusque dans les derniers hameaux et lui poser ses énigmes. Le fil télégraphique y passe, la bruyante locomotive les longe ou les traverse. Le paysan est pris par les yeux, par les oreilles; il entend résonner des mots nouveaux, étrangers ; car, à chacune de ses découvertes, la science introduit dans la langue des termes savants, qu'elle emprunte aux langues mortes ou étrangères. Il faut bien les expliquer, c'est une nécessité à laquelle on ne peut se soustraire. De plus, la politique aussi arrive jusqu'au village ; elle y envoie ses journaux, elle y envoie ses orateurs ; c'est encore une invasion de mots nouveaux, et qui veulent le secours du maître. Bon gré, mal gré il faut se plier aux conditions d'une vie qui se transforme.

Il ne s'agit pas de faire avaler aux enfants tout le dictionnaire de la langue ; ce serait la mer à boire, et on ne boit pas la mer.

Personne, pas même les savants consommés, pas même les auteurs du dictionnaire, ne le possèdent en entier; et plus d'une fois ils en sont réduits à se consulter eux-mêmes. C'est donc un choix à faire parmi les mots les plus indispensables à la vie moderne, et ce triage, personne n'est plus en état de l'opérer que l'instituteur qui constate par lui-même les besoins d'esprit auxquels il doit satisfaire. Pourquoi les enfants ne se composeraient-ils pas à eux-mêmes, au jour le jour, sous la direction de leur maître, leur petit lexique de mots techniques ou savants?

D'abord les éléments des sciences physiques et naturelles que les programmes de 1882 ont fait entrer dans l'enseignement primaire, ces éléments amènent inévitablement un nombre considérable de ces mots énigmatiques. Qui empêche de les prendre, au fur et à mesure qu'ils se présentent, et, une fois bien définis, de les ranger dans le petit vocabulaire? Puis, quand la colonne est remplie, le maître emploie, de temps à autre, un quart d'heure, une demi-heure, à les faire défiler et définir.

L'histoire, la géographie, l'instruction civique, la leçon de choses, la promenade scolaire fournissent aussi chacune un contingent de termes difficiles et contribuent à garnir les colonnes du vocabulaire.

En ma qualité de vieux professeur, j'aime à citer ma propre expérience. Voici donc un moyen que j'ai employé plus d'une fois avec des enfants de nationalité étrangère, qui commençaient à parler notre langue. Vis-à-vis des mots techniques, presque toujours latins ou grecs, les enfants de nos écoles sont à peu de chose près dans la même situation qu'un enfant étranger vis-à-vis de notre langue. Je choisissais un ou deux sujets déjà connus de mon élève, un vaisseau, par exemple, que nous visitions en imagination. Je servais de guide, montrant et décrivant. Quand nous rencontrions un mot inconnu de l'enfant, les mots *vergue*, *hune*, *carguer*, par exemple, vite on ouvrait le recueil, et le mot y prenait place. A chaque leçon, nous nous bornions à six ou huit mots, pour ne pas charger et troubler la mémoire. Puis nous avions nos revisions hebdomadaire, bi-mensuelle, trimestrielle et finale. Avec cette méthode très simple, l'enfant acquérait vite un fonds de termes difficiles, bien définis et bien classés dans son esprit.

Car dans ces sortes de visites descriptives, je m'astreignais à suivre un ordre rigoureux, de telle sorte que, tout en enrichissant sa mémoire, l'élève contractait l'habitude de l'observation méthodique. Si je prenais un arbre, nous commencions par la racine et passions par le tronc, les branches, les rameaux, les bourgeons, les feuilles, les fleurs, pour arriver à la graine. Si je choisissais un monument, nous partions des fondations pour nous élever par degrés jusqu'aux combles. Ce moyen est bon pour l'étude de la langue; il ne l'est pas moins pour la discipline de l'esprit,

CHAPITRE VII

LECTURE EXPRESSIVE ET RÉCITATION

SOMMAIRE. — Des difficultés à vaincre. — L'accent local. — Moyens que peut employer l'instituteur pour s'en guérir. — Que l'importance de la lecture à haute voix est aujourd'hui vivement sentie. — Des deux espèces de livres auxquelles ce besoin a donné naissance. — Le livre trop obligeant. — La récitation à la mécanique. — Que l'intelligence du texte est la première condition d'une bonne récitation. — Que pour bien lire il faut penser les pensées et sentir les sentiments de l'auteur. — Du choix des morceaux. — Des exercices préparatoires à la lecture. — Des règles essentielles à la récitation : l'inflexion, l'accent, le mouvement. — Procédés à employer pour faire retrouver à l'enfant le ton et les inflexions naturels. — Exemples. — De la concordance entre les sentiments de l'âme et les inflexions de la voix. — Inflexions forcées. — Du mouvement de la phrase. — Comment on doit le régler. — Du mot de valeur. — Utilité de sa recherche. — Exemples. — Résumé.

Quel que soit l'objet d'un enseignement, la première chose à faire est de se demander quelles sont les difficultés qu'il présente ; et la seconde de chercher les moyens de vaincre ces difficultés. Elles tiennent, pour l'ordinaire, soit à la nature même de l'esprit, soit à des circonstances particulières. Pour enseigner à bien lire, il faut avant tout bien prononcer ; or la prononciation rencontre presque partout, dans l'accent local, un obstacle dont on vient malaisément à bout : d'abord parce que l'enfant parle et longtemps avant de lire et que par suite il apporte à l'école des habitudes déjà enracinées ; ensuite parce qu'une fois hors de l'école, partout ce même accent résonne à ses oreilles et défait presque aussitôt ce que le maître vient de faire ; mais le plus grand obstacle vient souvent du maître, qui, étant du pays, n'est pas exempt de la contagion et ne songe pas à guérir dans les autres un mal dont il est atteint, mal dont il ne souffre pas et que parfois il ignore ou qu'il aime. On ne peut guère se soustraire à l'influence de l'air ambiant ; il faut donc en prendre son parti, et faire, comme on dit, la part du feu, c'est-à-dire de l'accent. Mais en tout il y a une mesure, et si l'instituteur a quelque droit à l'indulgence parce qu'il traîne ou relève la voix à la mode de son pays, parce qu'il rend brèves des voyelles longues, ou longues des voyelles brèves, il n'en est plus de même lorsqu'il écorche ou estropie les mots, lorsqu'il change l'*omnibus* en *onibus*, le maître *adjoint* en *ajoint*, ou lorsqu'il enrichit les mots de syllabes nouvelles et que d'une *statue* il fait une *estatue* et d'une *station* une *estation*. Alors il est inexcusable, parce qu'il viole des règles parfaitement établies, règles qu'il doit enseigner et partant observer.

Il faut donc qu'il commence par se corriger lui-même pour pouvoir corriger les autres. Mais le moyen ? Le moyen est bien simple ; et demande plutôt un effort de volonté qu'un effort d'intelligence.

L'instituteur n'a qu'à dresser la liste des vocables que sa province s'obstine à déformer ; il trouvera toujours quelque personne charitable, étrangère à la localité, pour l'aider à composer cette liste indispensable. Cela fait, il n'a qu'à s'imposer résolument un exercice quotidien de prononciation correcte ; c'est un régime à suivre et qui ne peut manquer d'être efficace, s'il est ponctuellement suivi et suffisamment prolongé.

Mais, pour bien lire, il ne suffit pas de bien prononcer ; il faut, suivant l'expression consacrée, *donner le ton*, c'est là le principal et c'est aussi le difficile. Je n'apprendrai rien à personne en disant que l'art de la lecture est chez nous aussi négligé qu'incompris ; beaucoup même n'en soupçonnent pas l'existence, et croient qu'on sait lire quand on lit couramment.

Cependant, d'un côté, le développement de la vie politique et les fréquentes occasions qu'elle crée de lire à haute voix, de l'autre le développement du goût de la lecture dans la vie de famille et de société, ont remis en honneur un talent si utile et si agréable. L'ennui que cause un lecteur monotone et malhabile, la nécessité qu'il impose à ses auditeurs ou de redoubler d'attention pour saisir un sens qui leur échappe, ou de redoubler d'efforts pour vaincre le sommeil qui les gagne, ont fait plus vivement sentir le besoin d'un progrès qui répondît aux exigences et au goût du temps.

Le mieux était de prendre le mal à sa source, c'est-à-dire à l'école, puisque c'est à l'école qu'on apprend à lire et que l'on garde communément pendant toute la vie, avec une malheureuse et paresseuse fidélité, les mauvaises habitudes qu'on y a contractées. Ce retour de faveur a donné naissance à deux sortes de livres, les uns en petit nombre écrits par des maîtres dans l'art de bien lire, comme M. Legouvé, les autres plus nombreux et particulièrement destinés aux écoles, écrits par des hommes bien intentionnés, mais moins bien inspirés. Les premiers sont peut-être un peu au-dessus de l'enseignement primaire, mais les autres sont au-dessous. Il y a un milieu à trouver.

Ces derniers me semblent moins faits pour rendre la lecture expressive que pour en fausser l'expression. Les auteurs de ces ouvrages poussent vraiment l'obligeance jusqu'à ses dernières limites, et par l'abondance et la surabondance de leurs commentaires et de leurs indications, ils ne laissent presque plus rien à faire ni à l'élève qu'ils dispensent de la réflexion, ni au maître qu'ils dispensent de l'explication. Ils prennent un texte, ils le suivent ligne par ligne, et presque mot par mot, l'accompagnant et le soulignant, à l'italienne, comme un air de musique, de *crescendo*, de *decrescendo*, de *con grazia, con amore, con moto*, de *staccando* et de *legando*, et autres signes secourables, qui témoignent d'une défiance peu flatteuse pour l'intelligence ou la bonne volonté du lecteur. Enseigner, ce n'est pas tout dire, c'est faire chercher, c'est faire trouver. Porter les enfants n'est pas un bon moyen de leur apprendre à marcher. Tous ces *pressez, ralentissez, glissez, appuyez, gaiement, tristement, plus haut, plus bas,* quand ils sortent de la bouche du maître, après ou pendant l'explication, peuvent encore être utiles ; mais, venant du livre, ils ont pour effet immanquable de supprimer le maître et d'étourdir l'élève.

Ou celui-ci a compris le morceau, et alors ce luxe de conseils est sans utilité ; ou il n'a pas compris, et dans ce cas on le change en machine.

Ce n'est pas du dehors que viennent le naturel et l'accent, c'est du dedans. La lecture est une traduction, et, pour traduire, il faut comprendre. Une bonne explication est donc la condition et le prélude obligé d'une bonne récitation.

L'art de la lecture est assurément l'un des plus compliqués, et des plus délicats ; il n'en est guère qui demandent plus de finesse d'esprit, plus de sensibilité, plus de goût, surtout si au débit l'on ajoute le geste; mais l'école n'est pas le théâtre, et les enfants d'une école primaire ne sont pas des acteurs de la Comédie-Française. Il ne s'agit donc pas de les initier à tous les secrets de la déclamation, ni d'exiger qu'ils rendent avec une fidélité scrupuleuse les moindres nuances de la pensée et du sentiment. Ce qu'on peut raisonnablement leur demander, et ce qu'on peut en obtenir, c'est qu'ils lisent et récitent d'une manière intelligente, d'un ton naturel, celui d'une conversation tantôt familière et tantôt élevée, suivant la nature des sujets. Aller plus loin, viser plus haut, ne serait pas seulement une erreur, mais une imprudence ; à forcer la mesure, on risquerait de donner aux enfants l'habitude et le goût de la déclamation, et nous avons assez de déclamateurs. Gardons-nous de l'excès, on arrive à faire mal pour vouloir trop bien faire.

Dans certaine école, bonne école cependant et bien dirigée, j'ai assisté un jour à une récitation que je n'oublierai jamais. On avait pour leçon, le *Meunier de Sans-Souci*, ce petit chef-d'œuvre d'esprit, de bon sens, de naturel et de simplicité. L'enfant récitait ou plutôt déclamait avec une assurance surprenante, avec de grands éclats de voix et de grands mouvements des bras. Les camarades étaient dans l'admiration, et le maître, malgré sa modestie, laissait percer une visible satisfaction.

De son côté, le petit bonhomme paraissait enchanté de lui-même, et tout fier de montrer à M. l'Inspecteur comment l'on récitait à son école. Cette récitation n'était pourtant qu'un long et parfait contresens. J'aurais eu mauvaise grâce à marquer du mécontentement; il y avait là tant de bonne volonté! Je me bornai donc à prendre le livre et à lire le morceau sur le ton où il a été écrit. Le maître, excellent maître du reste, comprit; mais cela jeta un froid dans la classe, et je me retirai, regrettant presque ma leçon.

Pour bien lire, il est clair qu'il faut prononcer correctement, articuler nettement, tenir compte de l'accentuation et surtout de la ponctuation. Mais ce sont là des conditions en quelque sorte matérielles et qu'il est à peine besoin de rappeler. Elles sont indispensables, et cependant on peut les remplir, et lire en dépit du bon sens.

Si, au lieu de lire, c'est-à-dire d'exprimer les idées et les sentiments d'un autre, avec les mots et les tours qu'il a choisis, si, dis-je, on exprimait ses propres pensées, dans son propre langage, le ton serait naturel, et l'accent serait juste.

Il faut donc, pour trouver l'accent vrai, le ton convenable, il faut penser ce qu'a pensé l'auteur, sentir ce qu'il a senti, il faut s'identifier avec lui. Cela ne va pas sans un certain effort, car il n'est pas aisé de se laisser de côté soi-même, ne fût-ce qu'un instant, de se mettre au lieu et place d'un autre, et de prendre son âme et son langage. Si cette substitution n'implique pas l'égalité intellectuelle et morale, au moins exige-t-elle quelque ressemblance. En d'autres termes il est absurde de demander à l'enfant qu'il récite avec intelligence des morceaux qu'il ne peut comprendre, et qu'il exprime avec fidélité des passions qu'il ne peut ressentir.

Pour obtenir une récitation sincère, commençons par faire des choix judicieux.

Quand on a trouvé un morceau en rapport avec l'âge des enfants et leur degré de culture, quand on est sûr de l'avoir bien compris, quand on s'est exercé soi-même à le bien lire, alors on peut le mettre à l'étude.

Le premier soin du maître sera d'indiquer aux enfants le but, le caractère principal et le ton général du morceau.

En effet il importe au plus haut point que l'enfant sache, d'abord, si l'auteur se propose ou de l'instruire, ou de l'égayer, ou de l'émouvoir, quelle vérité morale ou autre il veut lui enseigner, quel sentiment il veut lui inspirer, amour ou haine, admiration ou mépris. Si le morceau est une fable, un conte, un récit, une scène, un portrait même, avant d'en commencer la lecture, il sera bon de le raconter afin de mettre les enfants sur la voie, et de leur faire prendre le courant des idées et des sentiments qu'ils vont avoir à rendre.

Cela fait, on peut entrer dans le détail, et voici quelques règles bien simples, dont l'intelligence et l'observation suffiront à donner à la récitation scolaire les qualités qu'elle comporte et qui lui font défaut.

Le fléau de la récitation, c'est la monotonie; le

style n'est que la parole écrite, parole soignée, châtiée, mais enfin parole. L'auteur qui écrit, parle ; et s'il a recours à l'écriture, c'est que sa voix ne pourrait être entendue de tous ceux auxquels il s'adresse, et que la parole porte la pensée, mais ne la conserve pas ; *verba volant, scripta manent.* Ce que l'on dit s'envole, ce que l'on écrit reste. Réciter, c'est par conséquent changer l'écriture en parole.

Si, quand nous parlons, nous voulons bien nous écouter nous-mêmes et de l'oreille suivre notre voix, nous remarquerons aisément qu'elle change à tout instant de direction, d'accent et de mouvement. Elle monte ou descend, rarement elle se meut en droite ligne ; tantôt elle est grave, et tantôt aiguë ; ici elle se ralentit, là elle se précipite.

Ces observations qu'on peut faire sur sa propre voix, ou plus aisément encore sur la voix des autres dans la conversation ordinaire et surtout dans une conversation animée, ces observations, dis-je, contiennent en germe les règles essentielles de la lecture. L'inflexion, l'accent, le mouvement, c'est presque le tout de la récitation. En réalité ces règles se réduisent à une seule, l'imitation de la nature. Mais comment y réussir ?

Quand nous lisons une phrase, demandons-nous quel est le sentiment, quelle est la passion que l'auteur a voulu exprimer dans cette phrase ? Je prends des exemples dans les morceaux connus :

> Cependant que mon front, au Caucase pareil,
> Non content d'arrêter les rayons du soleil,
> Brave l'effort de la tempête.
>
> (*Le Chêne et le Roseau.*)

N'est-ce pas l'orgueil qui éclate dans ces vers?

> Vous avez bien sujet d'accuser la nature!
> Un *roitelet* pour vous est un *pesant* fardeau.
>
> (*Ibid.*)

Ceux-là respirent une pitié dédaigneuse et blessante.

> Passe encore de bâtir, mais planter à cet âge!
> Assurément il radotait!
>
> (*Le Vieillard et les trois jeunes Hommes.*)

Voilà de la moquerie impertinente.

> L'autre lui dit : Qu'allez-vous faire?
> Vous allez quitter votre frère?
> L'absence est le plus grand des maux,
> Non pas pour vous, cruel.
>
> (*Les deux Pigeons.*)

Dans ce reproche on sent la tendresse du cœur.

L'enfant qui voudra bien réciter ces vers devra donc chercher le ton de l'orgueil, du dédain, de la moquerie, des reproches. Où le trouvera-t-il? dans sa mémoire; car assurément il lui est arrivé plus d'une fois de se vanter, de faire le dédaigneux, de se moquer de ses camarades ou de leur adresser des reproches. Avec un peu de bonne volonté, il retrouvera sans peine l'accent que prend naturellement sa voix, quand il éprouve et qu'il exprime ces divers sentiments.

Pour l'y aider, on peut lui faire traduire en langage familier, en langage d'écolier, le sentiment qu'il doit rendre ; rien n'est plus facile ; une fois le ton saisi, on reprend sur ce ton la phrase de l'auteur un moment écartée.

J'ai vu certains instituteurs employer avec succès un autre procédé. L'enfant commence à lire, en psalmodiant, suivant l'usage. Le maître l'arrête. « Fermez votre livre, lui dit-il, tournez-vous vers votre camarade, et dites-lui ce que vous venez de lire. » Instantanément le ton change et redevient naturel.

Mais il faut appliquer ces procédés de bonne heure, dès les premières lectures ; car, une fois prise, cette maudite habitude de la psalmodie est plus difficile à extirper que la plus vivace des plantes. Il est mille fois plus aisé de faire prendre une bonne habitude que d'en faire perdre une mauvaise.

Entre les mouvements de l'âme et les mouvements de la voix il existe des rapports sensibles et constants, qui font que partout, dans toutes les langues, les mêmes passions se traduisent par des inflexions semblables, à tel point qu'en entendant une personne parler une langue étrangère, on devine parfois, sans pourtant la comprendre, si elle interroge, si elle commande, si elle menace. Il est vrai que le visage, le geste et l'attitude sont un commentaire du langage; mais l'inflexion seule est déjà une révélation. Ce n'est pas ici le lieu de rechercher le principe de cette concordance aussi mystérieuse que certaine entre l'âme et la voix; bornons-nous à remarquer qu'en général les sentiments violents poussent la voix jusqu'à ses limites extrêmes, jusqu'au cri, et que les sentiments doux et tendres la font redescendre jusqu'au murmure, tout voisin du silence. La voix monte irrésistiblement, quand on interroge avec passion; elle baisse, elle tombe avec les exclamations douloureuses. Je mets au défi de prononcer les passages suivants sans relever la voix au premier et sans l'abaisser au second :

Rodrigue, as-tu du cœur?
(*Le Cid*, Acte I, scène II.)

Ô nuit désastreuse! ô nuit effroyable! où retentit tout à coup cette étonnante nouvelle : Madame se meurt! Madame est morte!
(*Oraison funèbre de la duchesse d'Orléans*.)

Et remarquez que des gestes analogues, involontaires, accompagnent invariablement ces mouvements de la voix; avec elle le bras se lève, et il tombe avec elle.

Ainsi la poussée des passions violentes et l'accablement des sentiments pénibles ou font parcourir à la voix tous les degrés d'une gamme ascendante, ou lui font descendre lentement les degrés d'une gamme renversée; on pourrait aisément répartir sur les notes d'une gamme montante les mots des vers suivants :

> Auras-tu donc toujours des yeux pour ne rien voir,
> Peuple ingrat, et toujours les plus grandes merveilles
> Sans ébranler ton cœur frapperont tes oreilles?
>
> (*Athalie*, act. II, scène II.)

> Est-il aucun moment
> Qui vous puisse assurer d'un second seulement?
>
> (*Le Vieillard et les trois jeunes Hommes.*)

et réciproquement il serait facile de ranger le long d'une gamme descendante les mots des vers suivants :

> O cruel souvenir de ma gloire passée !
> Œuvre de tant de jours en un jour effacée !
>
> (*Le Cid*, acte I, scène IV.)

Sans doute entre ces deux mouvements simples et contraires il y a mille inflexions composées et nuancées ; mais les formes interrogatives et exclamatives sont en quelque sorte les deux courants les plus ordinaires et les plus puissants de la passion, et l'enfant qui aura su plier sa voix à les suivre aura par là même appris à faire vivre sa récitation.

Ce n'est pas assez de trouver l'accent vrai, l'inflexion naturelle, il faut aussi savoir régler le mouvement du débit.

Il en est de l'allure de la phrase comme de notre propre allure ; tantôt l'on marche et tantôt l'on court; parfois on ralentit et parfois on presse le pas ; ainsi de la parole, tantôt égale et tranquille, tantôt vive et saccadée; parfois lente et retenue, parfois rapide et précipitée. La parole sort de l'âme comme d'une source ; ou elle en tombe goutte à goutte, ou elle en coule à flots paisibles, ou elle s'en échappe à gros bouillons. C'est l'âme qui lui imprime son mouvement ; ce mouvement, il faut le suivre dans la récitation. Voici deux passages tirés des fables de La Fontaine.

« Regardez-bien, ma sœur :
Est-ce assez ? dites-moi ; n y suis-je point encore?
— Nenni. — M'y voici donc ? — Point du tout ? — M'y voilà!

La grenouille brûle d'arriver à la grosseur du bœuf ; aussi ses questions sont-elles brèves, rapides, pressées ; il faudra se hâter avec elle.

Hé, bonjour, monsieur du Corbeau !
Que vous êtes joli ! que vous me semblez beau
Sans mentir, si votre ramage, etc.

Le renard, qui sait son métier, ne se presse pas, il appuie sur chaque mot, il laisse au corbeau le temps de goûter, de savourer ses flatteries. Il faudra faire comme lui et imiter sa lenteur volontaire.

Prenons encore deux passages, l'un dans la satire de Boileau, intitulée *Les Embarras de Paris* :

Là d'un enterrement la funèbre ordonnance
D'un pas lugubre et lent vers l'église s'avance.

Et l'autre dans la fable du *Chêne et le Roseau* :

> Du bout de l'horizon accourt avec furie
> Le plus terrible des enfants
> Que le Nord eût porté jusque-là dans ses flancs.

Un enterrement ne va pas comme un ouragan : avec l'un le mouvement de la voix devra se ralentir ; avec l'autre, se précipiter. Ainsi, en général, il faut imiter la nature, dire vite ce qui se fait vite et lentement ce qui se fait lentement.

Presque dans tous les membres de phrase, il y a un mot plus important que les autres, un mot où la pensée se concentre, où le sentiment afflue, et que par suite la voix doit mettre en relief par une intonation plus élevée et plus forte ; c'est ce qu'on appelle le mot de *valeur*. Dans l'étude préparatoire qui précède la récitation, le maître s'appliquera à le faire trouver aux enfants. Il n'est pas d'exercice meilleur à tous les points de vue, il n'en est pas qui fasse pénétrer plus avant dans l'intelligence des textes, qui révèle mieux les intentions de l'auteur, qui soit plus propre à aiguiser l'esprit et à former le goût. Les erreurs mêmes que l'enfant peut commettre tournent à son profit, car il est facile au maître de montrer en rapprochant les mots combien les uns sont pauvres et les autres riches de sens.

Dans les vers qui suivent et qui sont tirés de la fable de La Fontaine intitulée *Le Coche et la Mouche :*

> La mouche, en un commun besoin
> Se plaint qu'elle agit *seule*, et qu'elle a *tout* le soin,
> Qu'*aucun* n'aide aux chevaux à se tirer d'affaire

les mots *seule, tout, aucun,* ont plus de valeur que les autres, ils accusent l'intention du poète qui, en les employant coup sur coup, a voulu faire voir l'importance ridicule que se donne cette mouche affairée, importune ; on peut dire que le sens général de la fable est en quelque sorte condensé dans ces mots ; il faudra donc les chercher en étudiant le texte, et les accuser en le récitant.

Dans la fable qui a pour titre *la Mort et le Mourant*, celui-ci se plaint que la Mort le contraigne à partir

> *Sans* qu'il ait fait son testament,
> *Sans* l'avertir au moins. Est-il *juste* qu'on meure
> Au pied levé ? dit-il ; *attendez* quelque peu.
> *Souffrez* qu'à mon logis j'ajoute encore une aile ;
> Que vous êtes *pressante*, ô déesse cruelle !

Il est clair que tous ces mots différents *sans, juste, attendez, souffrez, pressante,* servent tous à exprimer sous des formes diverses, par la plainte et par la prière, une seule et même idée, mère de la fable, un seul et même sentiment, qui est la répugnance invincible de l'homme pour la mort. Il sera donc bon de faire sentir aux enfants la valeur à la fois spéciale et commune à ces mots, pour qu'ils la fassent sentir à leur tour dans la récitation.

Nous avons montré comment l'on peut trouver le

ton, l'inflexion et le mouvement qui répondent à la nature des idées et des sentiments qu'on exprime, comment l'on doit mettre en relief les mots les plus importants ; ces quelques règles bien suivies suffisent à rendre la récitation naturelle.

CHAPITRE VIII

DE L'EXPLICATION DES TEXTES OU LECTURE EXPLIQUÉE

SOMMAIRE. — Nouveauté et utilité de cet exercice. — Du choix des sujets. — De la lecture préparatoire. — Ce qui la rend nécessaire. — Des difficultés que présente l'explication des textes. — Caractère propre des chefs-d'œuvre. — Qu'il vaut mieux séparer les remarques philologiques et grammaticales de la critique littéraire et des réflexions morales. — De l'introduction. — Exemple. — De la méthode à suivre dans l'explication. — Règle unique. — Application de la règle à la fable du *Vieillard et les trois jeunes Hommes*.

L'explication des textes, voici un exercice presque nouveau. Expliquer de l'anglais, de l'allemand, passe encore ! mais du français ? Eh ! mon Dieu oui, et rien n'est plus nécessaire, surtout à l'école. Cependant, il y a quelques années à peine, l'idée en eût paru presque saugrenue ; tant on était habitué à apprendre sans comprendre, ou à croire que l'on comprenait par cela seul qu'on lisait dans un livre écrit en français.

Aujourd'hui l'explication a pris rang parmi les exercices scolaires, et il faut s'en féliciter, car il n'en est guère de plus utile, pour ne pas dire de plus nécessaire.

C'est par lui que l'enfant apprend à bien lire et à goûter ses lectures ; c'est par lui que le maître apprend à connaître ses élèves, qu'il les essaye et les sonde, qu'il les dirige et les stimule ; un maître qui sait expliquer un texte a sa classe dans la main. L'explication est une œuvre commune, chacun y prend part ; ce qui échappe aux uns, les autres le trouvent ; il y a pour tous plaisir et profit ; rien de plus intéressant, rien de plus vivant.

Le choix des sujets, l'accent de la voix, le commentaire du texte donnent au maître un triple moyen d'action ; avec ces ressources, il peut conduire les esprits jusqu'au bout de leur portée, il peut les ouvrir, les étendre et les enrichir, il peut éveiller tous les bons sentiments, faire vibrer toutes les fibres du cœur.

Le choix des sujets varie avec les incidents de la vie scolaire ; il dépend de l'intention du maître. Grâce aux nombreux recueils que met à sa disposition l'ingénieuse et infatigable activité des éditeurs contemporains, on peut dire qu'il n'a que l'embarras du choix. Je lui conseillerais seulement de s'arrêter de préférence aux écrivains les plus parfaits, et de se tenir en garde contre certains morceaux tirés d'auteurs peu connus, auxquels on a fait trop d'honneur en les mêlant aux plus grands noms. Un texte choisi pour l'explication doit être irréprochable sous tous les rapports ; il doit être un modèle. Quand nous avons tant de pages de premier ordre, pourquoi descendre au médiocre ? D'ailleurs, à l'école, le temps est mesuré, on n'en a pas à perdre ; et avec les enfants, à cause de leur âge, toute méprise, toute erreur est dangereuse ; il ne faut ni faire d'essais, ni faire de faux pas ; il faut aller à coup sûr.

Après le choix, la lecture ; j'en ai donné plus haut les règles essentielles ; il me reste à parler de l'explication elle-même. Ce n'est pas la partie la moins difficile, et cependant c'est peut-être la plus négligée.

Une erreur très commune consiste à croire que la lecture d'un texte français n'a pas besoin d'être préparée, par la raison que ce texte est écrit en français et que le lecteur est français lui-même.

Eh bien, dussé-je surprendre mes propres lecteurs et paraître paradoxal, je leur dirai : c'est précisément parce qu'un texte est français, qu'il demande, qu'il exige une préparation toute particulière. D'abord il est honteux pour un maître d'être pris devant ses élèves en flagrant délit d'ignorance de sa propre langue, et c'est pourtant ce qui arrive infailliblement à quiconque s'aventure à la légère dans un texte français ; car celui-là est sûr de se heurter, ici ou là, à quelque terme ancien ou nouveau, ou rare, dont le sens lui sera mal connu ou même inconnu ; et s'il a la bonne fortune de n'en pas trouver de ce genre, il rencontrera de ces mots dont la valeur se trouve atténuée ou accrue par la place qu'ils occupent, de ces mots où l'auteur a fait entrer plus de sens qu'ils n'en ont d'ordinaire, dont la suite des idées a modifié la signification, et que l'intelligence seule du morceau tout entier permet de définir exactement.

Et je ne parle que des mots ; que sera-ce de ces tours imprévus, qui déroutent le grammairien pur, de ces ellipses hardies, de ces irrégularités heureuses qu'engendrent si souvent chez les grands auteurs la vigueur et la fougue de la pensée, la chaleur et les élans de la passion? que sera-ce de la pensée elle-même? et qui peut se flatter d'en atteindre du premier coup la hauteur ou d'en mesurer la profondeur? Le défaut de préparation chez un maître est toujours une preuve de présomption ou de paresse.

Nous ne connaissons bien et à fond que notre propre pensée, et la raison en est simple, c'est qu'elle ne peut dépasser notre portée ; mais en est-il de même pour les œuvres du talent, et à plus forte raison pour les chefs-d'œuvre du génie? or c'est dans ces œuvres et autant que possible dans ces chefs-d'œuvre qu'il faut puiser des sujets de lecture.

Les chefs-d'œuvre ont ceci de particulier, c'est que, si bien qu'on les comprenne, on peut toujours les comprendre mieux : à la première lecture, nous en saisissons ce qui est à notre taille ; à la

6.

seconde, l'attention aidant, nous commençons à entrevoir d'autres beautés ; et il n'est pas un effort nouveau qui ne nous révèle quelque beauté nouvelle, et ne nous fasse pénétrer plus avant dans ces créations qui nous dépassent dans tous les sens.

Est-il un homme sincère qui ne reconnaisse qu'en relisant à des intervalles plus ou moins éloignés, et surtout aux différents âges de la vie, une fable de La Fontaine, une tragédie de Corneille, un chapitre de La Bruyère, il a été surpris d'y trouver ce qu'il n'y avait pas encore vu, il a été mortifié de s'apercevoir qu'il avait jusqu'alors si imparfaitement compris ce qu'il avait cru pleinement comprendre ? C'est qu'il en est ainsi des œuvres du génie ; personne qui n'y comprenne quelque chose, et personne non plus qui puisse dire : j'ai tout compris. Elles sont comme l'air et la lumière qui nous entourent ; chacun en prend ce que ses poumons en peuvent contenir, ce que sa vue en peut recevoir.

Faisons donc au génie l'honneur de confesser notre infériorité ; abordons la lecture de ses œuvres avec un sentiment de défiance envers nous-mêmes ; efforçons-nous de comprendre dans la mesure de nos forces ce que nous devrons ensuite faire comprendre aux autres.

La préparation faite, comment devrons-nous expliquer ?

L'explication d'un texte donne lieu à des remarques de plus d'un genre : les unes sont morales ou littéraires, les autres philologiques ou grammaticales; les unes ont trait au sujet lui-même et au développement du sujet, les autres à la langue et à la syntaxe. Les instituteurs ont l'habitude de les mêler les unes avec les autres; et cette habitude est mauvaise, parce qu'elle rend l'explication confuse, embarrassée, décousue, parce qu'elle amène inévitablement des redites, des retours, des interruptions, et que par suite elle affaiblit ou détruit l'intérêt.

Il vaut mieux commencer par le fond même pour venir ensuite à la forme. Les enfants comprendront bien mieux la valeur de tel ou tel terme, de telle ou telle construction, ils se rendront bien mieux compte de telle ou telle irrégularité grammaticale, quand ils auront pénétré dans la pensée de l'auteur, quand ils auront compris la nature du sujet, le caractère des personnages, quand ils seront dans le courant des idées, quand ils sauront où ils se trouvent et où on les conduit.

Bref, c'est l'intelligence de l'ensemble qui assure ou facilite l'intelligence des détails.

Toute lecture déplace l'esprit, elle le transporte ou doit le transporter dans un autre lieu, dans un autre temps, parmi d'autres personnages; ce déplacement, et cette sorte d'installation n'est pas toujours facile aux enfants, d'abord à cause de leur légèreté naturelle, ensuite à cause de leur ignorance. Il faut donc les guider, les acheminer vers le sujet, leur en aplanir l'accès, leur en éclairer les abords.

Voici par exemple un petit récit de Bernardin de Saint-Pierre intitulé : *l'Arabe et sa jument*. Quelques mots sur l'Arabie, sur la vie que mène l'Arabe, sur les services que lui rend son cheval, seront une introduction naturelle à la lecture de ce morceau. C'est ainsi qu'en musique, le prélude fait pressentir le caractère de la mélodie qui va suivre et prépare l'auditeur à la mieux goûter.

Si le sujet est historique, s'il se passe dans des temps reculés, ce petit préambule est plus nécessaire encore.

Quand un auteur écrit, quoi qu'il écrive, il a toujours un but, une intention; il veut ou prouver quelque vérité ou inspirer quelque sentiment; car, comme le dit La Fontaine,

Conter pour conter me semble peu d'affaire.

Trouver le but que l'écrivain se propose, et chercher ensuite les moyens qu'il emploie pour l'atteindre, tel doit être le premier soin des maîtres, car c'est dans le choix des moyens, c'est dans leur rapport avec le but que réside surtout l'art de la composition.

Voilà une règle simple, claire; je n'en donnerai pas d'autre; bien comprise et bien suivie, elle suffit à donner la pleine intelligence d'un morceau comme d'un ouvrage, elle en éclaire les beautés, elle accuse les moindres nuances de la pensée et les délicatesses du sentiment; elle contribue à fortifier le jugement, à épurer le goût; enfin elle s'applique à tous les genres de composition; c'est la règle maîtresse de la critique littéraire.

Non seulement elle sert à l'explication des textes, mais elle ne sert pas moins à la composition; et ce n'est pas le moindre profit qu'on retire d'une explication bien et méthodiquement conduite; s'habituant à rechercher dans les auteurs l'application de cette règle fondamentale, on apprend à l'appliquer soi-même, c'est-à-dire qu'on apprend à écrire.

Étudions ensemble la fable du *Vieillard et les trois jeunes Hommes*.

LE VIEILLARD ET LES TROIS JEUNES HOMMES

Un *octogénaire* plantait.
Passe encor de bâtir; mais *planter* à cet âge!
Disaient trois jouvenceaux, enfants du voisinage:
Assurément *il radotait.*
Car, au nom des dieux, je vous prie,
Quel *fruit* de ce labeur pouvez-vous recueillir?
Autant qu'un *patriarche* il vous faudrait vieillir.
A quoi bon charger votre vie
Des soins *d'un avenir qui n'est pas fait pour vous?*
Ne songez désormais qu'à vos *erreurs passées;*
Quittez le long espoir et les vastes pensées;
Tout cela ne convient qu'à nous.
— Il ne convient pas à vous-mêmes,
Repartit le vieillard. *Tout établissement*
Vient tard, et dure peu. La main des Parques blêmes
De vos jours et des miens se joue également.
Nos termes sont pareils par leur courte durée.
Qui de nous des *clartés* de la voûte *azurée*
Doit jouir le dernier? Est-il aucun moment
Qui vous puisse assurer d'un second seulement?

Mes arrière-neveux me devront cet ombrage :
   Eh bien ! défendez-vous au sage
De se donner des soins *pour le plaisir d'autrui ?*
Cela même est un *fruit* que je goûte aujourd'hui :
J'en puis jouir demain, et quelques jours encore ;
   Je puis enfin compter l'aurore
   Plus d'une fois sur vos tombeaux.
Le vieillard eut raison : l'un des trois jouvenceaux
Se noya dès le port, allant à l'Amérique ;
L'autre, afin de monter aux grandes dignités,
Dans les emplois de Mars servant la république,
Par un coup imprévu vit ses jours emportés ;
   Le troisième tomba d'un arbre
   Que lui-même il voulut enter ;
Et, *pleurés* du vieillard, il *grava* sur leur marbre
   Ce que je viens de raconter.

Appliquons notre règle.

Quel but le poète s'est-il proposé ?

Il a voulu donner une leçon sévère à la jeunesse impertinente, téméraire dans ses jugements, sottement confiante en un avenir qui n'appartient à personne ; il a voulu lui apprendre à respecter la vieillesse, à se rappeler la fragilité de la vie humaine, à comprendre cette prévoyance touchante et désintéressée qui s'étend aux générations à venir, qui ennoblit le travail de l'homme et agrandit l'horizon de la vie. Voilà le but.

Pour l'atteindre quels moyens devait-il employer ?

La leçon étant sévère, il fallait qu'elle fût méritée, plus que méritée ; aussi le poète s'applique-t-il à mettre en lumière la présomption, l'insouciance égoïste, l'irrévérence et la pitié railleuse des trois jouvenceaux et par là même il nous irrite contre eux, il nous fait désirer leur châtiment.

En regard de ces défauts il fallait dans le vieillard montrer les qualités contraires, la sagesse, la science de la vie, le désintéressement, la prévoyance et la bonté, pour nous attacher à lui et nous faire prendre son parti.

Enfin lorsque les trois jouvenceaux ont été frappés, pour prévenir un retour de pitié en leur faveur, pour tempérer la rigueur cruelle de la leçon, il était bon d'attendrir l'offensé lui-même.

On le voit, dans une composition, rien n'est livré au hasard ; tout y est calculé de manière à produire certains effets, à inspirer certains sentiments et dans une certaine mesure ; en un mot, tout y est subordonné et approprié au but que l'auteur s'est fixé à l'avance.

Quand dans une première lecture on a dégagé ce but et qu'on s'est rendu compte des moyens les plus propres à l'atteindre, on peut aborder l'explication du texte, et l'on ne tarde pas à s'apercevoir que, dans les œuvres des grands écrivains, les moindres détails ont leur importance, qu'aucun mot n'est sans valeur et que tout y révèle l'intention et l'art de l'auteur.

Un *octogénaire* plantait.

Pourquoi un octogénaire ? Parce que plus la

vieillard sera vieux, plus son action paraîtra absurde
à nos trois jouvenceaux.

Passe encor de bâtir ; mais *planter* à cet âge?

Voyez comme leur égoïsme perce dès les premiers
mots ! Ne songeant qu'à eux-mêmes, ils s'imaginent
que le vieillard ne songe qu'à lui, et plante pour
lui seul. Ils ont à peine ouvert la bouche et déjà nous
les connaissons. Sans parler de leur ton moqueur,
comme le tour exclamatif qu'ils emploient révèle le
contentement d'eux-mêmes! Ils sont tout fiers de
raisonner si juste ; c'est le vieillard qui déraisonne,
qui *radote;* il est tombé en enfance.

Ils le prennent à partie; quel *fruit* de ce *labeur*
pouvez-vous recueillir ? ne faut-il pas être fou de se
donner tant de peine pour les autres ! Après la leçon,
la raillerie :

Autant qu'un *patriarche* il vous faudrait vieillir.

Ce n'est pas assez, n'ont-ils pas la cruauté de lui
rappeler qu'il n'a plus que quelques jours à vivre ?
que *l'avenir n'est pas fait pour lui?* Il ne leur restait
plus qu'à lui administrer une leçon de morale, et,
comme fait le prêtre au lit du moribond, à lui
conseiller de passer sa vie en revue, de faire son
examen de conscience et de pleurer ses erreurs !

Ne songez désormais qu'à vos *erreurs passées!*

En vérité ces impertinents, ces raisonneurs, ces égoïstes, ces railleurs, ces insolents méritent une bonne et rude leçon.

On le voit, dans ces vers, il n'y a pas un détail, pas un mot qui ne soit de nature à nous indisposer d'abord, puis à nous irriter, et enfin à nous révolter; on peut bien dire que ces jouvenceaux poussent du pied le vieillard dans la tombe en l'accablant de leurs railleries et de leurs mépris.

Maintenant, écoutons le vieillard ; tout ce qui va sortir de ses lèvres sera de nature à nous inspirer une sympathie croissante.

Ainsi moqué, morigéné, offensé, un autre se fût abandonné à un transport de colère; il eût rendu raillerie pour raillerie, outrage pour outrage ; et personne ne s'en fût étonné, personne ne l'aurait blâmé; sans doute, mais le but eût été manqué. Voyez au contraire avec quel calme il répond! comme il est maître de lui-même :

> *Tout établissement*
> *Vient tard et dure peu.* La main des Parques blêmes
> *De vos jours et des miens se joue également.*

Le flot amer des railleries n'a pu troubler la sérénité de son âme ; l'égoïsme des jeunes gens, leur bassesse de cœur n'ont fait qu'élever ses sentiments et son langage, qui se colore de reflets poétiques.

> Qui de nous des *clartés* de la *voûte azurée*
> Doit jouir le dernier ?

Lui, à son tour, donne une leçon, mais sans aigreur et sans amertume; c'est la sagesse, c'est le bon sens qui parle par sa bouche! Puis c'est la bonté de son cœur qui se répand dans cet admirable vers :

Mes arrière-neveux me devront cet ombrage !

Pauvres jouvenceaux! que votre vue était courte, votre jugement faux et injuste! c'est pour vous, c'est pour votre âge que le vieillard se donne tant de mal. Mais il jouit en imagination du plaisir qu'il prépare et de la reconnaissance qu'il s'assure; les arbres qu'il plante sont tout petits encore, et pourtant voilà que dès aujourd'hui il y cueille un fruit délicieux :

Cela même est un *fruit* que je goûte aujourd'hui.

Comment ne pas aimer, respecter, admirer un vieillard dont la touchante prévoyance embrasse l'avenir, dont la main tremblante se fatigue pour ceux qui ne sont pas encore !

Avec quelle sûreté le poète marche à son but ! Le châtiment, quel qu'il soit, ne paraîtra pas trop sévère. Mais le vieillard ne le demande pas, il se borne à dire ce qui peut arriver :

Je puis enfin compter l'aurore
Plus d'une fois sur vos tombeaux.

Et quand ses craintes se sont réalisées, ses larmes

coulent, il a oublié leurs offenses et ne se souvient que de leur malheur ;

Et, *pleurés* du vieillard, il *grava* sur leur marbre
Ce que je viens de raconter.

Quel modèle que ce bon vieillard et quel modèle aussi que cette admirable fable !

CHAPITRE IX

DU STYLE EN GÉNÉRAL. — EXERCICES PRÉPARATOIRES. — DE LA DÉFINITION.

SOMMAIRE. — Que le progrès dans l'art d'écrire est de tous le plus lent et pourquoi. — Ce qu'on peut raisonnablement demander à nos maîtres. — Que, pour arriver à écrire, il faut lire beaucoup, et que le temps manque à l'école pour les lectures. — Des qualités de style qu'on doit surtout développer. — De l'impropriété dans les termes. — Quelles en sont les causes — D'où naissent le goût et le besoin de la propriété dans les termes. — Moyen le plus efficace pour arriver à la propriété. — De la définition scientifique. — De la définition ordinaire. — Heureux effets de l'habitude de la définition.

De tous les exercices scolaires, celui qui avance le plus lentement dans la voie du progrès, celui qui a le plus de peine à se dégager des liens de la routine, c'est l'exercice de style. Cette lenteur s'explique aisément. Les progrès de l'élève se mesurent sur les progrès du maître; or nos maîtres, malgré leur bon vouloir, n'ont pu dans cette voie aller du même pas que dans les autres. Apprendre à écrire et à composer veut du temps, beaucoup de temps, et suppose des aptitudes qu'on ne peut raisonnablement s'attendre

CHAPITRE IX

à trouver au même degré dans tous ceux qui enseignent. On a plus vite fait de s'approvisionner d'histoire et de géographie, de prendre une teinture du droit, d'emmagasiner quelques notions d'instruction civique et d'économie politique, de s'assimiler les éléments des sciences physiques et naturelles, d'avaler et de digérer même quelques livres de géométrie, de se faire la main aux principaux exercices du dessin ou de se rompre aux mouvements de la gymnastique, que d'apprendre à écrire, c'est-à-dire à penser ; un sujet étant donné, savoir en tracer les limites, en distinguer les parties, en dégager les idées, puis les ranger dans un ordre naturel, les rendre avec des expressions justes et, si possible, vives et colorées, c'est de tous les arts le plus laborieux, le plus complexe et le plus délicat. Il serait plus qu'ambitieux, il serait absurde d'exiger de nos maîtres qu'ils excellassent dans un pareil art; mais demander qu'ils en connaissent et en pratiquent les règles essentielles, c'est une exigence légitime; croire qu'ils y parviendront, c'est une espérance raisonnable ; il faut seulement leur faire crédit et leur donner du temps, car le progrès que nous attendons d'eux dans l'art de parler et d'écrire, c'est un progrès d'ensemble et de fond, un progrès de l'esprit tout entier, de l'esprit lui-même. Le propre de l'art d'écrire est en effet de mettre en jeu toutes les facultés de l'esprit.

Et quand nous aurons obtenu de nos maîtres ce

progrès désirable et possible, n'allons pas croire que les enfants de l'école vont devenir des lettrés. D'abord, s'il est bon que le talent, où qu'il se révèle, et d'où qu'il parte, puisse s'élever sans obstacles, jusqu'où le porte son essor, il n'est point à souhaiter que l'école primaire devienne une pépinière d'écrivains; tel n'est point son rôle, et, du reste, elle ne pourrait le remplir.

Pour arriver à bien écrire, il faut avoir beaucoup lu; or, à l'école, on ne lit guère et pour cause. Bien court est le temps de la scolarité et les programmes sont bien longs. Que de choses à apprendre en si peu de temps! Et puis c'est seulement vers la fin que l'enfant arrive à lire assez couramment pour lire avec plaisir, pour lire tout seul et des ouvrages d'une certaine étendue. Ainsi tout manque ou presque tout: le temps toujours, parfois les livres, et le goût souvent.

Mais si la lecture est nécessaire, elle n'est pas suffisante; il faut y joindre et pendant longtemps l'exercice assidu de la composition. Qu'est-ce qu'une heure ou deux par semaine consacrées à cet exercice? et c'est pourtant tout ce que comporte l'économie des programmes. A l'école supérieure, on peut être plus généreux, faire à la composition une plus large part et obtenir des résultats meilleurs; à l'école primaire, il n'y a pas d'illusion à se faire, il faut en prendre son parti, on ne peut aller loin.

Sachons donc borner notre ambition; ne pouvant

tout avoir, cherchons du moins à nous assurer le nécessaire. Or, en fait de style et de composition, le nécessaire, c'est la correction du langage, la propriété des termes, la justesse et l'ordre dans les pensées.

Si avec cela nous réussissons à donner aux enfants le goût de la lecture, nous aurons assez fait, le temps fera le reste.

Un bon enseignement grammatical conduit à la correction ; il n'en est pas de même de la propriété dans les termes ; c'est une qualité rare, car elle suppose la connaissance exacte du sens des mots, la netteté dans les idées, la sûreté du jugement qui prévient les confusions, la délicatesse qui saisit les nuances, et qui par suite, jalouse de les accuser, est scrupuleuse dans le choix des termes.

Il y a des impropriétés qui sont à peu près impossibles, parce qu'elles supposent des confusions trop grossières. Si, pour désigner une *table*, on emploie le mot *rivière*, on commet une erreur plutôt qu'une impropriété.

Pour qu'il y ait impropriété, il faut que le terme qu'on emploie soit emprunté non pas à une idée éloignée, mais à une idée voisine de celle qu'on veut rendre ; il faut qu'il y ait entre elles quelque analogie, quelque rapport, qui provoque dans la mémoire l'apparition de plusieurs termes, entre lesquels l'esprit hésite, faute de science ou de discernement. On ne peut donc arriver à écrire avec propriété qu'autant qu'on a assez de discernement pour distinguer les choses qui se ressemblent ; car si on ne démêle pas les différences, d'où viendrait le désir de les faire sentir? La propriété dans les termes est pour un esprit bien fait ce qu'est la justesse des sons pour une oreille juste, c'est-à-dire un besoin.

Elle suppose donc une qualité de l'esprit, qui se traduit par une qualité du style. Mais cette qualité, il est peu d'enfants qui n'en aient au moins le germe ; on peut la développer, et c'est à quoi nous devons tendre.

Pour les maîtres comme pour les élèves le meilleur moyen d'y réussir, c'est l'exercice assidu de la *définition*. Au sens étymologique la définition consiste à tracer la ligne de démarcation qui sépare une chose, une idée, de celles qui l'entourent et avec lesquelles on pourrait la confondre ; scientifiquement elle consiste à marquer le genre et l'espèce auxquels appartient l'objet à définir. Sans exiger de nos maîtres un excès de rigueur, on peut, ce me semble, leur conseiller de suivre cette règle si claire et si simple : Qu'est-ce que La Fontaine? — C'est un poète (voilà le genre), un fabuliste (voilà l'espèce). — Qu'est-ce qu'un octogénaire? — C'est un homme (genre) âgé d'au moins quatre-vingts ans (espèce). — Qu'est-ce qu'un jouvenceau? — C'est un homme (genre) tout jeune (espèce). — Qu'est-ce qu'un labeur? — C'est un travail (genre) pénible (espèce). — Qu'est-ce que les Parques ? — Ce sont des divinités

(genre) qui fixent la durée de la vie humaine (espèce).
— Qu'est-ce que l'azur ? — C'est une couleur bleue
(genre), bleu de ciel (espèce).

Comme on le voit, le genre indique en quoi un être, un objet ressemble à d'autres, et l'espèce en quoi il en diffère. Un octogénaire, un jouvenceau sont des hommes, mais ils diffèrent des autres hommes en ce que les uns sont vieux et les autres jeunes.

Ce que nous demandons paraît peu de chose, c'est beaucoup en réalité. Il suffit d'avoir interrogé des élèves à l'école primaire et même ailleurs, pour savoir à quoi s'en tenir.

Ce genre de définition ne suffit pas toujours ; car il n'est pas toujours possible de donner dans une réponse aussi brève une idée suffisante d'une chose ou d'un objet. On est souvent obligé de compléter la définition tantôt par une indication de la matière dont une chose est faite, ou de l'usage auquel elle est destinée, tantôt par une énumération de ses principaux caractères ou de ses propriétés ; et, s'il s'agit d'un instrument, d'une machine, d'une opération, la définition ne peut se passer de la description.

Mais, pour le plus grand nombre des mots, la définition par le genre et l'espèce est suffisante, et du reste, quelques compléments qu'on soit amené à lui donner, c'est toujours par elle qu'il faut commencer. Pratiquée avec suite, elle fait contracter à l'esprit

7.

l'habitude de l'ordre et de la méthode, elle lui donne le goût de la clarté, de l'exactitude, elle le prépare aux opérations plus longues et plus laborieuses de la description et de la classification scientifique. Quand on a appris de bonne heure à manier cet instrument de précision, on devient à la fois scrupuleux pour soi, exigeant pour les autres ; on arrête les mots au passage, on en veut savoir au juste la valeur et la portée ; on les ouvre pour voir ce qu'il y a dedans.

Il ne faut pas croire qu'on a peu gagné en tirant une idée au clair ; ce serait une grande erreur. Quand les idées sont nettes, on en saisit mieux les rapports ; les jugements sont donc plus sûrs et les raisonnements plus solides.

Ainsi par l'exercice assidu de la définition on donne à l'esprit de la rectitude et de la vigueur ; non seulement on devient plus capable de juger et de raisonner soi-même, mais plus habile à saisir le défaut des raisonnements vicieux et à se dégager du filet des sophismes.

Ajoutons que la pratique de la définition nous fait mieux saisir et sentir les nuances variées qui font le charme du style et par suite nous amène à les marquer nous-mêmes dans notre style et notre langage ; en un mot, l'habitude de la définition engendre le goût de la propriété dans les termes.

CHAPITRE X

EXERCICES PRÉPARATOIRES — DE LA MÉTAPHORE — DU STYLE FIGURÉ

SOMMAIRE. — Du besoin que nous éprouvons de trouver des comparaisons pour nous soulager et nous faire mieux comprendre. — Exemple tiré de la conversation. — Que la métaphore et le mot figuré sont des comparaisons. — Que les sciences elles-mêmes ne peuvent se passer de la métaphore. — Exemples tirés du vocabulaire de l'arithmétique. — Qu'il importe de s'exercer de bonne heure à l'emploi des métaphores. — Sur quel fondement repose le langage figuré. — Que le défaut le plus ordinaire du style des instituteurs est la fausseté des métaphores et pourquoi. — Méthode à suivre pour distinguer les bonnes métaphores des mauvaises. — Exemples. — Substitution de termes métaphoriques à des termes abstraits. — Choix entre plusieurs métaphores pour l'expression d'une même idée.

Nous avons un besoin très vif de figurer, de représenter tout ce qui se meut et s'agite en nous de sentiments et de passions dans le vague et l'ombre de la conscience; nous en avons le besoin non seulement pour nous soulager, car toute expression d'un sentiment, d'une passion nous procure un véritable soulagement et comme un allègement du poids qui nous oppresse, mais aussi parce que les images dont nous revêtons nos sentiments en sont une traduction saisissante et facilement saisie. Ce n'est pas la sensibilité seule qui réclame l'aide de l'imagination ; l'intelligence aussi ne saurait s'en passer pour donner une forme sensible à tout ce qui échappe aux sens, pour revêtir d'un corps toutes les idées abstraites, qui sans ce secours échapperaient à l'esprit ou fatigueraient l'attention.

Quelle que soit la chose dont nous avons à parler, nous ne manquons jamais, pour nous mieux faire comprendre, de chercher autour de nous, ou dans nos souvenirs, quelque autre chose qui ressemble à celle dont nous parlons, et qui soit connue de notre interlocuteur ; en un mot, nous cherchons une *comparaison*.

Tant que nous ne l'avons pas trouvée, notre esprit éprouve une sorte d'inquiétude, de malaise ; il nous semble que notre idée reste comme flottante dans le vide, que nous n'avons pas réussi à la faire entrer dans l'esprit des autres. Au contraire, la comparaison est-elle trouvée, nous sommes rassurés ; il se produit en nous une sorte de détente et de contentement ; notre idée est fixée, elle est traduite, elle a pris corps.

Ce besoin de comparer, nous l'éprouvons non seulement vis-à-vis des autres, mais aussi vis-à-vis de nous-mêmes ; on dirait que nous ne nous sentons en pleine possession de notre pensée, que lorsque nous tenons une image où elle se reflète fidèlement ;

et plus nos sensations sont vives, plus vif aussi est ce besoin de les figurer et de les peindre.

C'est là ce qui a donné naissance aux expressions figurées ou métaphoriques, qui ne sont autre chose que des comparaisons. La comparaison peut être en effet plus ou moins resserrée, plus ou moins étendue ; elle peut remplir une phrase tout entière, se développer même en une longue suite de phrases ou de pages ; elle peut aussi tenir en un mot.

C'est ainsi que dans une conversation animée la comparaison abonde. L'habitude est si forte que souvent nous annonçons la comparaison avant de l'avoir trouvée ; et si le terme nous manque, si notre imagination ne nous fournit pas assez vite l'objet cherché et nous fait banqueroute, nous fourrons à la place vide un mot insignifiant, un mot général, vague, où l'auditeur met et voit ce qu'il veut.

Qui n'a mainte fois entendu des phrases de ce genre : « Il est ennuyeux comme... *tout* » ? La comparaison n'est pas arrivée, mais l'esprit la voulait.

L'étendue qu'on lui donne se mesure à l'importance du sentiment, de l'idée, qu'on veut représenter. La plupart du temps ce n'est qu'une image, qui passe emportée par le courant de la pensée et qui éclaire, en passant, l'idée qu'elle enveloppe. Ce mot qui à lui seul renferme une comparaison s'appelle tantôt un mot *figuré*, tantôt une *métaphore*.

Le mot *figuré* s'appelle ainsi parce qu'il donne une

figure, une forme sensible, une physionomie aux choses invisibles ou abstraites.

« Tous ces colifichets dont le bon sens *murmure*, » dit Alceste. Le bon sens est une qualité, chose abstraite, que le poète personnifie, anime, *figure*.

La *métaphore* est un terme d'origine grecque, qui signifie transfert ; elle transfère ou fait passer une expression d'une idée à une autre idée, d'un objet à un autre objet. « Va, cours, *vole* et nous venge, » dit don Diègue à Rodrigue ; il fait passer le mot *voler* de l'oiseau à l'homme. Dans les deux cas il y a comparaison.

Le langage figuré ou métaphorique n'a d'autres limites que les limites mêmes du domaine intellectuel. La poésie est naturellement la plus riche en métaphores, parce qu'elle est une peinture non seulement de la nature et de la vie extérieures, mais de la nature et de la vie morales. Quoique moins colorée, l'éloquence a souvent recours aux figures et aux images, parce qu'elle cherche non seulement à convaincre, mais à émouvoir, et que rien n'est plus propre à remuer l'âme et à exciter les passions que la vue et la représentation des choses. L'histoire est plus sobre de métaphores, parce qu'elle est une science autant qu'un art, et qu'elle se propose d'instruire et non d'émouvoir ; cependant elle ne peut se passer d'images, soit qu'elle raconte les événements, soit qu'elle peigne les caractères ou les situations. La philosophie elle-même, pour rendre sensibles les abstractions au milieu desquelles elle se meut, est plus d'une fois obligée d'avoir recours au langage figuré.

Ainsi, à mesure qu'on se rapproche des sciences pures, l'éclat du style va diminuant et s'affaiblissant, mais il ne disparaît et ne s'éteint jamais, pas même dans les sciences les plus abstraites. Je ne parle pas de la physique, de l'histoire naturelle, qui, ayant à décrire des phénomènes ou des organismes, à peindre des êtres animés ou inanimés sont, par cela même forcées de puiser dans le langage figuré ; mais la science abstraite par excellence, la science des nombres, est, elle aussi, tributaire de la métaphore. Son vocabulaire est en partie formé de métaphores. Que sont en effet des mots comme *fraction*, *racine d'un nombre* et tant d'autres, sinon des métaphores, c'est-à-dire des comparaisons ?

Il n'y a pas d'exagération à dire que la métaphore domine dans le langage ; l'emploi en est à la fois suggéré par le besoin de nous mieux comprendre nous-mêmes et de nous faire mieux comprendre des autres, et imposé par l'insuffisance du langage abstrait. Il faut donc s'exercer de bonne heure au maniement du style figuré et à l'emploi judicieux des métaphores.

Il existe entre le monde sensible et le monde moral et abstrait des analogies nombreuses, les unes frappantes et constantes, les autres secrètes et fugitives, c'est sur ces analogies que repose le langage figuré.

Les premières sont si réelles, que tous les peuples les ont aperçues, et que l'on retrouve dans toutes les langues et dans toutes les littératures l'emploi des mêmes images ou métaphores pour les exprimer. Les autres, au lieu de s'offrir au premier coup d'œil, se dérobent ou n'apparaissent que vaguement et par intermittences; elles sont cachées plus avant dans les choses, elles sont plus délicates, plus déliées, c'est à la lueur des éclairs qui parfois traversent l'esprit qu'on les surprend; le poète souvent les crée plus encore qu'il ne les découvre.

En général, les hommes qui ont de l'imagination et de la mémoire, et dont l'esprit est par suite rempli des images du monde extérieur trouvent sans effort, pour revêtir leurs idées et leurs sentiments, des formes correspondantes ; s'ils ont l'esprit bien fait, ils saisissent les rapports vrais et les expriment par des métaphores justes.

Le défaut le plus ordinaire du style des instituteurs, c'est la fausseté des métaphores, et la raison en est que leur instruction est plutôt grammaticale que littéraire, et que leur attention a toujours été attirée moins sur la valeur et le choix des mots que sur l'orthographe et sur les règles de la syntaxe.

La métaphore est pour eux non pas une comparaison dont le premier mérite est la justesse, mais une sorte d'ornement et de parure ; aussi vont-ils tout droit aux plus brillantes, aux plus éclatantes. C'est ainsi que parmi les étoffes étalées devant elle, une femme dont le goût n'est pas encore formé jette son dévolu non sur celles qui conviennent le mieux à son rang, à sa condition, au caractère de sa beauté, mais sur les couleurs les plus voyantes et les plus criantes.

Pour soustraire les maîtres à la fascination des métaphores plus brillantes que justes, je leur recommanderais les exercices suivants.

Puisque tout mot figuré n'est au fond, comme toute métaphore, qu'une comparaison, il faut s'assurer que la comparaison est exacte et pour cela revenir toujours du sens figuré au sens propre et de la comparaison à l'objet comparé. Ce rapprochement suffit à mettre en lumière la justesse ou la fausseté des rapports.

Voici quelques exemples :

« Il faut du temps et de la patience pour *déraciner* les préjugés. »

Au sens propre déraciner veut dire arracher de terre une plante avec ses racines; les préjugés sont enfoncés dans l'esprit et y tiennent comme des racines dans la terre.

La comparaison est juste, l'expression figurée est bonne.

Dans cette phrase : « la bonne fortune enivre, » on compare la bonne fortune au vin. La comparaison est-elle juste ? Oui, puisqu'il y a entre le vin et la bonne fortune cette ressemblance, que l'un et l'autre font perdre la raison. La métaphore est donc bonne.

> Mon nom sert de *rempart* à toute la Castille,

dit le comte de Gormas dans la tragédie du *Cid*.

Un rempart empêche l'ennemi d'entrer dans une ville ; le nom du comte, par la terreur qu'il inspire, tient l'ennemi à distance ; la comparaison est exacte, la métaphore est bonne.

« La charrue écorche la plaine, » dit Théophile Viau ; écorcher, c'est enlever la peau ; la charrue n'enlève pas la première couche de la terre, elle pénètre dans le sein de la terre, elle l'ouvre ; la métaphore est fausse.

> « Des sons que ma lyre *enfante*
> Ces arbres sont réjouis »
> (Ode sur la prise de Namur.)

Une lyre ressemble-t-elle à une mère, et les sons à des enfants ? la comparaison est forcée, la métaphore est mauvaise.

Un autre défaut, qui est la conséquence du premier, consiste à placer à la suite les unes des autres deux ou plusieurs métaphores qui jurent de se trouver ensemble.

> Votre raison qui n'a jamais *flotté*
> Que dans le trouble et dans l'obscurité
> Et qui *rampant* à peine sur la terre, etc.
> (J.-B. ROUSSEAU.)

CHAPITRE X

La raison ne peut être comparée à la fois à une barque et à un serpent; ces métaphores s'excluent. L'habitude de rapprocher ainsi le sens propre du sens figuré, pour en saisir le rapport, et de mettre en présence les deux termes de la comparaison pour en saisir les ressemblances, rend l'esprit sûr, capable d'apprécier la valeur des métaphores et d'en faire de bonnes.

Pour atteindre le même but, je recommanderais encore les exercices suivants.

Un morceau de prose ou de poésie étant donné, remplacer les termes abstraits par des termes métaphoriques et réciproquement; on apprendra par là d'abord à sentir le service que la métaphore rend à la pensée, la force et l'éclat qu'elle lui donne; en second lieu, à comprendre que la métaphore étant la traduction d'une idée par une image, la plus exacte est la meilleure.

Un second exercice consiste à donner aux élèves un certain nombre de métaphores différentes pour l'expression d'une même idée ou d'un même sentiment, de les inviter à choisir celle qui leur paraît la meilleure et à justifier leur choix. De cette manière, obligés de comparer ces métaphores entre elles et avec l'idée qu'ils ont à figurer, ils arriveront à trouver la plus ressemblante à l'objet, c'est-à-dire la plus juste. Ils feront comme celui qui va chez un marchand d'habits, et qui, après en avoir essayé plusieurs, finit par prendre celui qui lui va le mieux. La métaphore en effet, qui n'est qu'une comparaison, peut elle-même être comparée à un vêtement ; la meilleure est celle qui s'ajuste le mieux à l'idée.

CHAPITRE XI

DU TOUR DE LA PHRASE

SOMMAIRE — Défaut ordinaire à l'école. — Uniformité des tours. — Du passé défini. — De l'imparfait du mode indicatif. — Abus de ces temps. — De la prédilection pour l'imparfait du mode subjonctif. — Du temps présent; avantages qu'il offre sous le rapport de la variété des sons. — Exemples. — Des défilés de pronoms employés à la même personne. — Modèle de variété emprunté à La Fontaine. — Que la variété naît de la vivacité du sentiment. — Exemple tiré de la conversation. — Que les sujets les moins vivants comportent cependant une certaine variété de tours. — Exemples tirés de deux descriptions, l'une de Voltaire, l'autre de Buffon. — Moyens à employer pour se corriger de l'uniformité.

Si nos enfants savent écrire avec propriété, s'ils savent trouver des métaphores justes, ce sera déjà beaucoup ; cependant, sans être trop ambitieux ni trop exigeants pour eux, sans vouloir en faire des *stylistes*, comme on dit aujourd'hui, nous pouvons demander encore quelque chose de plus.

Avec l'impropriété des termes et la fausseté des métaphores, le défaut le plus sensible de leurs petites compositions, c'est l'uniformité des tours, et ce défaut, on le signale bien quelquefois, mais rarement on le corrige, et plus rarement encore on enseigne à s'en corriger.

Prenons un des sujets les plus souvent traités dans nos écoles, le récit d'une promenade scolaire. Voici comment l'enfant novice conduira son récit :

« Nous *partîmes* à..... nous *marchâmes* pendant..... nous *rencontrâmes* des..... nous *arrivâmes* enfin..... et nous *dînâmes*. »

Ou bien, si l'enfant raconte à la troisième personne, il s'engagera dans les malencontreux imparfaits, qu'il traînera péniblement d'un bout à l'autre de sa narration, sans pouvoir s'en dépêtrer.

« Ils *suivaient* un chemin poudreux..... le soleil *dardait* sur eux ses rayons..... ils *souffraient* de la soif et de la faim..... mais ils ne *trouvaient* ni arbres ni source.... et la nuit *approchait*, etc. »

Qui ne sent combien ce défilé interminable de verbes, qui, employés au même temps, apportent régulièrement le même son à l'oreille, est fastidieux et fatigant? Encore si ce son était toujours agréable, ce ne serait que demi-mal ; mais, malheureusement, nos passés définis sont rudes à l'oreille, selon l'expression de Philaminte (1); eût-on le choix entre toutes les conjugaisons, entre *vous aimâtes* et *vous finîtes*, *vous reçûtes* et *vous vîntes*, qu'il faudrait hésiter à choisir. Notre imparfait de l'indicatif, moins sec et moins dur, ne laisse pas de déplaire.

1. *Femmes savantes*

parce qu'il fait trop ouvrir la bouche et remplit trop l'oreille. Que dirai-je de l'imparfait du subjonctif, sinon qu'il est redoutable et généralement redouté, à tel point que, lorsqu'on le voit venir de loin, il n'est pas rare qu'on se détourne pour l'éviter ; que parfois même on aime mieux commettre un solécisme que de se résigner à le subir, et qu'enfin ceux qui en usent à l'occasion ne manquent guère de l'accompagner d'un léger sourire, en manière d'excuse et de regret. C'est peut-être pousser bien loin la délicatesse ; quoi qu'il en soit, l'emploi de ce temps et de ce mode est considéré comme un acte méritoire de respect pour la grammaire.

Qu'est-ce à dire ? et faudra-t-il qu'on bannisse impitoyablement de sa prose les imparfaits de l'indicatif, et ceux du subjonctif, et les passés définis ? Loin de ma pensée une proscription pareille. On peut user de ces temps, on doit en user, mais sobrement, de loin en loin, dans l'occasion, et surtout il ne faut pas redoubler, accumuler ces consonnances ingrates ou retentissantes.

Le conseil n'est pas si inutile qu'il peut le paraître, et je sais plus d'une personne, je dis grande personne, sur qui ces temps et ces modes fameux exercent une véritable attraction. J'en sais plus d'une qui semble rechercher ces formes avec autant de soin que d'autres les évitent, et qui professe hautement et hardiment le culte de l'imparfait du subjonctif.

Mais, me dira-t-on, voilà le défaut ; comment l'éviter ?

Un des moyens les meilleurs et les plus faciles consiste à passer, quand le sens le permet, et il le permet souvent, d'un temps à un autre temps. C'est ainsi que dans les récits et dialogues, qui sont les formes les plus usitées de la composition scolaire, on peut assez vite et sans peine arriver au présent, qui a le double avantage de rendre en quelque sorte présentes l'action, la scène que l'on raconte, et d'offrir, contrairement à l'imparfait et au passé défini, ses voisins, une remarquable variété de désinences. On peut s'en convaincre par les yeux et l'oreille à l'aide du tableau suivant :

 J'aimais, *j'aime*.
 Je finissais, *je finis*.
 Je rendais, *je rends*.
 Je recevais, *je reçois*.
 Je courais, *je cours*.
 Je marchais, *je marche*
 Je volais, *je vole*.
 Je remuais, *je remue*.
 Je réclamais, *je réclame*
 Je tordais, *je tords*.

Voilà dix verbes ; on pourrait en aligner dix autres ; à l'imparfait, ils ont naturellement la même désinence ; au présent, ils ont tous une terminaison différente. On comprend quelles ressources offre un temps pareil à celui qui sent le charme que donne au style la variété des sons. Ajoutons que ce temps présent, qui est le temps du récit de l'action, du dialogue, est plus vif, et toujours plus court que l'imparfait, et, par suite, qu'il répond mieux au caractère de ces sujets,

Fuyez des mauvais sons le concours odieux,

a dit Boileau ; utile au poète, ce conseil ne l'est guère moins à quiconque écrit en prose ; il faut entendre ce qu'on écrit, il faut s'écouter écrire, et, si j'ose ainsi parler, *écrire avec l'oreille.*

Un autre défaut, qui ressemble au précédent et qui presque toujours l'accompagne, consiste à faire défiler les phrases ou les propositions, pronoms en tête, invariablement : « *Elles* entrèrent dans le jardin, *elles* se promenèrent sous les berceaux de verdure, *elles* s'assirent sur le bord du bassin, *elles* regardèrent passer les barques, *elles... elles... elles...* » et ainsi de suite et sans fin, sans merci. Ce retour inévitable et prévu du même pronom, toujours à la même place, devient à la longue un ennui. Et, pour me servir d'une expression un peu familière, mais singulièrement expressive, une véritable *scie.* Qu'ils ne l'oublient pas, ceux qui tiennent une plume,

L'ennui naquit un jour de l'uniformité ;

il nous faut de la variété dans les tours ; nul plus que La Fontaine n'a prêché d'exemple, et c'est cette inépuisable variété qui contribue à donner à ses fables tant de vie, tant de charme. Que le maître prenne une fable, qu'il la suive et la fasse suivre de phrase en phrase, en relevant les tours, ce sera la meilleure leçon. Comme preuve à l'appui, je coupe au hasard un morceau dans la fable du *Coche et la Mouche* :

> Le moine disait son bréviaire
> *Il prenait* bien son temps! *une femme chantait*
> *C'était bien* de chansons qu'alors il s'agissait !
> *Dame Mouche* s'en va chanter à leurs oreilles
> *Et fait* cent sottises pareilles.
> *Après bien* du travail, le coche arrive au haut.
> « *Respirons* maintenant — dit la Mouche aussitôt ;
> *J'ai tant fait* que les gens sont enfin dans la plaine
> *Çà, messieurs* les cochers, payez-moi de la peine. »
> *Ainsi certaines* gens, faisant les empressés, etc.

Dans ces dix vers, il n'y en a pas deux dont les tours se ressemblent, et plus d'une fois le tour change dans le corps même du vers.

— Mais nous ne sommes pas des La Fontaine, diront nos écoliers. — Sans doute ; aussi ne vous demandons-nous pas une perfection qu'on peut bien appeler inimitable ; nous vous demandons un effort qui à coup sûr ne sera pas stérile. Dans les premiers temps, cet effort se fera sentir, et les tours seront parfois forcés. Mais, peu à peu, le naturel viendra, car la variété, c'est la nature même.

Écoutez une conversation animée, notez au passage les tours qu'emploient les interlocuteurs, et vous verrez que, sans le vouloir, sans y penser, ils changent à tout coup la forme de leurs phrases ; qu'inversions, interrogations, exclamations, répétitions, etc., se succèdent comme un feu roulant, sans interruption.

C'est qu'en effet la variété des tours vient du mouvement de la pensée et des sentiments, et que la conversation, en mettant aux prises des caractères, des esprits, des intérêts différents ou même contraires, par l'imprévu des réponses, par la vivacité des répliques, par ses surprises, ses brusqueries, ses volte-face, ses détours, ses évolutions, ses incohérences, est de nature à aiguillonner, à fouetter l'esprit, à provoquer des saillies, des élans, des transports même de passion. Aussi tous les genres n'exigent-ils pas la diversité des tours à un degré si haut, mais tous, même les plus paisibles, les plus unis, comme la description, la comportent et l'exigent dans une certaine mesure. Voici quelques lignes prises dans la description d'une ferme par Voltaire :

« Les arbres du verger, chargés de fruits à noyau et à pépins, sont encore une autre richesse. *Quatre ou cinq cents* ruches sont établies auprès d'un petit ruisseau qui arrose le verger. *Il y a des allées* de mûriers à perte de vue ; *les feuilles* nourrissent ces vers précieux qui ne sont pas moins utiles que les abeilles. *Une partie* de cette grande enceinte est formée par un rempart impénétrable d'aubépine proprement taillée, qui réjouit l'odorat et la vue. *Telle doit* être une bonne métairie. »

Rien assurément de plus tranquille que cette description, et cependant elle ne contient pas deux phrases du même dessin.

Lisez encore ce portrait du renard par Buffon ; c'est un genre où la passion n'entre pour rien, et pourtant quelle richesse de formes !

« *Le renard* est fameux par ses ruses et mérite en partie sa réputation. *Ce que* le loup ne fait que par la force, il le fait par adresse et réussit plus souvent. *Sans combattre* les chiens ni les bergers, sans attaquer les troupeaux, il est plus sûr de vivre : *il emploie* plus d'esprit que de mouvement ; *ses ressources* semblent être en lui-même ; *ce sont*, comme on sait, celles qui manquent le moins. *Fin autant* que circonspect, etc. »

Autant de phrases, autant de tours. Ce n'est pas qu'un bon écrivain ne commence parfois de la même manière et par le même mot toute une suite de propositions ou de phrases ; mais alors cette répétition est voulue ; elle a un but, qui est de frapper l'esprit de la même idée, en frappant les yeux de la même forme, ou l'oreille du même son.

Comment préserver ou guérir l'enfant de ce défaut si commun et qui est à la composition ce que la psalmodie est à la récitation ? comment l'amener ou le ramener à la variété, c'est-à-dire au naturel ? Voici quelques moyens.

On peut d'abord profiter de l'exercice de la lecture expliquée pour appeler son attention sur cette qualité commune à tous les bons écrivains et les engager à l'acquérir. Mais il y a des moyens plus efficaces; lorsque l'enfant a remis un devoir d'un style par trop uniforme, le maître n'a qu'à substituer au tour dominant des tours variés et à couler les phrases dans des moules différents. Mieux encore, il peut amener l'enfant à les trouver lui-même; une correction partagée entre le maître et l'élève, une correction à deux est toujours plus profitable. Il sera bon aussi de faire écrire au tableau noir un morceau où domine le défaut signalé et de mettre à contribution toute la classe pour refondre le morceau et y répandre la variété.

Enfin je conseillerais de donner quelquefois aux élèves un sujet traité par un bon auteur et choisi à dessein; la comparaison entre le devoir d'un élève, fût-il le meilleur, et la page de l'écrivain, sera pour la classe la plus frappante et par conséquent la meilleure des leçons.

Ainsi je suppose qu'un maître ait choisi pour sujet l'histoire de la Mouche et du Coche, combien d'enfants vont tomber dans l'ornière sans pouvoir s'en tirer! combien vont aligner leurs pesants imparfaits et répéter leur fastidieux pronom! « La mouche *volait*....elle *chantait* .... elle *piquait*.... elle *bourdonnait*... . elle, etc. » Mis à côté de ces phrases de plomb, les vers du fabuliste, d'une allure si vive, si dégagée, si pétulante, en auront bientôt raison.

CHAPITRE XII

DU VOCABULAIRE LITTÉRAIRE — MOYENS DE L'ENRICHIR

SOMMAIRE. — Que ce sont surtout les mots et les tours de la langue littéraire qui font défaut dans les écoles et pourquoi. — Moyens à employer pour enrichir le vocabulaire des enfants. — Reconstitution des dictées. — Résumés oraux des lectures expliquées ou courantes. — Registres des mots nouveaux. — De la récitation au point de vue du vocabulaire. — Moyens de la rendre féconde. — Le cahier de morceaux appris par cœur pendant les six ou sept années de scolarité. — Les récapitulations périodiques. — Leurs effets certains

Pour bâtir, il ne suffit pas de connaître les règles de l'architecture, il faut des pierres, du bois, du fer, c'est-à-dire des matériaux; de même, pour écrire, ce n'est pas assez de connaître les règles de la syntaxe, il faut des idées et des mots. Nous verrons plus loin comment on peut apprendre aux enfants à trouver des idées, voyons d'abord comment on peut les approvisionner de mots.

Le vocabulaire de l'école est pauvre, et comment en serait-il autrement ? c'est la lecture qui enrichit le vocabulaire, et à l'école on lit peu, parce que le temps manque et aussi le goût ; et si les enfants ne prennent pas le goût de la lecture, c'est que souvent le maître ne l'a guère, et qu'on ne peut donner ce qu'on n'a pas.

Tout progrès dans les classes suppose un progrès dans les maîtres; pour obtenir ce dernier, il faut compter sur le mouvement général qui entraîne l'indifférence et l'ignorance vers les sources du savoir; sur les bibliothèques qui vont chaque jour se multipliant et s'enrichissant; sur les écoles normales, où l'enseignement élargi ouvre aux futurs maîtres des voies et des horizons nouveaux.

Déjà à l'école primaire l'extension du programme a étendu le vocabulaire; l'instruction civique, les éléments des sciences physiques et naturelles, les éléments du droit et de l'économie politique y ont introduit bien des mots qui jusqu'à ce jour n'avaient pas résonné à l'oreille des enfants.

Mais ce sont moins les termes scientifiques ou techniques qui leur font défaut que les mots de la langue littéraire, et les tours. Il faut donc s'ingénier à tirer des textes qu'ils apprennent ou qu'ils lisent tout le parti possible, à en exprimer toute la substance pour en nourrir leur trop maigre lexique.

Pour cela, quand la dictée est finie et expliquée, il est bon de la faire exposer ou raconter de vive voix par les enfants; l'effort qu'ils s'imposent pour retrouver les faits ou les idées qui forment la trame du texte, ramène sur leurs lèvres un certain nombre des mots de l'auteur, et les imprime dans leur mémoire. On peut aussi mettre la classe entière à contribution pour la reconstitution du morceau, livres et cahiers fermés.

L'un retrouve une phrase, l'autre une autre; les enfants se complètent ou se corrigent les uns les autres ; ce qui a échappé à celui-ci, son voisin l'a retenu ; tous fournissent quelque chose, les uns plus, les autres moins, suivant leur mémoire. Au tableau noir est un élève qui écrit, au fur et à mesure, ce qui lui arrive de tous les points de la classe ; pièce à pièce, sous les yeux des enfants et par leur concours, le morceau se recompose ; tous se piquent d'émulation ; le plaisir de trouver les aiguillonne, et ils n'oublient plus ce qu'ils ont ainsi cherché. Si bonne est la mémoire des enfants, si vif est leur amour-propre, que presque toujours on arrive à reconstruire le texte ou peu s'en faut.

Alors le maître rouvre le livre ; phrase par phrase il relit à haute voix le texte restitué ; tous les yeux sont attachés au tableau ; on tient à voir ce qui a échappé, ce qui a été estropié ; la craie en main, un enfant comble les vides, corrige les inexactitudes ; la mémoire boit tout ce qui tombe des lèvres du maître et s'en imprègne pour toujours.

Cette méthode de reconstruction s'applique à tous les textes qui, sans être appris par cœur, pénètrent en partie dans la mémoire à l'aide des observations et des explications auxquelles ils donnent lieu. Ainsi les morceaux de prose et surtout de poésie, lus à haute voix dans la classe et commentés par le maître, peuvent être rétablis, séance tenante, après la lecture; c'est pour le maître un moyen de s'assurer qu'il a été compris; une observation rappelle un mot, un hémistiche, un vers; on s'aide de tout, du raisonnement et de l'oreille, de l'enchaînement des idées, de la mesure, de la rime, et, s'il le faut, à la dernière extrémité, on donne un coup d'œil au livre.

Un bon moyen d'avancer vite et sûrement dans la connaissance de la langue consiste à enregistrer jour par jour les termes nouveaux que l'on rencontre soit dans les dictées, soit dans les lectures, à les repasser de temps à autre et, autant que possible, à des intervalles périodiques, en s'arrêtant sur ceux dont le sens est encore vague ou flottant dans la mémoire, pour les fixer et les définir. Ce petit registre permet à l'enfant de mesurer ses progrès, de compter ses acquisitions par jour, par semaine et par mois ; il aide à gagner sans rien perdre de ce qui est amassé ; il rend sensible la puissance de l'épargne qui s'accroît si rapidement quand elle est régulière ; car quelques mots mis de côté chaque jour ont bien vite parfait la centaine, et, à la fin de l'année, l'enfant est tout étonné, tout émerveillé de se trouver si riche et d'avoir amassé un si gros capital.

Une des plus grandes difficultés de l'enseignement consiste à fixer dans l'esprit les connaissances qu'on y fait entrer et qui tendent sans cesse à en sortir, soit parce qu'elles sont poussées dehors par l'arrivée de connaissances nouvelles, soit parce que l'esprit les porte sans se les assimiler et qu'elles sont pour lui non une nourriture, mais un fardeau, non un accroissement de force, mais un surcroît de fatigue.

Un mot bien compris et acquis, c'est quelque chose, c'est plus qu'on ne croit, car il est rare que les mots aillent tout seuls ; ils vont ordinairement par groupes, et la connaissance de l'un d'eux fait faire la connaissance des autres ; ajoutons que cette habitude de l'enregistrement crée l'habitude de l'attention aux mots, rend curieux de leur signification, et l'on sait que c'est un défaut ordinaire aux enfants de laisser passer les mots sans les arrêter au passage et sans en demander la signification.

A l'école primaire, on apprend peu, trop peu de vers, et ce que l'on en apprend se perd chemin faisant, faute de méthode et de soin. Un morceau chasse l'autre ; ils ne font que passer par l'esprit sans y laisser de traces. Ces morceaux, il faudrait les fixer, les enfoncer dans l'esprit, et, tout en y faisant entrer des pièces nouvelles, les souder à celles qui s'y trouvent déjà. Sous ce rapport on peut dire que la négligence est complète, et qu'au lieu d'amasser le grain dans le grenier, on le jette à tous les vents. Cependant, en six ou sept ans, que de vers on pourrait emmagasiner dans la mémoire de l'enfant, si l'on s'y prenait bien !

M. Carré, inspecteur général de l'enseignement

primaire, donne à ce sujet de si excellents conseils que je ne saurais mieux faire que de les reproduire ici.

Supposons que les enfants apprennent chaque jour cinq vers ou cinq lignes de prose seulement; au bout de la semaine ils en sauront 25, au bout du mois 100, et au bout de l'année 1000; s'ils restent six ans à l'école, c'est 6000 vers qu'ils en emporteront.

Six mille vers! savez-vous que c'est quelque chose? Le calcul est simple et facile; la difficulté, c'est de ne pas les laisser perdre en route, c'est de ne pas les laisser couler par toutes les fentes et tous les trous de la mémoire. Mais le moyen de l'empêcher?

Le moyen, c'est de faire écrire par l'enfant, sur un cahier spécial, tout ce qu'il apprend au jour le jour. Mais si l'enfant ne sait pas encore écrire? Eh bien, un frère aîné, une sœur ainée, un camarade obligeant lui rendront ce petit service; au besoin, des vers appris au cours élémentaire peuvent, aux cours moyen ou supérieur, servir d'exercice d'orthographe ou d'écriture, et les plus grands peuvent écrire sur les cahiers des plus jeunes.

Ce recueil de morceaux appris par cœur sera pour l'enfant le premier volume de sa bibliothèque, ce sera un dictionnaire et une chrestomathie; il y trouvera des mots, des idées et des moules pour couler ses propres pensées. Voilà une première difficulté vaincue; les morceaux seront dans le cahier, mais seront-ils dans la mémoire? et c'est là l'important.

Ils y resteront, si l'on veut bien s'astreindre au régime des récapitulations périodiques, c'est-à-dire hebdomadaires, mensuelles, trimestrielles et annuelles. De plus, et à tour de rôle, les élèves du cours élémentaire assisteront aux récapitulations du cours moyen, et les élèves du cours moyen à celles du cours élémentaire; les premiers apprendront par avance, en les entendant réciter, les morceaux qu'ils doivent plus tard apprendre à leur tour; les seconds, en prenant part aux revisions des plus jeunes, rafraîchiront leurs souvenirs et les affermiront; par ces deux moyens méthodiquement associés, par l'audition répétée et la répétition fréquente, on donnera à la mémoire ses deux qualités essentielles, la facilité et la fidélité; on rendra l'étude moins pénible et les souvenirs plus durables; on reliera les cours entre eux, et l'on formera des faisceaux qui, tout en grossissant chaque jour, iront s'enracinant.

CHAPITRE XIII

DE LA DESCRIPTION — SON IMPORTANCE — SA MARCHE — CE QUI EN FAIT L'IMPORTANCE

SOMMAIRE. — De la description. — Son importance. — Qu'elle répond à un besoin de notre nature. — Qu'elle est d'un usage continuel dans la vie ordinaire. — Qu'elle est l'auxiliaire indispensable des lettres, des sciences, des arts et des métiers. — Conditions de la description. — Observation analytique. — Description de la Suisse vue du haut du Jura. — Qu'ordinairement on se borne à donner des modèles et à les faire reproduire, mais sans en dégager la méthode à suivre. — Marche de l'auteur dans la description de la Suisse. — Pourquoi il a suivi cette marche. — Ce qui donne à une description son véritable caractère. — Ce qui en fait l'unité.

De toutes les formes de la composition scolaire la plus importante peut-être est la description, et la raison en est simple : presque toute notre vie se passe à voir, à entendre, à goûter, à toucher, à sentir ; elle n'est qu'un perpétuel exercice des sens, une série ininterrompue de perceptions et de sensations.

Or tout ce qui nous touche, tout ce qui nous frappe, tout ce qui nous plaît ou nous déplaît, tout ce qui excite en nous des sentiments agréables ou désagréables, tout cela, nous éprouvons le désir, le besoin de le figurer, de le représenter aux autres, c'est-à-dire, de le décrire ; et, quand les autres nous manquent, nous décrivons pour nous-mêmes, soit sur le papier avec la plume, soit dans notre mémoire avec notre imagination. Décrire, c'est dessiner ou peindre ; peinture et dessin ne sont que des formes plus sensibles, plus saisissables et saisissantes de la description. Une esquisse, un tableau sont une reproduction pour la vue, à l'aide des couleurs et des lignes ; une description est une reproduction pour l'esprit à l'aide des mots et des sons.

La description n'est pas seulement un besoin de notre nature morale, un effet de cette tendance qui nous pousse à faire passer dans nos semblables et à répandre en eux ce qui remplit notre esprit, notre cœur, elle est une véritable nécessité dans les mille et mille circonstances de la vie ordinaire. Quand nous avons à donner un renseignement, un ordre, un avertissement, pour être clairs, pour être compris, il nous faut décrire plus ou moins sommairement les lieux, les choses, les personnes que nous voulons faire connaître ou reconnaître ; les métiers ne peuvent se passer de la description pour leurs outils et les objets qu'ils façonnent ; l'agriculture pour ses instruments et ses travaux ; l'industrie pour ses machines, les sciences physiques pour leurs expériences et leurs appareils, les sciences naturelles pour leurs analyses et leurs classifications, la médecine et la chirurgie pour leurs diagnostics et leurs

opérations. Bref, la description est partout, se mêle
à tout, sous toutes les formes, dans des proportions
différentes, avec des caractères variés ; elle est tour
à tour physique ou morale, familière ou poétique,
scientifique ou littéraire, tantôt simple ébauche
avec quelques traits caractéristiques, tantôt tableau
achevé, reproduction fidèle des moindres détails de
la forme et des nuances les plus délicates de la
couleur. Aussi un maître du genre a-t-il pu écrire
presque sans exagération la phrase suivante :

« Tout l'esprit d'un auteur consiste à bien *définir*
et à bien *peindre* (1). »

On ne s'étonnera donc pas si, après avoir insisté
plus haut sur la définition, nous insistons ici sur la
description.

Apprendre à composer, avons-nous dit plus haut,
c'est apprendre à trouver des idées et à les ranger
dans l'ordre le meilleur. Quand on décrit, de deux
choses l'une, ou on a l'objet sous les yeux, ou on l'a
dans la mémoire. Dans le premier cas, il faut
voir et bien voir; dans le second cas, il faut se
souvenir. Dans l'un et l'autre, on n'a pas grand
effort d'invention à faire, puisque les idées sont là,
devant nous, présentes à nos yeux ou présentes à
notre esprit ; mais encore doit-on observer, pour
qu'il n'y ait pas de vides dans la description et que
les parties, bien liées entre elles, forment un tout

---

1. La Bruyère, ch. I, *Des ouvrages de l'esprit*.

complet, et, si possible, harmonieux. Dans ce genre la méthode d'observation et la méthode de composition n'en forment qu'une seule, de telle sorte que, si l'on a su observer, on saura par là même décrire. La suite le fera comprendre. Quand nous nous trouvons en présence d'un paysage, d'un site, d'une scène, d'un spectacle quelconque, nous en saisissons l'ensemble à première vue, nous voyons tout à la fois ; mais précisément parce que nous voyons tout, nous ne voyons rien parfaitement. Les gens superficiels et indifférents se contentent de ce premier coup d'œil et de cette sensation rapide et trouble; d'autres, plus sensibles aux charmes et à la beauté des choses, restent en contemplation, et comme perdus dans l'étendue du tableau, ils emportent au fond de leur mémoire une image plus vive, un souvenir plus durable, mais vague encore et confus. C'est comme un souvenir en bloc; s'il leur fallait le détailler et en rendre compte, ils en viendraient difficilement à bout. Au contraire, celui qui sait observer, se dégage de cette première impression, de ce saisissement de la surprise ou de l'admiration et se met à diriger son esprit de manière à passer en revue les diverses parties du tableau. C'est cette conduite attentive et analytique du regard, qui donne seule la pleine connaissance du spectacle et qui seule en permet une description fidèle. Voyons donc comment cette direction de l'esprit peut ou doit se régler suivant la nature des sujets. Si l'on sait s'imposer une discipline,

CHAPITRE XIII 149

cette marche de l'esprit, d'abord un peu pénible, deviendra et c'est là l'important pour l'éducation et le progrès de l'esprit, deviendra, par l'effet de l'habitude, un mouvement naturel et presque un besoin.

Voici une description de la Suisse vue d'un sommet du Jura.

« Comme le voyageur est ravi d'admiration, lorsque dans un beau jour d'été, après avoir péniblement traversé les sommets du Jura, il arrive à cette gorge, où se déploie subitement devant lui l'immense bassin de Genève ; qu'il voit d'un coup d'œil ce beau lac, dont les eaux réfléchissent le bleu du ciel, mais plus pur et plus profond ; cette vaste campagne, si bien cultivée, peuplée d'habitations si riantes ; ces coteaux qui s'élèvent par degrés, et que revêt une si riche végétation ; ces montagnes couvertes de forêts toujours vertes ; la crête sourcilleuse des hautes Alpes, ceignant ce superbe amphithéâtre, et le mont Blanc, ce géant des montagnes européennes, le couronnant d'un immense groupe de neiges ! »

Croit-on que ces traits soient jetés pêle-mêle, au hasard ? croit-on que cette courte description fît une sensation si vive, si l'auteur n'y avait mis un certain ordre, emprunté à la nature elle-même ? C'est cet ordre qu'il faut chercher et faire chercher à l'enfant, parce que, lorsqu'il l'aura découvert et qu'il en aura compris la raison, il deviendra capable de le suivre à son tour, et qu'il aura appris à conduire son esprit, au moins dans des sujets semblables.

Quelquefois à l'école les maîtres font reproduire aux enfants la description qu'on vient de lire et, pour les y aider, ils dictent des questions, dont chacune réveille le souvenir d'un détail, et dont la suite forme la trame, le plan de la description tout entière. C'est là assurément un bon exercice, mais c'est surtout un exercice de mémoire, propre à imprimer un morceau dans l'esprit et non à livrer le secret de la composition, et par suite à mettre en possession d'une méthode pour l'imitation.

D'autres énumèrent non sans raison les qualités que doit avoir une bonne description, mais ils oublient d'indiquer le moyen de les acquérir.

Tous donnent des exemples, souvent bien choisis, mais ils se bornent à les mettre sous les yeux, ils n'enseignent pas à en tirer parti.

C'est ce que je voudrais essayer de faire.

Revenons donc sur la description qui précède, suivons l'auteur pas à pas, marquons d'un point chacun de ces pas ; la série nous tracera le chemin, la direction qu'il a prise, c'est-à-dire sa méthode.

L'auteur, arrivé à cette gorge d'où sa vue embrasse le bassin de Genève, décrit ou peint d'abord le lac lui-même, puis la campagne qui le borde, ensuite les coteaux qui s'élèvent par degrés, puis les montagnes auxquelles ils conduisent, puis les crêtes qui terminent les montagnes et enfin le mont Blanc qui domine tout le paysage. Il y a là une marche très méthodique facile à saisir ; l'auteur est parti du lac qui est à ses pieds, et, avançant et montant progressivement, il s'est élevé jusqu'au point extrême et culminant ; il s'est dirigé de l'endroit le plus rapproché à l'endroit le plus éloigné, et du point le plus bas au point le plus élevé. Voilà sa marche.

Maintenant, pourquoi a-t-il suivi cette marche et non une autre, la marche contraire, par exemple, celle qui eût consisté à partir des extrémités pour arriver au centre, c'est-à-dire de la crête des montagnes pour redescendre au lac ?

La raison en est que, dans un spectacle, quel qu'il soit, instinctivement et par attraction, le regard va droit à l'objet principal ; or du point de vue où s'est placé l'auteur, le lac qui s'étend à ses pieds attire immédiatement ses regards, non parce qu'il est le plus près, nous le verrons tout à l'heure, mais parce qu'il forme le centre, qu'il fait l'unité du tableau, les campagnes, les coteaux, les montagnes et leurs côtes décrivant tout autour comme une série de cercles concentriques ou de cadres qui vont s'élargissant.

Supposons que l'auteur se fût trouvé placé au Schänzli, promenade de Berne, ou, mieux encore, au sommet du Righi [1]; certes les lacs ne manquent pas en cette partie de la Suisse, puisque du haut de

1. Montagne de 1850 mètres de haut, sur le bord du lac des Quatre-Cantons.

cette montagne on en peut compter jusqu'à douze; et cependant ce n'est point par la description des lacs ou des campagnes étendus à ses pieds que l'auteur eût vraisemblablement commencé, car son regard eût été irrésistiblement attiré au fond même, à l'horizon, par l'éblouissant et majestueux amphithéâtre des Alpes Bernoises.

Ainsi donc, dans une description de ce genre, on peut se diriger soit du point le plus voisin vers le plus éloigné, soit du point extrême au plus rapproché, selon la disposition du paysage, mais il faut suivre une marche et non aller à l'aventure.

Après avoir dégagé de l'étude d'un morceau la méthode de l'auteur, un exercice vraiment utile consistera à faire appliquer cette méthode aux enfants dans un sujet du même genre. C'est ainsi qu'ils prendront de bonnes habitudes d'esprit et apprendront à composer.

En général la description doit avoir le caractère même de l'objet décrit, et ce caractère nous est indiqué par l'étude de l'objet, et presque toujours révélé par l'impression que cet objet nous cause. En effet nous ne pouvons voir un site, un paysage, une scène, une personne, un phénomène, un spectacle quelconque, sans en être affectés dans un sens ou dans l'autre, sans éprouver un sentiment agréable ou désagréable. Tel spectacle inspire l'admiration, tel autre le dégoût; l'un repose l'âme ou l'élève, l'autre la trouble ou l'accable; celui-ci respire la joie, celui-là

la tristesse; celui-ci est gracieux, cet autre est impo-
-ant; quelques uns sont singuliers, étranges, ils
surprennent, ils étonnent; d'autres ne sont qu'in-
structifs, intéressants, ils saisissent l'intelligence et
ne font qu'effleurer la sensibilité. Bref, toute chose
a un caractère dominant, qu'elle doit à sa nature
même et qui provoque dans l'âme une sensation, un
sentiment correspondant ; tout spectacle fait naître
en nous une impression d'ensemble, à laquelle con-
courent tous les détails ; c'est cette impression que
a description doit reproduire, c'est elle qui en fait
le caractère et l'unité.

CHAPITRE XIV

DE LA DESCRIPTION (SUITE). — DES OBJETS,
DES MINÉRAUX, DES VÉGÉTAUX

SOMMAIRE. — Méthode générale d'observation. — Les cinq sens. — Application de la méthode à la description d'un ruisseau, aux minéraux, aux plantes, aux arbres. — Les physionomies des arbres et leurs attitudes. — Exemples.

La description doit, plus que tout autre genre, habituer l'enfant à observer, c'est-à-dire à considérer les objets sous toutes leurs faces, et à peindre les sensations qu'ils nous font éprouver. Ces faces sont diverses, ces sensations nombreuses; y a-t-il quelque moyen qui puisse aider à tout voir et à bien voir, en un mot, y a-t-il une méthode d'observation?

Nous avons cinq sens, le toucher, la vue, l'ouïe, l'odorat, le goût, ce qui revient à dire que les choses extérieures nous affectent de cinq manières différentes ou, en d'autres termes, qu'il y a cinq espèces de sensations. Ces cinq sens n'ont pas tous la même importance, et il est trop aisé de comprendre que la vue est de beaucoup le plus riche en informations; mais chaque sens contribue dans une mesure différente à nous faire connaître le monde extérieur, chacun d'eux apporte à la description un certain nombre d'éléments et par suite on peut dire qu'ils fournissent à l'observation une méthode générale, à la description un plan naturel. Quand donc les enfants ont un objet à décrire ou un ensemble d'objets, engageons-les à passer en revue les différentes sensations que ces objets leur procurent, en prenant chaque sens l'un après l'autre; ils amasseront ainsi les matériaux de leur description, il ne leur restera plus qu'à les mettre en ordre. Essayons d'appliquer cette méthode.

Voici un sujet agréable et à la portée des enfants, même des plus jeunes : la description d'un ruisseau. Voyons ce que chaque sens va apporter à la masse commune; cela nous apprendra en même temps à nous faire une idée de l'importance relative des sens. La *vue* nous montre les formes, les mouvements, les couleurs : un ruisseau a un cours, un lit, un milieu, une surface, des bords; nous verrons donc si son cours suit une ligne droite ou sinueuse, s'il se déroule en un long ruban ou s'il fait des tours et des détours et forme comme un méandre capricieux; nous verrons au fond le sable fin, les cailloux polis, la mousse ou les herbes rampantes sur lesquelles il coule. Sur les côtés, les herbes pendantes, les racines qui affleurent ou qui baignent; au milieu, dans le courant même, nous verrons passer les troupes agiles des petits poissons qui descendent ou remontent; à la surface, les insectes qui le traversent en tous sens, qui le rident, et y tracent ces cercles légers et mobiles qui se croisent et se brisent; les feuilles, les fleurs tombées que le courant emporte; un peu au-dessus les mouches, les abeilles, les papillons, les demoiselles; sur les bords, les graminées qui pendent sur l'eau, les fleurs qui s'y mirent, les oiseaux qui y boivent, puis les plantes, les arbustes, les arbres qui y rafraîchissent leurs racines et lui forment une bordure ou un berceau. Par la *vue*, outre les contours et les lignes, nous saisissons les couleurs et les mouvements; la transparence de l'eau, les miroitements et les scintillements de sa surface unie ou frémissante, les réseaux lumineux et mobiles qui se déploient au fond, l'allure changeante et capricieuse du ruisseau qui tantôt presse et tantôt ralentit son cours, qui tantôt écume et bondit sur les obstacles qu'il rencontre et tantôt se repose en quelque bassin paisible, d'où il sort en cascade. Ainsi l'organe de la vue est un dessinateur et un véritable peintre; l'*ouïe* vient ajouter la musique à ce tableau déjà plein de vie, elle nous fait entendre la voix si douce et si fraîche du ruisseau qui babille, chante ou murmure; et tout autour, comme un accompagnement harmonieux, le bourdonnement des insectes, le bruissement du feuillage, et le gazouillement des oiseaux. L'*odorat* enrichit encore cette perception déjà si complexe et si regorgeante, en nous faisant respirer les parfums subtils qui flottent ou courent sur le bord des ruisseaux ; le *contact*, le frôlement de l'air frais et léger y ajoute une sensation à la fois pénétrante et caressante. Voilà l'apport de chacun des sens dans ce travail commun.

Et maintenant, si l'on cherche l'unité d'une description de ce genre, ne se dégage-t-elle pas toute seule d'un ensemble de sensations qui, toutes agréables et douces, s'unissent et se fondent dans une impression délicieuse ?

Et si l'on cherchait quelque pensée morale pour relier entre eux tous les traits de la description, pour lui donner une physionomie ; si l'on voulait animer le ruisseau, lui prêter l'intelligence et la vie, ne pourrait-on voir en lui le symbole de la bienfaisance aimable ? A qui le ruisseau ne rend-il pas service ? utile aux plantes qu'il nourrit, aux animaux qu'il désaltère, utile et agréable aux hommes dont il accroît le bien-être et charme tous les sens.

Quand donc l'enfant aura un sujet du même genre à traiter, qu'il s'astreigne à suivre la route que nous venons de jalonner ; il recueillera le long de cette route les formes, les couleurs, les sons et les parfums dont il pourra ensuite composer sa description. Peu à peu, en s'imposant cette méthode, il sentira son esprit se fortifier et s'enrichir.

Ce procédé si simple est toujours utile, quel que soit le sujet ; mais on peut dire qu'il est indispensable dans les descriptions scientifiques, surtout dans celles de la minéralogie et de la botanique

Voici un métalloïde, le soufre. Quand on aura énuméré les diverses sensations qu'il donne au toucher, à la vue, au goût, à l'odorat et à l'ouïe, on l'aura décrit. Si à cette description on ajoute l'énumération de ses propriétés, ce qui est affaire d'expérience, et non d'intuition, on aura donné de ce corps une connaissance suffisante; mais c'est par la description qu'il faut commencer.

De même pour les plantes, les arbres, les fleurs; quand on en a précisé les formes, peint les couleurs, caractérisé les parfums et les saveurs, la description est suffisante pour un exercice d'école; si l'on y ajoute des détails sur leur pays d'origine, sur les lieux où elles viennent le mieux, sur les divers procédés qu'on a successivement employés dans leur culture, etc., c'est en faire l'historique et non la description.

Mais la plante, l'arbre ne sont plus comme le minéral des corps simples ou composés d'éléments simples, de molécules invisibles, impalpables; ce sont des êtres doués de vie, de membres, d'organes, et dont la description plus complexe est par là même plus difficile et plus délicate. Quand on dit à l'enfant : Vous me décrirez un lis, un rosier, un chêne, un acacia, l'enfant est souvent bien embarrassé pour entrer dans sa description, il regarde sa plante, son arbre, et ne sait, comme on dit, par quel bout les prendre. Venons lui donc en aide, traçons lui un plan, qui lui serve non pas cette fois seulement, mais pour toutes les occasions semblables ; que son esprit ne voltige pas comme le papillon capricieux, incertain, mais qu'il se dirige de manière à embrasser l'objet tout entier, au lieu de le toucher ici ou là au hasard.

Par où donc commencer? car toute méthode a pour but d'enseigner par où l'on commence, comment l'on poursuit et comment l'on termine.

Pour être plus sûr qu'il observera, que, chemin faisant, il ne laissera rien perdre, et que dans les mailles de son filet il prendra l'arbre tout entier, je l'engagerais à commencer par..... le commencement, c'est-à-dire par le pied, ou, mieux encore, par la racine, et, s'il peut, par la semence même; du pied il passe au tronc qu'il décrit avec sa forme, son écorce rugueuse ou polie; il monte ensuite aux branches dont il représente la naissance, l'agencement, la distribution; de là aux rameaux, aux feuilles, puis à la fleur, puis au fruit et enfin à la graine ; le voilà revenu au point de départ; la description est fermée, l'arbre est pris, en pied et tout entier.

Mais, me dira-t-on, ne pourrait-on renverser la description, et commencer par le fruit pour finir par la racine? Je reconnais qu'il y aurait encore là un certain ordre, c'est-à-dire une succession de parties qui se touchent et se tiennent ; mais cet ordre serait-il bien naturel, et ne vaut-il pas mieux suivre la nature dans son travail d'élaboration, d'organisation, de développement, qui tend au fruit et s'y termine?

On pourrait me dire encore que cette méthode est bien sèche, bien raide, bien uniforme. A cela je répondrai, que, sans vouloir écarter la poésie, notre but n'est pas de former des poètes, mais des esprits disciplinés et maîtres d'eux-mêmes, de leurs mouvements et de leur direction.

Aussi bien les poètes n'ont pas besoin qu'on les forme, ils se forment tout seuls, ou plutôt c'est la nature qui se charge de ce soin : *nascuntur poetæ*.

D'ailleurs, une fois l'habitude prise, on peut se relâcher de la rigueur du procédé; parmi les traits recueillis par l'observation méthodique on peut prendre et laisser; on peut choisir ceux qui ont un rapport plus sensible avec le caractère qu'on veut donner à la description et le but particulier qu'on se propose. Je n'ignore pas que les plantes, que les fleurs surtout ont chacune sa beauté particulière et, si j'osais dire, une figure, un regard d'une expression différente, et même un langage: cela est si vrai que nous les prenons pour interprètes de nos sentiments, et que dans certains moments il nous semble qu'une fleur parle mieux que nous-mêmes.

Les arbres aussi ont leur individualité, leur attitude, leur physionomie, et, si j'osais dire, leur âme; à les voir, ne dirait-on pas qu'ils expriment des sentiments ou révèlent des caractères ? Ne nous offrent-ils pas des images saisissantes de toutes les destinées humaines ?

Celui-ci, avec son feuillage tombant, n'est-il pas le symbole de la tristesse et de la douleur ? et cette ressemblance est si frappante qu'on l'a appelé le saule qui pleure. Cet autre avec son feuillage sombre et serré, avec sa noire immobilité, ne semble-t-il pas fait pour être le gardien de la mort et des tombeaux ? Voyez à côté ce peuplier tout frémissant, tout frissonnant, tout bruissant au moindre souffle de la brise ; ce bouleau au blanc corsage, au feuillage argenté, si léger qu'il semble plutôt flotter que pendre, ne respirent-ils pas la vie et la gaieté ? Ce chêne aux bras vigoureux, à l'épais ombrage, n'est-il pas l'emblème reconnu de la force et de la majesté ? Et ce pin des montagnes, tortu et ramassé sur lui-même, qui enfonce ses racines avides et tenaces dans les fentes et jusqu'au cœur des rochers, ce pin fouetté, battu par le vent, desséché, brûlé du soleil, ne nous fait-il pas songer à ces volontés de fer, à ces caractères indomptables, que le sort frappe sans relâche, mais qu'il ne peut abattre ni briser ?

Quelle diversité dans les attitudes ! Ceux-ci laissent tomber leurs branches, d'un air de découragement, comme s'ils ne pouvaient plus les porter ; ceux-là les étendent d'un air protecteur ; d'autres les relèvent et les poussent droit vers le ciel en manière de défi ; autant d'arbres, autant d'attitudes.

Et parmi tous ces arbres déjà si divers par la

forme, l'aspect, la couleur, quelles différences encore dans la destinée! les uns robustes et luxuriants de verdure, les autres chétifs, pauvres de sève, pâles de feuillage. Enfin, comme parmi les hommes, il y a parmi eux des santés florissantes, des maladies incurables, des morts précoces et de vertes vieillesses ; les arbres vivent, c'est-à-dire, souffrent, jouissent et meurent.

Aussi quand nous donnons à l'enfant un arbre à décrire, tout en lui recommandant de suivre une marche réglée, de manière à être complet, nous ne l'empêcherons pas d'aller plus loin, et de chercher dans le caractère général et la physionomie de 'arbre l'unité et l'harmonie de sa description.

CHAPITRE XV

DESCRIPTION DES ANIMAUX

SOMMAIRE. — Méthode analytique. — Division naturelle. — Exemples tirés de L. Figuier et de Buffon. — L'âne. — L'oiseau-mouche.

Du végétal à l'animal, nous montons d'un degré ; les organismes deviennent plus riches, plus compliqués, plus délicats ; la sensibilité plus vive ; et enfin l'intelligence apparaît ; la volonté parfois est si bien réglée, qu'on la croirait plutôt dirigée par la raison que soumise à l'instinct.

La description ici devient plus laborieuse, car la difficulté va croissant avec la complexité des sujets ; il est difficile de tout voir, là où il y a tant à voir ; il est difficile de mettre de l'ordre dans cette foule de détails, et difficile encore de faire un choix judicieux, car on ne peut pas tout dire. Prenons un animal, et voyons comment nous pourrons le décrire ; prenons, non le roi des animaux, mais un de ses plus humbles sujets, l'âne, si vous le voulez bien Voici donc l'âne, ce pelé, ce galeux, dont on dit tant de mal à la cour du lion, et dont il y a cependant tant de bien à dire. Écoutons M. L. Figuier :

« L'âne est un *quadrupède de taille* moyenne : son *pelage* est gris de souris ou gris argenté, luisant ou mêlé de taches obscures...... Si on le compare au cheval pour la *figure* et le *port*, on reconnaît tout de suite que l'âne a la *tête* plus grosse, les *oreilles* beaucoup plus allongées, le *front* et les *tempes* garnies d'un poil plus long, les *yeux* moins saillants, la *lèvre* supérieure plus pointue, l'*encolure* plus épaisse, le *garrot* moins élevé et le *poitrail* plus étroit. Le *dos* est convexe, l'*épine* saillante, les *hanches* sont plus hautes que le garrot ; la *croupe* est plate et ravalée et la *queue* dégarnie de poils jusqu'aux trois quarts de sa longueur. Si l'on ajoute que le cheval a un hennissement d'une puissance et d'une fierté remarquables, tandis que le *braiement* de l'âne est affreusement discordant, on serait porté à décrier ce pauvre animal ; cependant il est digne d'occuper un rang élevé dans notre estime. »

Arrêtons-nous un moment et voyons le chemin parcouru par l'auteur.

Il a commencé par ce qui frappe d'abord la vue, c'est-à-dire l'ensemble, la taille et la couleur ; puis, prenant l'animal par la tête, ou par les oreilles et pour cause, il a méthodiquement conduit son regard d'observateur des oreilles au front, puis aux tempes, aux yeux, à la bouche, à l'encolure, au garrot, au poitrail, au dos, à l'épine, aux hanches, à la croupe, et il a fini par la fin, c'est-à-dire par la queue. Avec un mot sur cette voix ingrate qui, malgré la discrétion avec laquelle l'âne en use, lui fait tant de tort auprès de notre espèce mélodieuse, la description est finie ou plutôt la première partie de la description, car la dernière phrase annonce une suite et sert de transition.

En effet, on ne connaît pas un animal pour l'avoir vu en peinture; ses qualités physiques, ses qualités intellectuelles, et même, ne vous déplaise, ses qualités morales, car il peut en avoir, il faut les faire connaître. Aussi M. Figuier nous apprend-il que l'âne a de bons yeux, un excellent odorat, une oreille d'une grande finesse, qu'il dort moins que le cheval, que de tous les animaux, c'est lui qui, eu égard à sa taille, peut porter le plus grand poids, qu'il résiste très bien à la fatigue, qu'il a le pied sûr à la montée, sûr à la descente; voilà pour les qualités physiques.

Avec cela l'âne n'est pas dépourvu d'intelligence; il reconnaît très bien son maître, il reconnaît aussi les lieux où il a habité, les chemins qu'il a suivis ; mais c'est par la valeur morale qu'il l'emporte sur bien des animaux, pour ne rien dire de plus ; sobriété, tempérance, patience, ténacité, résignation, attachement, que de qualités, grand Dieu! Vraiment je n'ose dire ce que je pense: j'aime mieux citer les dernières lignes de M. Figuier, elles sont une conclusion, elles expriment le sentiment qui se dégage de toutes les parties de la description, et qui en forme l'unité et le lien.

« Comment se fait-il donc que cet animal si utile et si dévoué, cet ami, ce serviteur du faible, ce cheval du pauvre, ait une réputation proverbiale de sottise et d'entêtement ? C'est que l'homme est parfois ingrat et capricieux dans ses affections comme dans ses haines; on le voit trop souvent fouler aux pieds, sans motif et au détriment de ses intérêts mêmes, les règles les plus simples de la justice et du bon sens. »

Cette conclusion n'est pas flatteuse pour notre amour-propre; du moins avons-nous trouvé, dans le morceau qu'elle termine, un excellent procédé de description, dont maîtres et élèves pourront tirer parti.

Pour nous reposer de la leçon un peu rude que M. Figuier vient de nous administrer, je ne puis résister au plaisir de mettre sous les yeux la charmante et piquante description que Buffon fait de l'oiseau-mouche. Le peintre a rivalisé avec son modèle et je ne sais lequel est le plus joli de l'oiseau ou du morceau.

« Les Indiens, frappés de l'éclat et du feu que rendent les couleurs de ces brillants oiseaux, leur avaient donné les noms de *rayons* ou *cheveux* du soleil. Les petites espèces de ces oiseaux sont au-dessous du taon pour la *grandeur* et du bourdon pour la *grosseur*.

« Leur *bec* est une aiguille fine; leurs petits *yeux* noirs ne paraissent que deux points brillants; les plumes de leurs *ailes* sont si délicates qu'elles en paraissent transparentes; à peine aperçoit-on leurs *pieds*, tant ils sont courts et menus : ils en font peu d'usage; et ils ne se posent que pour passer la nuit, et se laissent, pendant le jour, emporter dans les airs; leur *vol* est continu, bourdonnant et rapide : on compare le *bruit* de leurs ailes à celui d'un rouet. Leur battement est si vif, que l'oiseau, s'arrêtant dans les airs, paraît non seulement immobile, mais tout à fait sans action. On le voit s'arrêter ainsi quelques instants devant une fleur, et partir comme un trait pour aller à une autre; il les visite toutes, les flattant de ses ailes, sans jamais s'y fixer, mais aussi sans les quitter jamais. Il ne fait que pomper leur miel, et c'est à cet usage que sa *langue* paraît uniquement destinée : elle est composée de deux fibres creuses, formant un petit canal, divisé au bout en deux filets; elle a la forme d'une trompe, dont elle fait les fonctions : l'oiseau la darde hors de son bec, et la plonge jusqu'au fond du calice des fleurs pour en tirer les sucs.

« Rien n'égale la *vivacité* de ces petits oiseaux, si ce n'est leur *courage*, ou plutôt leur *audace*. On les voit poursuivre avec furie des oiseaux vingt fois plus gros qu'eux, s'attacher à leur corps, et, se laissant emporter par leur vol, les becqueter à coups redoublés jusqu'à ce qu'ils aient assouvi leur petite colère. Quelquefois même ils se livrent entre eux de très vifs combats: l'*impatience* paraît être leur *âme;* s'ils s'approchent d'une fleur, et qu'ils la trouvent fanée, ils lui arrachent les pétales avec une précipitation qui marque leur dépit. Ils n'ont d'autre *voix* qu'un petit cri fréquent et répété; ils le font entendre dans les bois dès l'aurore, jusqu'à ce qu'aux premiers rayons du soleil tous prennent l'essor et se dispersent dans les campagnes. »

La méthode générale est la même: d'abord, la couleur et les proportions; puis le bec, les yeux, les ailes, les pattes, le vol, et, dans ses visites aux fleurs, l'usage qu'il fait de sa langue; enfin ses qualités et aussi ses défauts. Mais ce n'est pas un oiseau empaillé que Buffon nous décrit, c'est un oiseau vivant, bien vivant, et la description aussi est vivante; ce n'est pas une image qu'on voit, c'est l'oiseau lui-même, volant, criant, becquetant, se dépitant, se battant et chantant.

CHAPITRE XVI

DESCRIPTION DE L'HOMME — PORTRAITS ET CARACTÈRES

SOMMAIRE. — Description de l'homme. — Portrait. — Gustave Wasa. — Fénelon. — Le cardinal Dubois. — Portrait physique. — Portrait moral. — Portrait intellectuel. — Méthode à suivre. — Types ou caractères. — Procédés de La Bruyère. — Exemples : l'égoïste, le riche, la manie des oiseaux.

Si de l'animal nous nous élevons à l'homme, nous ne sortons pas du genre, car l'homme est lui aussi un animal, mais raisonnable, ou, pour mieux dire, doué de raison, car l'un n'implique pas l'autre. Aussi notre méthode de description sera-t-elle à peu de chose près la même ; seulement, comme les hommes sont loin d'être aussi différents de forme que les animaux le sont entre eux, la part faite à la description physique sera beaucoup moindre et portera surtout sur le visage la physionomie, la taille et les manières.

Au début de son histoire de Charles XII, avant de raconter la vie de Gustave Wasa, Voltaire trace en quelques lignes le portrait du héros :

« C'était une de ces grandes âmes que la nature

forme si rarement, avec toutes les qualités nécessaires pour *commander* aux hommes. Sa *taille* avantageuse et son *grand air* lui faisaient des partisans dès qu'il se montrait ; son *éloquence*, à qui sa bonne mine donnait de la force, était d'autant plus persuasive qu'elle était sans art ; son génie formait de ces entreprises que le vulgaire croit téméraires, et qui ne sont que hardies aux yeux des grands hommes ; son *courage* infatigable les faisait réussir. Il était *intrépide* avec *prudence*, d'un naturel *doux* dans un siècle féroce, *vertueux* enfin, autant qu'un chef de parti peut l'être. »

Voilà un de ces portraits sobres comme ils conviennent à l'histoire ; l'auteur a commencé par l'idée principale, celle dont le portrait n'est qu'un développement, et qui, de même que la morale dans la fable, peut-être placée soit au début pour l'éclairer, soit à la fin pour la résumer ; mais l'ordre qu'il a suivi est le même que plus haut. Cet ordre n'est pas invariable ; on peut le voir par le portrait que Voltaire fait de Charles XII à la fin de son histoire, en manière de conclusion ; mais il semble plus naturel, car l'extérieur d'un homme, son visage surtout laisse transpirer quelque chose de son âme : le visage est toujours une indication, souvent une révélation et, comme on l'a dit, un miroir. Le peintre ne peut représenter de l'homme que ce qui tombe sous les yeux, et cependant, grâce à cette vertu révélatrice des formes, il arrive à nous montrer l'homme tout entier, à marquer les traits de son caractère dans les traits de son visage; à amener son âme à la surface et à la répandre sur sa figure et sur toute sa personne; à faire dire au front, aux yeux, à la bouche, au port de la tête, au geste, à l'attitude, presque tout ce que l'écrivain détaille ou déroule à son aise dans ses descriptions.

Voici un maître dans l'art de *pourtraicter* les gens : c'est Saint-Simon, l'auteur des *Mémoires.* Voyons-le commencer le portrait de Fénelon :

« Ce prélat était un grand homme, maigre, bien fait, pâle, avec un grand nez, des yeux dont le feu et l'esprit sortaient comme un torrent, et une physionomie telle que je n'en ai point vu qui y ressemblât et qui ne se pouvait oublier, quand on ne l'aurait vu qu'une fois, etc... »

Et les premiers coups de crayon du portrait de l'abbé Dubois :

« L'abbé Dubois était un petit homme maigre, affilé, chafouin, à perruque blonde, à mine de fouine, à physionomie d'esprit, qui était à plein ce qu'un mauvais français appelle un *sacre* (espèce de faucon), mais qui ne se peut guère exprimer autrement. Tous les vices combattaient en lui à qui en demeurerait le maître, etc. »

Il est clair que le visage est dans ces portraits comme une lumière qui éclaire l'intérieur, et qu'à travers le visage on voit dans l'âme. Cependant tous les visages ne sont point parlants comme ceux de

Fénelon ou de Dubois, il en est d'obscurs, d'énigmatiques, d'impénétrables ; il en est de douteux, de changeants, de fuyants, sur lesquels il serait hasardeux d'asseoir un jugement; il en est enfin qui trompent dans les deux sens et qui tantôt font tort à ceux qui les portent, et tantôt leur font trop d'honneur.

En dehors de cette interprétation toujours délicate et dangereuse des traits du visage, n'y a-t-il pas quelque procédé sûr d'observation morale? N'y a-t-il pas quelque fil conducteur à mettre entre les mains de l'enfant pour le guider dans l'étude d'un caractère? Ou la personne à peindre est une personne ordinaire, ou c'est un personnage important; dans le premier cas nous n'avons qu'à passer en revue les devoirs qui s'imposent à tout homme et à observer comment notre modèle les remplit; au cours de cette petite revue, nous recueillerons tous les traits nécessaires pour composer une physionomie morale. Tout homme fait partie d'un faisceau et il est lié à d'autres de toute manière, par le sang et par la loi, par le hasard et par son choix. Comment se conduit-il envers ses père et mère, envers ses frères et sœurs, envers ses enfants ? comment envers ses amis, ses concitoyens, envers les hommes en général ? comment envers ses supérieurs, ses égaux, ses inférieurs? comment envers son pays? comment envers lui-même ? Quelles sont ses habitudes, ses goûts, ses travaux, ses plaisirs ?

CHAPITRE XVI 173

En s'imposant de répondre à ce petit questionnaire, c'est-à-dire en parcourant et reparcourant la série ascendante et descendante de nos devoirs, d'abord l'enfant apprendra, chemin faisant, à mieux connaître ses propres devoirs, ensuite à bien connaître la valeur morale des hommes sur lesquels il doit se former et porter un jugement.

S'il s'agit d'un personnage historique, c'est dans l'histoire que l'enfant puisera la matière de ses jugements et les couleurs de son portrait. Toute action est une preuve, un témoignage ; il suffit d'en rechercher le mobile et le caractère pour découvrir les passions bonnes ou mauvaises qui les ont engendrées. Les actions sont des effets, et entre les causes et les effets il y a des rapports de nature qui permettent de remonter des secondes aux premières, de passer du dehors au dedans, de la conduite à la conscience, de voir clair au plus profond de l'homme.

Quant aux qualités ou défauts de l'esprit, c'est dans les occupations, dans les fonctions, dans les travaux ordinaires d'un homme qu'elles se manifestent et se déploient ; autres sont les qualités intellectuelles d'un savant ou celles d'un poète, autres sont les qualités d'un homme de guerre ou celles d'un magistrat. Si donc on veut se faire une idée de la valeur intellectuelle d'un homme, il faut se demander quelle a été sa profession, son métier, quelles sont les qualités nécessaires à l'exercice de cette profession, et, parmi ces qualités, quelles sont celles qu'il a possédées et à

10.

quel degré, quelles sont celles qui lui ont manqué et dans quelle mesure.

On voit que le portrait complet d'un homme est triple, qu'il exige non seulement de l'observation, mais du jugement. C'est un exercice fécond entre tous, mais qui demande à être choisi avec discernement et approprié avec soin au degré de culture intellectuelle des enfants. La méthode que nous venons d'exposer et qui consiste à ouvrir pour ainsi dire les actions pour savoir ce qu'elles contiennent de vice ou de vertu ; à monter et à descendre l'échelle des devoirs pour mesurer la richesse ou la pauvreté morale des hommes, à dénombrer les qualités essentielles qu'exige l'exercice d'une profession, la pratique d'un art, la culture d'une science, pour trouver les hauts et les bas, les pleins et les vides, le fort et le faible de l'esprit ; cette méthode, dis-je, est applicable dès l'enfance, et si on l'applique avec suite et avec gradation, elle donne à l'esprit de la sûreté, de l'étendue, et aux jugements de la largeur et de la solidité.

Au-dessus du portrait historique ou individuel, il y a le portrait général ou impersonnel ; le premier peint tel ou tel homme, le second peint l'homme, la nature humaine, telle qu'elle devient sous l'influence permanente d'une passion, d'une habitude, d'une manie, d'une fonction, d'un état de fortune. Il simplifie, pour saisir plus vivement l'esprit ; il prend une qualité ou un défaut, un vice ou une vertu, il l'incarne, il la personnifie, il en fait l'unique mobile de la conduite d'un homme, qui n'est plus qu'une passion vivante. Ce genre de portrait s'appelle un *caractère* parce que l'auteur ne le compose que des traits qui révèlent le caractère et l'accusent, que de traits *caractéristiques*. Tels sont, chez les Grecs, les portraits de Théophraste, et chez nous, ceux de La Bruyère.

Ce genre de description est devenu un exercice d'école, et cet exercice est excellent, non seulement au point de vue intellectuel, mais au point de vue moral ; il montre jusqu'où l'homme peut s'élever et jusqu'où il peut descendre ; il montre jusqu'à quel point la nature humaine peut se dégrader ou s'ennoblir ; il habitue les enfants à observer dans leurs semblables les effets des passions bonnes ou mauvaises, et à tirer de cette observation des leçons pour eux-mêmes ; seulement on se borne trop souvent à leur donner un portrait à faire et l'on oublie ou l'on néglige de leur dire comment ils doivent le faire. Ici, comme ailleurs, la méthode manque, mais non les modèles. Prenons donc un ou deux de ces modèles et essayons d'en tirer la méthode qu'ils contiennent.

La Bruyère veut-il nous peindre l'égoïste, il ne procède pas à la manière du peintre proprement dit, qui représente la personne et le visage ; il n'immobilise pas son personnage dans une attitude choisie ; il le fait agir, mais de telle sorte que chacune de ces actions différentes accuse toujours le même vice. Il nous le montre à table, au sermon, au théâtre ; il monte avec lui en voiture, il le suit en voyage, descend avec lui dans les hôtelleries, l'accompagne aux enterrements ; partout il l'observe, il l'écoute et se borne à nous raconter ce qu'il fait, à nous rapporter ce qu'il dit, sans réflexion ni commentaire. Comme sa conduite et son langage ne respirent que l'égoïsme, l'impression est profonde et la leçon efficace (1).

L'auteur veut-il nous montrer l'infatuation qu'engendre la richesse, il procède par menus détails, mais détails choisis et significatifs ; c'est l'air, c'est le regard, c'est le port, c'est la démarche, c'est le ton ; puis ce sont les manières, manière de se moucher, de cracher, d'éternuer ; manière de dormir, de manger, de se promener et de s'asseoir ; on voit le personnage non pas saisi à un moment donné et fixé dans une attitude, mais le personnage en mouvement, en action, et laissant percer ou éclater dans chaque geste, dans chaque parole le ridicule orgueil dont il est gonflé.

PORTRAIT DE GITON.

Giton a le teint frais, le visage plein et les joues pendantes, l'œil fixe et assuré, les épaules larges, l'estomac haut, la démarche ferme et délibérée ; il parle avec confiance,

1. Voir dans La Bruyère, chapitre *De l'homme*, le portrait de Gnathon.

il fait répéter celui qui l'entretient, et il ne goûte que médiocrement tout ce qu'il lui dit : il déploie un ample mouchoir, et se mouche avec grand bruit ; il crache fort loin, et il éternue fort haut ; il dort le jour, il dort la nuit, et profondément ; il ronfle en compagnie. Il occupe à table et à la promenade plus de place qu'un autre : il tient le milieu en se promenant avec ses égaux ; il s'arrête, et l'on s'arrête ; il continue de marcher, et l'on marche : tous se règlent sur lui : il interrompt, il redresse ceux qui ont la parole ; on ne l'interrompt pas, on l'écoute aussi longtemps qu'il veut parler ; on est de son avis, on croit les nouvelles qu'il débite. S'il s'assied, vous le voyez s'enfoncer dans un fauteuil, croiser les jambes l'une sur l'autre, froncer le sourcil, abaisser son chapeau sur ses yeux pour ne voir personne, ou le relever ensuite, et découvrir son front par fierté et par audace. Il est enjoué, grand rieur, impatient, présomptueux, colère, libertin, politique, mystérieux sur les affaires du temps ; il se croit des talents et de l'esprit. Il est riche.
(Chapitre des *Biens de fortune*.)

Voici une manie, la manie des oiseaux ; voyons l'auteur à l'œuvre. Il nous introduit dans la maison de *Diphile* ; du haut en bas, on ne voit, on n'entend que des oiseaux, on est étourdi par leur ramage. Le maître est en action ; il verse du grain, il nettoie les cages, pendant qu'un aide siffle des serins ; sa journée entière est consacrée à ces soins laborieux ; il ne s'endort que lorsque ses oiseaux sont endormis, et dans son sommeil, il en rêve encore ; ce n'est plus un homme ; La Bruyère achève la métamorphose et lui fait rêver qu'il devient oiseau. Chemin faisant, l'auteur a marqué de quelques traits rapides et incisifs les effets de cette manie, les jours perdus, « ces jours qui échappent et ne reviennent plus », et sacrifiés à cette famille adoptive, les enfants de *Diphile* « sans maîtres et sans éducation ». C'est ici plus que le portrait d'un homme, c'est le tableau de sa vie.

PORTRAIT DE DIPHILE.

Diphile commence par un oiseau et finit par mille : sa maison n'en est pas égayée, mais empestée; la cour, la salle, l'escalier, le vestibule, les chambres, le cabinet, tout est volière. Ce n'est plus un ramage, c'est un vacarme; les vents d'automne et les eaux, dans leurs plus grandes crues, ne font pas un bruit si perçant et si aigu; on ne s'entend non plus parler les uns les autres que dans ces chambres où il faut attendre, pour faire le compliment d'entrée, que les petits chiens aient aboyé. Ce n'est plus pour Diphile un agréable amusement, c'est une affaire laborieuse, et à laquelle à peine il peut suffire. Il passe les jours, ces jours qui échappent et ne reviennent plus, à verser du grain et à nettoyer des ordures; il donne pension à un homme qui n'a point d'autre ministère que de siffler des serins au flageolet, et de faire couver des canaris. Il est vrai que ce qu'il dépense d'un côté, il l'épargne de l'autre, car ses enfants sont sans maîtres et sans éducation. Il se renferme le soir, fatigué de son propre plaisir, sans pouvoir jouir du moindre repos que ses oiseaux ne reposent, et que ce petit peuple, qu'il n'aime que parce qu'il chante, ne cesse de chanter. Il retrouve ses oiseaux dans son sommeil, lui-même il est oiseau, il est huppé, il gazouille, il perche; il rêve la nuit qu'il mue ou qu'il couve.

(Chapitre de la *Mode*.)

Sans doute La Bruyère ne procède pas toujours de la même manière, et ses *Caractères* ne sont pas tous coulés dans le même moule. Parfois ce sont de simples esquisses, parfois de petites scènes piquantes, quelquefois des dialogues ou des bouts de dialogue. Mais la forme dont nous venons de donner des exemples est la plus ordinaire, c'est aussi la plus régulière et celle qui se prête le mieux à l'imitation.

Les portraits qu'on donne parfois à faire aux enfants, celui du menteur, celui du bavard, celui du querelleur, ou d'autres semblables, peuvent être aisément calqués sur les modèles tracés par La Bruyère.

CHAPITRE XVII

DE LA DESCRIPTION GÉOGRAPHIQUE ET SCIENTIFIQUE

SOMMAIRE. — Du point de vue auquel on doit se placer. — De l'ordre et de l'enchaînement des parties. — Exemple tiré de la description d'un pays. — Qualités essentielles de la description scientifique. — Importance et indication du point de départ. — Exemples divers. — La lampe de Davy. — Le haut fourneau. — Le phare. — Application de la méthode.

Si, au lieu d'un site, d'un paysage, on veut décrire une région, un pays tout entier, comme la description dépasse les limites de l'horizon visuel, elle a besoin du secours de la mémoire ou du dessin. En général on ne décrit bien que ce qu'on peut embrasser d'un coup d'œil, parce que c'est de l'ensemble que l'unité se dégage, et que l'unité se fait sentir dans les rapports des parties entre elles et des parties avec le tout. Il faut donc faire effort pour saisir avec l'imagination ce qu'on ne peut atteindre du regard, il faut s'élever en pensée au-dessus du pays qu'on veut peindre, assez haut pour l'avoir tout entier sous ses regards, pas trop haut, de peur que les reliefs ne s'effacent et ne disparaissent. Voilà le point de vue ; maintenant, par où commencer?

Ce qui nous frappe d'abord dans un objet grand ou petit, c'est sa grandeur et sa petitesse mêmes, c'est-à-dire ses proportions et sa forme, qui se fondent en une seule et même sensation; c'est donc par là qu'il faut commencer; aussi bien, la description impliquant une revue analytique des parties, il est naturel de donner d'abord une idée de l'ensemble, sauf à revenir sur cette ébauche rapide, pour en accuser les traits principaux. Toute description se compose donc ainsi d'une analyse comprise entre deux synthèses, dont la première est un aperçu et la dernière un résumé.

Chaque pays a sa beauté ; les plus déshérités, ceux qui ne sont que des amas de glaces ou des étendues de sables, ceux-là ont encore une sorte de beauté imposante ou terrible ; si on se propose avant tout de rendre la sensation que donne et le sentiment qu'inspire l'aspect d'un pays, la description sera littéraire ou poétique; si au contraire on veut surtout instruire, elle sera géographique, scientifique.

Supposons que la nôtre soit de ce genre ; l'enfant d'abord mesure le pays en largeur et en longueur, puis il en décrit la forme et, pour y réussir, il peut avoir recours à quelque comparaison ; presque tous les pays s'y prêtent; les uns ont des formes presque régulières et, malgré quelques accidents de détail et quelques caprices de contour, on peut, sans trop de violence, les faire entrer dans quelque figure ou moule géométrique tels que le triangle, le carré, le pentagone, le cercle, etc.; pour les autres, dont l'irrégularité trop accusée échappe aux prises du compas, on peut souvent trouver dans la nature, dans l'art ou l'industrie des formes correspondantes ou du moins ressemblantes. Après la forme, ce qui attire le regard, ce sont les montagnes, qui tantôt s'étendent autour d'un pays et lui forment une ceinture ou des remparts, tantôt le traversent en tous sens et le partagent en bassins. Dans chacun de ces bassins le regard suit de lui-même le cours du fleuve qui s'y déroule, qui reçoit, chemin faisant, les eaux de ses affluents et s'en va grossissant dégorger dans la mer. Voilà des divisions naturelles et ce qu'on pourrait appeler la charpente osseuse et le réseau artériel et veineux d'un pays. Voyons maintenant la chair et la peau, puis le vêtement, la parure. La chair, c'est la terre elle-même; bien qu'on n'en voie pas le sein, il sera bon de le décrire; car ce sont les trésors qu'il recèle, les mines de charbons et de métaux, qui créent, nourrissent et développent toutes les formes de l'industrie; ce sont les éléments divers dont il se compose, qui en sortent et la couvrent ici de pâturages, là de moissons, plus loin de forêts. Il faut donc regarder dans le sol, puisque c'est le sol d'un pays qui explique les industries qui y vivent, les cultures qui y fleurissent et par suite le commerce qui y prospère. La terre tient la clef de tout ; c'est le dedans et le dessous de la terre qui contiennent le secret des merveilles qui se répandent au dehors et s'étalent à sa surface.

De même que la nature du sol aide à comprendre la bruyante activité qui se déploie sur certains points, la morne immobilité qui pèse ailleurs ; ici la richesse de la terre parée de mille couleurs, là la simplicité unie de sa robe verdoyante ; plus loin, sa misère et sa nudité ; de même elle explique les singularités apparentes de la distribution des espèces animales à la surface du pays, l'abondance des unes, la rareté des autres, suivant les ressources que leur fournit le sol pour leur subsistance ; les inégalités de la population humaine ici fourmillante, là clairsemée, ailleurs absente, et les différences de force, de caractère et de mœurs entre les habitants des divers pays.

Une description à grands traits sera suffisamment complète, si l'on y trouve rangés en ordre l'image du pays, sa forme, sa grandeur, ses chaînes de montagnes, ses bassins, ses fleuves, ses grandes industries, ses grandes cultures, les espèces d'animaux qui s'y propagent et les traits caractéristiques des populations qu'il renferme.

L'enseignement scientifique, celui des sciences physiques et naturelles surtout, ne peut se passer de la description, soit qu'il s'agisse des phénomènes à observer, soit qu'il s'agisse des instruments à employer ou des appareils à préparer pour les expériences. Ce genre de description exige une extrême sobriété et une extrême précision : rien ne doit y entrer qui ne soit nécessaire, et tout doit être dit de manière à ne laisser dans l'esprit ni vague ni doute ; en un mot, cette description aura autant que possible une rigueur scientifique et prendra le caractère d'une démonstration.

Mais quelle méthode suivre dans ces descriptions ? Les appareils, les machines sont souvent compliqués, et l'on ne sait par où les prendre. Sans doute il faut appliquer ici la méthode générale, c'est-à-dire l'analyse et la synthèse ; mais, dans l'emploi de cette méthode, n'y a-t-il pas un certain ordre à trouver et à suivre ? Tout instrument, toute machine se compose d'un nombre plus ou moins grand de pièces ou ressorts ; il faut donc démonter la machine, décomposer l'instrument, examiner successivement chacune des parties, puis les rassembler, les ajuster, recomposer l'instrument, reconstruire la machine, de manière à faire comprendre le fonctionnement de l'ensemble et le rôle de chacune des parties.

Tout ce qui sort de la main de l'homme a un but d'utilité ou d'agrément ; toute description doit par conséquent faire comprendre en quoi et comment les choses sont utiles ou agréables. Le mieux est donc, avant de décrire un instrument, une machine, de se demander dans quel but, pour quel usage on les a inventés. Cette question dirigera l'attention vers le point essentiel, vers la pièce la plus importante, celle qui constitue l'invention, celle qui contient la solution du problème, qui donne le mot de cette énigme mécanique.

Voici la lampe de Dawy : elle se compose d'une demi-douzaine de parties, un réservoir à huile, une mèche, un tube en verre, une toile métallique, des tringles, une ou deux traverses, un crochet : de toutes ces pièces quelle est la plus importante ? Pour répondre à cette question, il n'y a qu'à se demander dans quel but Dawy a inventé sa lampe ; il voulait éviter ces terribles explosions causées par le contact de la flamme des lampes avec le gaz détonant qui se dégage des mines. Comment y a t-il réussi ? Par l'emploi de la toile métallique dont il revêt l'orifice supérieur du tube cylindrique. C'est donc par cette toile qu'il faut commencer la description, car elle est la pièce principale, elle est en quelque sorte la lampe tout entière ; c'est par elle surtout que la lampe de Dawy diffère des autres.

J'ai à décrire un haut fourneau. Vais-je commencer par la cour, par les tas de charbon, par les bâtiments, par les hautes cheminées, en un mot par ce qui frappe d'abord et de loin le regard ? Non, car ma description doit être scientifique et non littéraire. J'irai droit au fourneau lui-même. En effet, quel a été le but de l'inventeur ? D'obtenir une température permanente assez élevée pour que le minerai puisse entrer en fusion, et que la fusion dure. Comment y est-il arrivé, sinon par sa construction du fourneau, qui concentre et entretient la chaleur nécessaire à la fusion? c'est donc le fourneau lui-même qu'il faut avant tout décrire, et tout ce qui avec lui contribue à la production et à l'entretien de la chaleur, c'est-à-dire la disposition et le nombre des couches de combustible et des couches de minerai, l'agencement et le jeu des tuyères; c'est là l'important : cela une fois compris, j'expliquerai comment on se débarrasse des scories, comment et par où s'écoule la fonte, comment on charge le fourneau, pourquoi on élève si haut les cheminées, etc, ; mais tous ces détails, quelque intérêt qu'ils présentent, ne sont qu'accessoires, et, par conséquent, ne doivent arriver qu'en seconde ligne ; ils viennent se ranger autour de l'objet principal et compléter la description.

Le défaut ordinaire de ces exercices, c'est le hors-d'œuvre, c'est la surabondance des détails oiseux, qui noient et font perdre de vue l'objet principal, ou le réduisent au rang de simple détail. Il faut pousser droit au centre, là où est le nœud de la description, et aller de là aux extrémités en montrant le lien des choses. Si l'on veut décrire un phare, qu'on ne perde pas son temps à tourner autour et à distance, dépeignant la mer, le rocher, la maison du gardien, la tour, etc.; qu'on aille d'abord au phare, à la lumière. Pourquoi les phares sont-ils construits? — Pour éclairer au loin, et au large. — Que faut-il pour que la lumière parvienne à de grandes distances ? — Qu'elle ait à la fois un gros volume et une grande intensité. — Qu'a-t-on imaginé pour accroître la quantité, l'éclat et par suite la portée de la lumière ? — Ici se place la description de l'appareil, des lampes ou becs, des réflecteurs, des verres grossissants, etc. — N'est-il pas à craindre que les navigateurs ne prennent la lumière produite par un incendie ou par d'autres causes pour la lumière d'un phare, et ne soient par cette méprise exposés aux plus grands dangers ? — Assurément ; aussi a-t-on imaginé de colorer les feux des phares, de les rendre intermittents, de sorte qu'à l'aide des nuances et des intervalles, le navigateur puisse reconnaître la lumière d'un phare et la distinguer des autres.

Que faut-il encore pour que la lumière soit vue de loin ? — Il faut qu'elle parte d'un point élevé; voilà pourquoi les phares sont construits sur des rochers, et placés au sommet de colonnes plus ou moins hautes. — Puisque les phares ont pour but de guider les navigateurs, en quels endroits doit-on les placer pour qu'ils remplissent leur office ? — Évidemment dans le voisinage des écueils qu'ils doivent signaler et de l'entrée des ports qu'ils doivent indiquer. Mais, situés sur des rochers ou sur les côtes, et par suite exposés à la fureur des vents et des flots, n'est-il pas à craindre qu'ils soient renversés ? — Sans doute, et c'est pour cela que les phares sont fondés sur de solides massifs de maçonnerie, de forme arrondie, sur lesquels glissent les flots. — Et si un phare venait à s'éteindre, quels malheurs son extinction ne pourrait-elle pas causer ! — Il est vrai ; aussi, au pied de chaque phare, s'élève une maison-abri, où habitent un ou deux gardiens, uniquement chargés de l'entretien du phare.

C'est ainsi qu'en commençant la description par l'objet principal, qui est ici le feu du phare, on peut par une série de questions méthodiquement posées passer à la coloration et à l'intermittence des feux, à la situation et à la position des phares, à leur construction et à leur entretien, déduire les détails les uns des autres et changer un exercice de description en exercice de raisonnement.

Il va sans dire que, dans des exercices de ce genre, il faut suivre une gradation bien ménagée ; c'est ici le cas ou jamais d'aller du simple au composé, et surtout de ne choisir que des sujets en rapport avec le degré de culture scientifique auquel l'enfant est parvenu. On se gardera donc bien de donner, comme je l'ai vu faire, comme exercice élémentaire, la description de l'hélice des bateaux à vapeur ou celle du fusil à aiguille. Une description scientifique ne consiste pas dans l'énumération des parties, dans l'indication des formes, des couleurs, des mouvements et des sons ; elle est et doit être surtout une explication ; or il est difficile d'expliquer aux autres ce que l'on ne s'est pas mis en état de comprendre soi-même. Pendant longtemps cet exercice ne peut être que la reproduction des descriptions faites par le maître lui-même en présence des objets ou de leur image ; il faut que l'enfant ait vu, touché et compris l'instrument, l'appareil ou la machine qu'on lui donne à décrire. L'image même ne suffit pas toujours, à moins qu'elle ne soit d'une fidélité parfaite et que l'objet ne soit d'une extrême simplicité.

CHAPITRE XVIII

DE LA DESCRIPTION DES PHÉNOMÈNES

SOMMAIRE. — Descriptions dans l'espace. — Descriptions dans le temps. — De l'ordre qui doit y régner. — Des phases diverses par lesquelles passent les phénomènes de la nature. — Des parties de la description qui y répondent : les symptômes avant-coureurs, le crescendo, le maximum, le decrescendo, les effets. — Exemples : l'orage du poème des *Saisons*. — L'orage dans la symphonie de Beethoven. — Le lieu, le temps : exemple tiré de Chateaubriand. — De la conclusion : exemples : le lever de soleil de J.-J. Rousseau, une nuit dans les déserts du nouveau monde de Chateaubriand.

Jusqu'à présent nous n'avons décrit que des objets fixes ou des êtres saisis à un moment donné dans une attitude donnée, c'est ce qu'on peut appeler la *description dans l'espace* ; il y a un autre genre de description qui peint les choses qui se suivent, qui se succèdent, qui changent sous le regard et qu'on peut appeler la *description dans le temps* ; telle est la description d'un orage, d'une inondation, d'un incendie. Dans une description de ce genre les détails ne sont plus rangés les uns à côté des autres, comme les traits d'un dessin, mais les uns à la suite des autres, comme dans un défilé ; ce n'est plus une juxtaposition, c'est une succession ; la description n'est plus concentrée en un point du temps, elle se développe en profondeur, elle embrasse un certain laps de temps, en un mot, elle dure.

Si aux phénomènes viennent se mêler des actes de dévoûment ou d'autres, alors on ne décrit plus seulement, on raconte ; la description passe au second plan et devient l'auxiliaire de la narration.

La description des phénomènes de la nature comme la pluie, la neige, la tempête, les marées, les éruptions des volcans, nous offre un élément nouveau d'observation, qui est la gradation. Presque rien dans la nature ne se produit subitement ; non seulement tout phénomène a ses causes plus ou moins cachées, mais il a ses indices précurseurs ; de plus il n'éclate pas d'abord dans toute son intensité, mais il s'élève le plus souvent par une série d'accroissements plus ou moins sensibles jusqu'à son maximum de puissance, pour redescendre ensuite par une série contraire d'affaiblissements successifs vers le point où il s'éteint et disparait. Enfin il laisse après lui des effets, des traces de son passage, qui, longtemps encore après sa fin, témoignent de sa puissance funeste ou bienfaisante.

Cette différence de genre engendre une différence de méthode ; car l'art ne fait que suivre la nature pour l'imiter et la reproduire. Aussi toute descrip-

méthodique et complète d'un phénomène comprendra donc quatre ou cinq parties bien distinctes : les causes et les symptômes, la gradation ascendante, le maximum, la gradation descendante, les traces et les effets. Elle suivra la marche du phénomène, elle l'observera et le peindra dans sa naissance, sa croissance, sa maturité, sa décroissance et sa fin. Quoi de plus naturel que de suivre la nature?

A l'enfant qui aura pris l'habitude de conduire ainsi son esprit, de régler son observation, à celui-là les idées ne feront pas défaut, ni l'ordre ni l'art dans l'arrangement de ses idées.

Voyez la description d'un orage par Saint-Lambert, l'auteur du poème des *Saisons*, un maître dans l'art de décrire : les premiers vers peignent les signes avant-coureurs de l'orage :

> On voit à l'horizon, de deux points opposés
> Des nuages *monter* dans les airs embrasés ;
> On les voit *s'épaissir, s'élever* et *s'étendre*;
> D'un tonnerre *éloigné* le bruit s'est fait entendre,
> Les flots en ont frémi, *l'air* en est ébranlé
> Et le long du vallon le *feuillage* a tremblé!
>
> Il succède à ce bruit un *calme* plein d'horreur
> Et la terre *en silence* attend dans la terreur.

Voici maintenant le crescendo de l'orage: les nuages sombres sont arrivés sur nos têtes, ils nous enveloppent, le tonnerre gronde.

> Des monts et des rochers le vaste amphithéâtre
> *Disparait* tout à coup sous un voile grisâtre;

CHAPITRE XVIII

> Le nuage *élargi* les *couvre* de ses flancs;
> Il pèse sur les airs tranquilles et *brûlants*.
> Mais des *traits enflammés* ont sillonné la nue ;
> Et la foudre, *en grondant, roule* dans l'étendue;
> Elle *redouble, role, éclate* dans les airs;
> Leur *nuit est plus profonde*, etc.
> Du couchant ténébreux s'élance un *vent rapide*
> Qu tourne sur la plaine, et, rasant les sillons,
> Enlève un *sable noir* qu'il *roule en tourbillons*.
> Ce *nuage nouveau*, ce torrent de poussière
> Derobe à la campagne un *reste de lumière*.

Nous voici arrivés par degrés au plus haut point d'intensité du phénomène. A l'épaisseur des nuages, aux roulements du tonnerre dans toute l'étendue du ciel sont venus se joindre un vent impétueux et des nuages de poussière; que reste-t-il encore à craindre sinon que

> La *foudre* éclate et *tombe* et des monts foudroyés
> Descendent à grand bruit les *graviers* et les *ondes*
> Qui *courent en torrents* sur les plaines fécondes.

Le poète passe ensuite aux effets désastreux de l'orage:

> O *récolte! ô moisson! tout périt* sans retour,
> L'ouvrage de l'année est *détruit* en un jour!

Le poète n'a pas suivi le decrescendo de l'orage, parce qu'il avait pour but de laisser dans nos âmes une impression de terreur qu'il eût évidemment affaiblie en nous peignant l'apaisement progressif de cette redoutable et funeste colère de la nature. C'est que la composition d'un simple morceau, comme celle d'un ouvrage entier, est subordonnée au but que l'auteur se propose, et que la méthode générale doit être un auxiliaire et jamais un obstacle.

Si l'auteur avait eu un but différent, il aurait au contraire suivi pas à pas la décroissance du phénomène et ramené insensiblement le calme dans la nature. En voici la preuve tirée du même sujet. Dans une admirable symphonie, qui s'appelle la *Symphonie pastorale*, l'auteur, *Beethoven*, nous décrit, car la musique aussi peut être descriptive, le calme des champs par un beau jour d'été, et la danse des paysans dans la prairie sur le bord d'un ruisseau. Cette scène champêtre est troublée par un orage. Cet orage, on le sent, on l'entend venir de loin, car les *crescendo* et les *decrescendo*, c'est-à-dire, la gradation, sont un procédé commun à tous les arts sans exception aucune. Donc à la brise légère qui frémissait joyeusement dans le feuillage succèdent peu à peu le bruit du vent, puis les sifflements de la rafale, les mugissements de la tempête mêlés aux grondements du tonnerre qui roule dans les gammes chromatiques ascendantes et descendantes de tout l'orchestre déchaîné.

Mais peu à peu ces grondements diminuent, ils s'éloignent, ils s'apaisent ; le calme renaît, et l'on entend de nouveau les oiseaux chanter l'un après l'autre, le ruisseau murmurer, les paysans danser, et l'on croit voir le soleil, se dégageant des nuages, inonder de sa pure et tranquille lumière les campagnes rassurées. C'est que dans la composition de cette œuvre l'orage n'était qu'un accident, qu'un moyen pour faire mieux sentir et goûter par le contraste le calme ordinaire de la nature et la paix profonde qui règne dans les champs.

Comme les descriptions qu'on donne à faire aux enfants ont surtout pour but de leur apprendre à bien observer, à trouver des idées et à les bien ranger, le mieux est, je crois, au moins en commençant, d'exiger d'eux l'application rigoureuse de la méthode générale.

Indépendamment des phénomènes eux-mêmes, il est toujours utile, il est souvent nécessaire de peindre le lieu, d'indiquer le moment où ils se produisent, car le lieu peut en modifier le caractère et le moment peut en accroître l'horreur ou la beauté. Il n'est pas indifférent qu'un phénomène s'accomplisse dans une plaine ou dans les montagnes, dans un désert ou dans un endroit habité ; il n'est pas indifférent non plus qu'il arrive à la pleine lumière du jour ou dans l'obscurité de la nuit.

Quand Chateaubriand veut nous décrire un ouragan dans la Thébaïde, il commence par nous dépeindre le lieu de la scène et le moment.

« Figurez-vous des plages sablonneuses, labourées par les pluies de l'hiver, brûlées par les feux de l'été, d'un aspect rougeâtre et d'une nudité affreuse, etc.... »

Et plus loin :

« Nous reprîmes notre route avant le retour de la lumière. Le soleil se leva dépouillé de ses rayons et semblable à une meule de fer rougie. La chaleur augmentait à chaque instant. Bientôt le dromadaire commença à donner des signes d'inquiétude ; il enfonçait ses naseaux dans le sable et soufflait avec violence. Par intervalles, l'autruche poussait des sons lugubres. Les serpents et les caméléons se hâtaient de rentrer dans le sein de la terre, etc. »

On a remarqué, sans doute, qu'après avoir dépeint le lieu et marqué le moment, l'auteur passe à la description des signes précurseurs de l'ouragan, confirmant ainsi par son exemple la règle donnée plus haut.

Un phénomène peut être décrit pour lui-même, ou bien l'homme figure dans la description, soit comme simple témoin, soit comme acteur. Dans le premier cas, la description trouve son complément naturel dans les sentiments divers que le spectacle inspire à l'homme ; elle trouve son unité dans l'impression d'ensemble qu'elle lui laisse, et les réflexions qu'elle lui suggère.

Ainsi, après avoir décrit le lever du soleil, J.-J. Rousseau finit en ces termes :

« Le concours de tous ces objets porte aux sens une *impression de fraîcheur* qui semble pénétrer jusqu'à l'âme. Il y a là une demi-heure *d'enchantement* auquel nul homme ne résiste ; un spectacle si grand, si beau, si délicieux n'en laisse aucun de sang-froid. »

De même Chateaubriand termine ainsi sa description d'une nuit dans les déserts du nouveau monde :

« La grandeur, l'étonnante mélancolie de ce tableau ne sauraient s'exprimer dans les langues humaines ; les plus belles nuits en Europe ne peuvent en donner une idée. En vain, dans nos champs cultivés, l'imagination cherche à s'étendre, elle rencontre de toutes parts les habitations des hommes ; mais, dans ces pays déserts, l'âme se plaît à s'enfoncer dans un océan de forêts, à errer au bord des lacs immenses, à planer sur le gouffre des cataractes, et, pour ainsi dire, à se trouver *seule devant Dieu.* »

Ainsi voilà donc la description achevée et marquée, par l'impression où elle se résume, de ce cachet de l'unité nécessaire à toute composition littéraire.

Si l'homme y figure comme acteur, c'est-à-dire, si on l'y voit agir, lutter, souffrir, alors l'intérêt se déplace, et passe du phénomène lui-même à l'homme qui est aux prises avec lui ; dans ce cas, sans cesser d'être en partie descriptive, la composition tourne au récit ; car tout récit se compose d'une série d'actes ou d'actions.

CHAPITRE XIX

DE LA DESCRIPTION DES IMAGES

SOMMAIRE. — Importance croissante de l'image dans l'enseignement contemporain. — Que l'image est l'instrument scolaire par excellence. — Lorsque l'image n'est qu'une reproduction exacte, la méthode de description est la même pour l'image que pour l'objet qu'elle représente. — Lorsqu'elle est une composition, une œuvre d'art, la méthode change. — Il faut se demander quel a été le but de l'artiste. — Des tableaux à un ou plusieurs personnages. — Méthode à suivre pour l'observation et par conséquent pour la description. — Exemples : Attila et saint Loup. — Louis XIV au Parlement. — Bonaparte au pont d'Arcole. — Le visage, le geste, l'attitude, les vêtements, les groupes. — Exemple tiré du deuxième acte d'*Athalie*. — Règle essentielle.

La description sur images a pris rang parmi les exercices scolaires, et elle y est à sa place, car l'adoption du principe de l'enseignement par l'aspect a donné à l'image un rôle important, pour ne pas dire prépondérant à l'école. Presque tous les livres scolaires sont maintenant illustrés ; l'histoire de France entière a été mise en tableaux ; les bons points, images ont pénétré dans les plus humbles hameaux, et par les soins du ministre de l'instruction publique les reproductions des chefs-d'œuvre de la peinture et de la sculpture commencent à se répandre dans nos écoles primaires. L'image est devenue un véritable instrument d'enseignement et d'éducation ; il faut donc que les enfants et les maîtres apprennent à se servir de cet instrument.

Ajoutons qu'aujourd'hui les musées sont ouverts à tous. Ces musées se multiplient et s'enrichissent ; il n'est guère de ville qui n'ait le sien ; déjà, grâce à l'initiative de M. Groult, nombre de chefs-lieux de canton ont aussi les leurs ; des musées d'un nouveau genre, musées des arts décoratifs, musées ethnographiques, industriels, commerciaux, etc., se fondent dans les grandes villes ; les expositions nationales et internationales deviennent plus nombreuses et plus importantes : or, que sont ces expositions de tout genre sinon un vaste enseignement par l'aspect et non plus seulement pour les enfants, mais pour les personnes de tout âge ? Il y a donc partout comme une sollicitation permanente à l'observation et par suite à la description écrite ou orale.

Il ne suffit pas de voir un dessin, un tableau, ni même de le regarder pour le connaître, il faut l'étudier comme on étudie les objets, les êtres, les sites, les scènes dont ces tableaux et ces dessins nous offrent l'image ; en un mot, il faut observer. La méthode d'observation est évidemment la même, qu'elle s'applique aux choses ou qu'elle s'applique à leur représentation. Décrire d'après nature ou décrire d'après une œuvre d'art, c'est toujours décrire. Je ne reviendrai donc pas sur ce que j'ai dit au sujet des sites, des paysages, des minéraux, des végétaux, des animaux, de l'homme, des régions, des instruments et des machines ; j'insisterai sur les scènes historiques ou dramatiques qui ne peuvent être décrites que d'après les dessins, les gravures ou les tableaux qui les représentent.

Il est certains tableaux dont le sujet n'a pas besoin d'être indiqué ni cherché ; il saute aux yeux ; ainsi, en voyant une toile, une image qui représente une inondation, un incendie, l'enfant ne peut pas se méprendre, il comprend et n'a qu'à décrire. La question qui se pose est toujours la même : Par où commencera-t-il ? car ses yeux sont attirés sur tous les points à la fois ; c'est comme s'il s'entendait appeler de tous les côtés en même temps par des voix différentes ; il ne sait dans quel sens il doit aller.

Faut-il, ainsi que certains livres le conseillent, qu'en présence d'un tableau l'enfant donne carrière à son imagination, qu'il se mette à raconter la scène, non pas telle qu'elle est représentée, mais telle qu'il la conçoit, et qu'il se livre à toutes les réflexions, morales ou autres, que le sujet pourra lui suggérer ? Je ne le pense pas ; ce serait dénaturer l'exercice et changer la description, dont l'exactitude est le premier mérite, en une narration qui laisse place à l'invention et qui même la provoque

Il est d'autres tableaux dont le sujet n'est pas aussi aisé à comprendre ; il en est qui pour l'enfant sont de véritables énigmes dont il faut lui faire trouver le mot. C'est au maître à le guider, à appeler son attention sur les détails qui peuvent l'éclairer, à l'amener par une série de questions bien graduées à retrouver dans ses souvenirs le fait ou la scène dont le tableau offre l'image. Cette recherche est déjà par elle-même un excellent exercice et une préparation naturelle au travail de la description.

Voici un tableau, il représente un champ de bataille ; au milieu, un guerrier à cheval suivi d'une escorte ; en face de lui, un évêque suivi de son clergé. Il est possible que l'enfant ne retrouve pas du premier coup le sujet de cette scène. Mais que le maître lui fasse remarquer le geste de l'évêque, geste expressif et sur le sens duquel on ne peut se méprendre ; et, si cela ne suffit pas, qu'il appelle ses regards sur le visage du guerrier où se peint un étonnement mêlé de crainte ; sur ses yeux petits, son nez écrasé, ses pommettes saillantes, signes caractéristiques d'une race bien connue ; sur les armes du guerrier, sur la ville qu'on aperçoit dans le lointain et que l'évêque semble défendre ; il est probable qu'un peu plus tôt ou un peu plus tard, les noms de saint Loup et d'Attila finiront par sortir de la bouche de l'enfant.

Prenons un tableau d'un autre genre ; un jeune homme est debout, chapeau sur la tête, au milieu d'une assemblée dont les membres à l'aspect vénérable restent tête nue devant lui. Si l'enfant n'a pas au premier coup d'œil reconnu une scène mémorable, qu'on lui fasse successivement remarquer que le jeune homme est botté, éperonné, qu'il a un fouet à la main, qu'il a le costume du dix-septième siècle, qu'il a l'air hautain et courroucé, que ceux auxquels il s'adresse portent la robe des magistrats, etc.; pour peu qu'il connaisse l'histoire, l'enfant ne tardera pas à reconnaître Louis XIV au Parlement.

Cet autre tableau représente une bataille; au milieu, un pont; à l'une des extrémités, des canons qui vomissent la mitraille; à l'autre un officier, qui s'élance, un drapeau à la main, entraînant ses soldats. Bien des combats se sont livrés sur des ponts; mais si l'enfant observe les uniformes des combattants, il ne pourra se tromper de siècle, et s'il remarque les traits et la jeunesse de l'officier qui s'élance à la tête des Français, il aura bien vite reconnu Bonaparte au pont d'Arcole.

Le sujet est trouvé; passons à la description. En faisant un tableau, tout artiste a un but; c'est ce but qu'il faut chercher, car si le tableau est bien fait, tout doit y concourir; toutes les parties, tous les détails doivent contribuer à accroître l'impression de l'ensemble. Ainsi quand nous aurons saisi l'intention de l'auteur, nous aurons par là même trouvé le moyen de comprendre et d'apprécier. L'art consiste en effet dans le rapport des moyens à la fin, et l'œuvre d'art est d'autant plus parfaite que ce rapport est plus exact. Si, par exemple, l'artiste s'est proposé de faire naître en nous la pitié ou l'horreur, son tableau sera d'autant meilleur, qu'il aura su choisir les moyens les plus propres à éveiller en nous ces sentiments. Voilà pourquoi, en parlant d'un tableau, l'on dit qu'il est bien ou mal *composé*. C'est en effet une *composition*, c'est-à-dire une réunion de traits, de formes, de couleurs et de mouvements choisis entre mille, en vue de l'effet que l'artiste veut produire.

Avant donc de décrire, il faut avoir pénétré l'intention de l'artiste; c'est dans l'intelligence de la pensée que l'élève trouvera un guide pour sa plume et une règle pour ses jugements.

Après le premier coup d'œil jeté sur un tableau, c'est sur le visage qu'il faut arrêter les yeux, puisque le visage est le plus clair et le plus éloquent interprète des sentiments de l'âme; et, dans le visage, c'est le regard qu'il faut observer d'abord, puisque c'est du regard que jaillit la passion, et par le regard que l'âme sort et se montre au dehors.

Les autres parties du visage accusent et traduisent aussi chacune à sa manière les agitations de l'âme; les plis du front, les froncements des sourcils, le gonflement des narines expriment la hauteur, le mécontentement, la colère; les lèvres respirent tour à tour le mépris ou la tendresse. Sans doute l'imperfection des images scolaires ne permet pas toujours de lire ainsi dans les visages; c'est cependant là d'abord et surtout qu'il faut regarder. Le port de la tête tantôt droite, rejetée en arrière, tantôt ou penchée en avant, ou inclinée vers l'une ou l'autre épaule, sert à peindre l'orgueil, l'étonnement, l'horreur, l'abattement et presque tous les sentiments; viennent ensuite les bras et les mains qui sont comme un prolongement de l'âme, et dont le langage a une si incroyable puissance que souvent un geste est à lui seul un ordre, une menace ou un refus. Enfin le corps tout entier s'accorde avec le geste et le visage, et, par une attitude appropriée, complète la traduction de la pensée et l'expression du sentiment. Quant au vêtement, comme il se prête aux mouvements du corps, il sert à les accentuer et peut ajouter à la vertu significative de l'attitude et du geste; c'est un auxiliaire qui n'est ni à dédaigner pour l'artiste, ni à négliger pour l'observateur. Voilà donc une série de points sur lesquels on peut appeler successivement l'attention de l'enfant pour l'habituer à l'observation méthodique : les yeux, le front, le nez, les lèvres, le port de la tête, le geste, l'attitude et le vêtement.

Si l'image représente plusieurs personnages, il faudra faire remarquer à l'enfant comment les personnages sont groupés, chacun à la place qui convient à son rôle, et dans l'attitude qui répond aux sentiments qui l'animent, en commençant par celui qui fait centre dans le tableau, et vers lequel convergent les regards et les mouvements.

Supposons un tableau qui représente la scène vii[e]

du deuxième acte d'*Athalie*, c'est-à-dire l'interrogatoire de Joas. C'est évidemment l'enfant-roi qui formerait l'unité du tableau ; c'est sur lui que porte en effet l'intérêt, c'est sur lui que se dirigent tous les yeux, c'est autour de lui que se grouperont tous les autres personnages dans des attitudes différentes.

Athalie a vu en songe un enfant armé

> D'un homicide acier
> Que le traître en son sein a plongé tout entier.

Cet enfant vu en rêve, elle l'a retrouvé au temple et reconnu. Qui est cet enfant ? elle veut le savoir et pour cela l'interroge. Si ses soupçons se confirment, c'en est fait de Joas. C'est donc sa vie qui est en jeu, et sa vie ne tient qu'à un mot, qu'à un fil.

L'enfant est au milieu du tableau ; son visage respire la candeur et la sécurité, car il ignore le danger qu'il court ; ses traits ont aussi la noblesse qui révèle un enfant de sang royal. En face est la reine qui plonge dans ses yeux limpides un regard inquiet et perçant ; derrière Joas et penchée sur lui comme pour le défendre, se tient Josabeth, sa mère adoptive, tremblante et s'efforçant en vain de cacher son effroi ; derrière Athalie, Abner, avec sa figure loyale de vieux soldat, résolu à tenir sa promesse, fût-ce au péril de ses jours. L'unité de ce tableau est saisissante, puisque tous les regards sont fixés sur les yeux de l'enfant royal, et que tous les personnages attendent avec anxiété les paroles qui vont sortir de ses lèvres.

Quel que soit le tableau qu'on étudie, c'est le point central qu'il faut chercher d'abord, car là est la lumière qui se répand sur la scène entière et l'explique.

Comme les images scolaires sont des dessins et non des tableaux, je ne crois pas devoir parler de l'effet que le peintre tire de la distribution de la lumière ou de l'ombre et du choix des couleurs (1).

1. A propos des images scolaires, signalons l'*Album littéraire de la France* publié par notre maison et qui contient trois séries de portraits de nos grands écrivains, depuis le xvi° siècle jusqu'à nos jours, avec *notices* et *extraits* choisis dans les œuvres de chacun de ces écrivains. (Note des éditeurs.)

CHAPITRE XX

DE LA MANIÈRE D'EXPLIQUER LES PROVERBES

SOMMAIRE. — Du proverbe. — Son origine. —Son antiquite. — Son caractère. — Son utilité. — Des divers genres de proverbes. — Différences de fond. — Différences de forme. — Méthode de développement. — L'explication du sens, la définition des mots, la preuve par les faits, la preuve par le raisonnement. — Application de la méthode à deux proverbes : « Dis-moi qui tu hantes et je te dirai qui tu es ». — « Toute vérité n'est pas bonne à dire ». — Résumé et conclusion.

Le proverbe est tout à fait chez lui à l'école primaire, il faut l'y retenir, l'y faire comprendre et goûter. Le proverbe est peuple ; il ne sort pas de la tête des savants ou des philosophes, il se dégage de la foule sans nombre et sans nom. Le peuple est naturellement sentencieux ; les longs raisonnements sur les hommes et sur les choses ne sont point son fait ; il n'en a ni le goût ni le temps. Entre deux tours de charrue, entre deux coups de rabot, il s'arrête, et, s'essuyant le front, il laisse tomber un de ces jugements qui se forment et s'élaborent lentement, silencieusement, inconsciemment dans sa tête pendant les interminables journées de labeur.

Le proverbe contient donc comme l'aperçu du peuple sur la vie, son opinion sur l'homme en général ; c'est une image de son esprit, c'est un écho de ses souffrances. On n'y trouve pas la morale pure, mais plutôt des moralités, des leçons tirées de l'expérience et du bon sens : ce n'est pas de la morale évangélique, divine, mais de la morale humaine, vulgaire, plus riche de prudence que de vertu. Le proverbe a un fond de défiance, il est comme le *chat échaudé*, il craint l'eau froide.

Mais s'il manque de confiance, il a du discernement, il sait que *tout ce qui reluit n'est pas or;* s'il manque d'enthousiasme, cela ne l'empêche pas de reconnaître le prix de la vertu. N'est-ce pas lui qui nous dit :

> Bonne renommée
> Vaut mieux que ceinture dorée

Il ne fera donc ni des saints ni des héros, mais, tel qu'il est, il peut contribuer à former d'honnêtes gens. C'est un petit patrimoine commun, qui nous est transmis de génération en génération.

Dans un temps où les générations se suivent et ne se resssemblent guère, et vont parfois jusqu'à se renier, le proverbe les unit encore, bon gré, mal gré ; c'est un bien qui reste indivis. Le proverbe a la vie dure, il surnage sur ce cours des siècles qui emporte tant de choses. Nous en citons encore qui sentent le vieux, le plus vieux français, qui viennent du fin fond de notre histoire, et dont la verte vieillesse verra bien des siècles encore. C'est là en effet une des propriétés du proverbe : il est toujours de mode, toujours de saison ; on ne s'en lasse jamais, et, l'eût-on entendu vingt fois, s'il arrive à propos, s'il tombe juste, il fait toujours plaisir ; semblable à ces personnes privilégiées, qui n'ont pas d'ennemis et qui sont toujours bien accueillies partout.

L'explication des proverbes est pour l'enfant une sorte d'initiation à la vie, et un exercice fortifiant et stimulant. A la rue, à la maison, à l'atelier, aux champs, partout le proverbe lui résonne de bonne heure à l'oreille ; mais il traverse bien des fois l'esprit sans y laisser autre chose que des mots et des sons. C'est peu à peu que ces mots se garnissent de sens, que ces sons parlent et vivent. Le proverbe n'est acquis que le jour où l'enfant est en état de l'appliquer et surtout de se l'appliquer à lui-même, et d'en faire la preuve à l'aide de sa propre expérience.

C'est à ce point qu'il faut l'amener.

Ces petits exercices sont en quelque sorte à double fin ; ils dégrossissent l'esprit, ils l'aiguisent, ils le trempent, et, d'un autre côté, ils viennent d'eux-mêmes prendre place à la suite des petites leçons de morale théorique ou pratique que le maître doit

12.

mêler à son enseignement; ils en sont le développement naturel et la confirmation.

En cueillant avec un peu de soin, on arriverait sans trop de peine à composer tout un petit cours de morale en proverbes.

Voyons maintenant comment l'enfant peut s'y prendre pour tirer du proverbe les idées qu'il condense et contient.

Avant de répondre à une question, la première chose à faire est de s'assurer qu'on l'a bien saisie ; de même, avant de développer une pensée, il faut s'assurer qu'on l'a bien comprise, de peur de partir sur une fausse piste, de courir à côté du sujet, de s'échauffer en pure perte. Cette précaution, nécessaire pour tout le monde, l'est à plus forte raison pour les enfants.

Sans être obscur, le proverbe n'est pas toujours si clair qu'on ne puisse s'y tromper. D'abord il dit beaucoup en peu de mots, et il le dit souvent sous forme allégorique ; de plus, pour être compris, il suppose une certaine connaissance de la vie, et un certain état d'esprit.

Quand un proverbe sort d'une situation qui l'a suscité, il se passe de commentaire, il n'a pas besoin de lumière ; c'est lui qui en apporte. Mais lorsqu'au lieu de venir de lui-même, il est amené de vive force, quand il est sans rapport ni avec le moment, ni avec le lieu, ni avec les circonstances, et c'est le cas quand on le prend pour sujet d'exercice, alors il a toujours je ne sais quel air d'énigme. Peut-on exiger, peut-on raisonnablement attendre que l'enfant voie bien clair dans des proverbes figurés comme ceux-ci :

A toile ourdie Dieu envoie le fil.
Habit de velours, ventre de son.

Sans doute on peut essayer d'en faire deviner le sens ; jetée au milieu d'une classe, une question de ce genre peut mettre tous les esprits en mouvement, les stimuler, faire chercher, comme dans ces jeux où l'on se met en quête d'un objet caché, en se guidant moitié par instinct, moitié sur de légers indices fournis par les joueurs. C'est au maître ici à diriger les recherches.

Je veux dire seulement qu'il ne faut pas laisser l'enfant en tête-à-tête avec un proverbe à forme énigmatique. Il en est d'autres au contraire comme ceux-ci :

Précaution vaut mieux que repentir;
Qui a bu boira;

dont le sens est si à fleur, qu'il vaut mieux laisser à l'enfant le soin de le trouver et de le fixer. D'une manière générale, on peut considérer le proverbe comme s'il était écrit dans une autre langue que la nôtre et comme s'il avait besoin d'être traduit sous une autre forme.

Cette traduction faite, quel genre de travail demanderons-nous à l'enfant ?

Presque toujours le proverbe est une vérité tirée de l'expérience, ou une application de la loi morale, qui paraît plus ou moins claire, suivant que l'esprit a plus ou moins de rectitude et de maturité. Pour des enfants, même traduit, le proverbe renferme encore une certaine obscurité; la vérité qu'il enveloppe, y est comme flottante, isolée, sans support, sans attaches et sans racines; il faut donc l'appuyer sur des faits, la rattacher à un principe, la retremper dans sa source, qui est l'expérience ou la raison; en un mot, il faut la démontrer.

Cet exercice est excellent sous tous les rapports, il habitue à l'emploi des deux formes du raisonnement, l'induction et la déduction; car si la vérité est morale, on devra montrer comment elle découle du principe moral qui est le devoir; si elle est une vérité d'expérience, on devra passer en revue un certain nombre des faits d'où elle est sortie et par suite recommencer ou vérifier l'induction qui lui a donné naissance. Deux exemples serviront à montrer la différence qui existe entre ces deux genres de proverbes et la marche que l'enfant peut suivre dans le développement qu'on lui demande, et qui est, bien que le mot puisse paraître ambitieux, qui est une petite dissertation.

« *Dis-moi qui tu hantes et je te dirai qui tu es.* »

Nous demanderons d'abord à l'enfant de traduire cette pensée sous une autre forme, celle-ci par exemple :

« On juge un homme d'après ses relations ou d'après ses amis, » ou bien encore par un autre proverbe dont le sens est analogue : « *Qui se ressemble s'assemble.* »

C'est là un fait, un fait vrai, partout et toujours. L'enfant n'a qu'à réfléchir un instant, à consulter sa mémoire, à songer aux personnes qu'il voit souvent ensemble, et sa mémoire lui répondra que les honnêtes gens vont avec les honnêtes gens, et les autres avec les autres ; que les ivrognes se réunissent pour boire, les joueurs pour jouer, les braves gens pour bien faire et les gredins pour faire du mal. Il n'aura qu'à regarder autour de lui dans ce petit monde qui pousse sous l'autre comme les rejetons sous les arbres et qui lui ressemble si fort ; il verra que l'enfant sage ne va pas avec les polissons, l'enfant honnête avec les voleurs et les maraudeurs, l'enfant bien élevé avec ceux qui sont grossiers et mal embouchés. Ainsi, passant en revue et rassemblant ses souvenirs, il acquerra la preuve et la conviction que le proverbe a raison, et il aura suivi la série des faits, au bout de laquelle sort l'induction, c'est-à-dire l'affirmation d'un fait généralisé ou érigé en loi.

S'en tiendra-t-il là ?

Non : ce n'est pas assez de constater un fait, il faut encore en rechercher la cause ; un fait n'est pas compris par cela seul qu'il a été constaté ; et à quoi sert de connaître, si l'on ne comprend pas ? Nous demanderons donc à l'enfant de ne pas se borner à donner des exemples, nous lui demanderons des raisons. Les gens qui se ressemblent s'assemblent, voilà qui est prouvé, mais pourquoi s'assemblent-ils? c'est la seconde partie de notre petit travail.

Qu'est-ce qui pousse ordinairement les hommes à se rechercher les uns les autres? n'est-ce pas le plaisir qu'ils trouvent à être ensemble ou le profit qu'ils en retirent? Or quel plaisir un homme vicieux peut-il trouver dans la société d'un homme vertueux? N'est-il pas clair que sa présence ne peut être pour lui qu'une gêne ou un ennui? une gêne, car il n'osera ou ne pourra faire devant lui ce qu'il se permettrait seul ou avec ses pareils; un ennui, car, en supposant que l'honnête homme s'abstienne de lui faire des reproches, son silence seul ne sera-t-il pas une désapprobation? Or si l'on se résigne à subir une gêne ou une humiliation que les circonstances imposent une fois par hasard, on ne va pas de gaieté de cœur à la rencontre ou à la recherche des choses désagréables; en d'autres termes, si on ne peut pas toujours éviter des personnes qui déplaisent, du moins on ne court pas après, on ne les fréquente pas. Quel plaisir trouverait un ivrogne dans la compagnie d'un homme sobre, un joueur dans la société d'un ennemi du jeu? Et réciproquement le spectacle d'un vice, d'une passion, n'est-il pas pénible pour celui qui les déteste et les condamne? la seule vue du mal est déjà une souffrance.

Pourquoi donc les hommes qui ne se ressemblent pas s'imposeraient-ils l'ennui d'une fréquentation régulière? Il n'y a que deux motifs qui nous font endurer volontairement les choses désagréables ; ces motifs sont l'intérêt et le devoir.

Si des hommes qui sont foncièrement différents peuvent avoir quelque intérêt à se trouver accidentellement et exceptionnellement ensemble, si leurs professions, leurs affaires peuvent les mettre de temps à autre en contact et créer entre eux des relations utiles aux uns comme aux autres, ces relations, n'étant point volontaires, ne constituent pas une véritable fréquentation, car la fréquentation ou *hantise*, comme disaient nos pères, consiste dans des relations suivies, nouées par goût et par choix.

D'autre part, le devoir peut-il former ces liens ? En ce qui regarde les malhonnêtes gens, il est peu vraisemblable qu'ils se croient obligés moralement à fréquenter les gens honnêtes, puisque le propre de leur caractère est de ne point agir par le sentiment du devoir. Quant aux honnêtes gens, ils peuvent bien se croire obligés par devoir ou convenance, pour rendre service ou pour ne pas blesser, à subir certains rapprochements de circonstance ; mais ces rapprochements ne sont pas une fréquentation.

Ainsi, nous savons non seulement que ceux qui se ressemblent s'assemblent, mais pourquoi il en est ainsi, pourquoi il ne peut en être autrement; les hommes en effet peuvent bien être momentanément mis en rapport par leurs intérêts, ils peuvent être rapprochés par le devoir, mais ils ne se lient, ils ne se recherchent, ils ne se fréquentent que pour le plaisir qu'ils ont d'être ensemble, et ce plaisir a pour cause la communauté des goûts et des sentiments.

Le proverbe a donc raison : « Dis-moi qui tu hantes et je te dirai qui tu es » ; et l'enfant pourra tirer de sa petite dissertation un utile avertissement pour lui-même ; qu'il y prenne garde, il sera jugé sur ses camarades, et, bonne ou mauvaise, leur réputation s'étendra jusqu'à lui. Qu'il choisisse donc et, s'il s'est trompé dans son choix, dès qu'il s'en est aperçu, dès qu'il a inutilement essayé de ramener dans la bonne voie ses nouveaux camarades, qu'il n'hésite pas à les quitter.

Ainsi pour les proverbes de ce genre voilà un plan bien simple et facile à suivre :

1° Fixer le sens du proverbe et définir les mots qui sont nouveaux ou rares, ou dont la signification pourrait échapper à l'enfant, comme le mot *hanter*, ou le mot *es* (qui tu es) ;

2° Prouver par des *exemples*, empruntés si possible, au moins en partie, à la vie scolaire ou aux mœurs de l'enfance, que le fait général énoncé par le proverbe est vrai ;

3° Prouver par des *raisons* qu'il ne peut en être autrement, ou, en d'autres termes, rechercher les *causes* du fait ;

4° Conclure et tirer la morale, s'il y a lieu.

Prenons maintenant un proverbe d'un autre genre,

de ceux qui ne sont que des applications plus ou moins détournées de la loi morale.

« Toute vérité n'est pas *bonne* à dire. » Il semble au premier abord qu'il n'y ait aucun mot à définir dans ceux qui composent ce proverbe, et le sens du proverbe lui-même paraît d'une clarté qui peut se passer de tout commentaire. Il faut pourtant se défier de ces faux semblants de clarté, et prendre garde aux mots à double sens. Dans notre proverbe le mot *bon* n'est-il pas équivoque ?

Engageons l'enfant à y regarder d'un peu près, à préciser, à distinguer, s'il y a lieu. L'adjectif bon ne sert-il pas à exprimer deux idées différentes et si différentes qu'elles peuvent être contraires, de telle sorte qu'une même chose peut être à la fois bonne et mauvaise, *bonne* à un point de vue, *mauvaise* à l'autre? Le mot bon est tantôt synonyme d'*utile*, et tantôt synonyme d'*honnête;* or une mauvaise action peut être utile, et une action utile peut être mauvaise. Notre proverbe aura donc deux sens différents, suivant l'acception donnée au mot *bon.*

Toute vérité n'est pas utile à dire ; il est souvent nuisible, dangereux même de dire certaines vérités. Dans ce monde il y a toujours quelqu'un dont on dépend ou dont on a besoin ; si on le froisse, si on le pique, si on le blesse, on s'expose à sa vengeance.

Les exemples ne manquent ni dans l'histoire, ni dans la vie ordinaire, ni dans la vie scolaire. « Je scay bien que ma langue m'a porté grant dommage, disait Louis XI ; aussi m'a-t-elle fait quelquefois du plaisir beaucoup. » Si, tout roi qu'il était, il a eu à regretter des échappées de *vérité*, à plus forte raison les simples particuliers ont-ils à s'en repentir. Il y a souvent moins de risques à dire une fausseté, parce que la personne en cause peut ou la dédaigner ou la confondre. Un enfant même peut s'attirer des coups, s'il se permet une indiscrétion sur le compte de ses camarades. Du reste la cause de ces incontinences de langue n'est pas toujours louable ; le plus souvent, c'est le dépit, le désir de la vengeance, le plaisir d'humilier les autres qui nous pousse à leur dire leurs *quatre vérités;* cependant il peut se faire aussi qu'on cède à un légitime sentiment de fierté ou de dignité blessées. Quoi qu'il en soit, entendu en ce sens, le proverbe ne nous donne qu'un conseil de prudence vulgaire, et qui n'a trait qu'à nos intérêts.

Ce sera tout autre chose si nous prenons le proverbe au sens moral, si nous entendons qu'on peut être blâmable, coupable même, de dire à l'occasion certaines vérités.

En principe et en général, la vérité est bonne à dire, ou, en d'autres termes, il est *bien* de dire la vérité et on *doit* la dire.

Si le mot vérité avait ici le sens qu'il a en morale, le proverbe nous donnerait un fort mauvais conseil, puisqu'il nous conseillerait de mentir. Or il n'en est rien. Les vérités dont il s'agit sont des faits, qui sont connus, ou qui tombent sous les yeux, et que dans certaines occasions nous devons nous garder de rappeler soit directement, soit même par allusion. On voit combien il importe de définir les termes avant de se lancer dans l'explication d'un proverbe.

Demandons à l'enfant de donner des exemples: un tel est boiteux, ou bossu, c'est un fait, c'est une vérité, mais elle n'est pas bonne à dire en sa présence ; un tel a fait banqueroute, de tel autre le père s'est suicidé, ou le fils a été condamné pour vol ; ce sont des faits connus, ce sont des vérités ; mais il est mal de les rappeler, surtout en présence de ceux qu'elles touchent. En famille, on ne ménage pas toujours les connaissances, les parents, les amis absents ; on revient complaisamment sur leurs bévues, on repasse leurs travers, leurs ridicules, on s'égaye à leurs dépens ; c'est un fait, il est malheureusement vrai; est-ce une raison pour qu'à la première occasion un enfant terrible aille leur jeter toutes ces bonnes vérités à la figure? Voilà des exemples et l'on peut les multiplier. C'est la malveillance ou la légèreté et l'étourderie qui sont les causes de ces fautes; or la malveillance est une mauvaise disposition de l'âme et la légèreté est un défaut, excusable à un certain âge, impardonnable chez les grandes personnes.

Voilà donc deux points établis : la vérité est bonne à dire et la dire est un devoir ; mais il est certaines vérités ou plutôt certains faits dont il est mal de réveiller le souvenir ou sur lesquels il est peu charitable d'appeler l'attention. A quel signe pourrons-nous les reconnaître ? Nous n'avons qu'à nous reporter à la loi morale qui règle nos rapports avec nos semblables. Que nous enjoint-elle ? De ne leur faire aucun mal, c'est le devoir strict ou de justice, et de leur faire tout le bien possible, c'est le devoir large ou de charité. Eh bien, lorsque nous rappelons à un malheureux son infirmité ou sa difformité, à un fils la faute de son père, ou à un père la faute de son fils, à une personne quelconque ses sottises ou ses travers, nous leur causons une impression pénible, nous les faisons souffrir, nous leur faisons du mal, nous manquons à notre devoir. D'où il suit, qu'avant de dire une vérité, qu'aucun devoir ne nous oblige à dire, nous devons nous demander si cette vérité n'est point de nature à faire souffrir ou rougir quelque personne présente et dans ce cas nous taire. Voilà la leçon qui sort du proverbe: toute *vérité n'est donc pas bonne à dire*.

Ainsi en résumé, quand l'enfant aura à développer un proverbe qui peut être entendu de deux manières, et il y en a un certain nombre, il devra donner et examiner l'un après l'autre les deux sens du proverbe. Si le proverbe renferme un conseil de prudence intéressée, il devra montrer si ce conseil s'accorde avec les prescriptions de la morale ou en quoi il s'en écarte ; si le proverbe contient un conseil

CHAPITRE XX

de morale proprement dite, il devra remonter à la loi générale, au devoir, dont ce conseil n'est et ne peut être qu'une application à certaines circonstances de la vie ; il montrera le lien qui unit le devoir particulier à la loi générale. Dans tous les cas, il donnera des exemples et le plus nombreux possible, et il conclura par le proverbe lui-même.

Ce genre d'étude a donc pour but de s'as rer par l'analyse, par l'examen des faits, et par le raisonnement qu'un proverbe est vrai ou faux, bon ou mauvais, et dans quelle mesure il est l'un ou l'autre. Tous les proverbes étant ou des vérités d'expérience, ou des conseils donnés au nom de l'intérêt, ou des ordres donnés au nom de la morale, on peut les développer tous en suivant la marche que nous avons tracée.

CHAPITRE XXI

DE LA LETTRE

SOMMAIRE. — Définition. — Sens du mot conversation. — Qualités que la lettre doit avoir. — Défauts ordinaires de la lettre à l'école. — Abus qu'on y fait du genre épistolaire. — Que presque tous les sujets peuvent être traités sous forme de lettre, mais à certaines conditions. — Du caractère essentiel et constitutif de la lettre : la *personnalité*. — Que l'enfant a un commencement de personnalité, et que c'est là ce qu'il faut faire sortir de la lettre. — Un bout de lettre de madame de Sévigné. — Des lettres d'affaires ou autres.

On définit ordinairement la lettre une conversation par écrit avec une personne absente. Cette définition est-elle bien exacte ? Une conversation est un échange d'idées entre deux ou plusieurs personnes ; elle suppose donc la présence en un même lieu des personnes qui conversent ensemble, c'est du reste ce qu'enseigne le sens étymologique du mot *conversari*; ce mot est formé du verbe *versari*, qui exprime l'idée de présence, et de la préposition *cum*, qui exprime l'idée de réunion. Il ne peut donc y avoir conversation qu'autant que les interlocuteurs sont en présence.

La lettre suppose l'absence de la personne à laquelle on l'envoie ; si elle était présente, on lui dirait de vive voix ce qu'on a à lui dire ; c'est parce qu'on ne peut lui parler qu'on se décide à lui écrire.

Il suit de là, premièrement, qu'on doit écrire comme on parle, à la condition, bien entendu, qu'on parle correctement ; ou, en d'autres termes, que la lettre doit avoir les qualités de la conversation, c'est-à-dire le naturel et la simplicité ; un peu d'esprit ne gâte rien, mais heureusement l'on n'est pas tenu d'en avoir, et, si l'on en a, il faut en faire usage et non parade.

Or le défaut ordinaire des lettres d'écoliers, c'est l'affectation ; cette forme épistolaire les gêne, comme un habit des dimanches et un habit qui n'est pas fait pour eux. Ils y sont empruntés, mal à l'aise, raides et gauches ; et la raison en est facile à comprendre : comment attraperaient-ils le ton de la conversation, puisqu'ils n'ont pas de conversation ? car on ne peut vraiment appeler de ce nom les propos des écoliers, et on ne peut raisonnablement leur proposer de se prendre pour modèles eux-mêmes et d'écrire comme ils parlent. A l'école ce genre a donc quelque chose de faux, mais il devient bien plus faux encore par l'incroyable abus qu'on en fait.

On y met tout, absolument tout, sous forme de lettre ; histoire, géographie, morale, sciences et arts, tous les sujets imaginables sont accommodés à la sauce épistolaire; j'y ai vu mettre en épître la culture de la vigne, la lessive même et le raccommodage !

Aussi toutes ces prétendues lettres n'ont-elles de la lettre que le nom et l'adresse; si l'on en retranche le *mon cher cousin* ou *mon cher ami* et la formule finale, le reste n'a rien d'épistolaire, c'est une leçon quelconque sur un sujet quelconque.

Dans ces conditions, comment l'enfant serait-il simple et naturel ? Il écrit comme un livre, et le livre ne cause pas.

Il serait bon de rendre à cet exercice son véritable caractère et de faire rentrer la lettre dans ses limites naturelles, qui sont encore assez étendues. Car, en réalité, cette forme très souple, très commode, se prête à tout recevoir, mais à certaines conditions. Que n'a pas fait entrer madame de Sévigné dans ses lettres tantôt si piquantes, tantôt si touchantes ? on y trouve du latin et de l'italien, de la métaphysique et du jardinage; mais ce ne sont pas des leçons de métaphysique et d'horticulture ; en passant par cette plume agile et fine, en entrant dans le tissu de ces lettres aux mille et mille couleurs, les sujets les plus légers et les plus graves, les éléments les plus hétérogènes, se lient, s'unissent et se fondent en une broderie ou causerie charmante; on y retrouve bien de la philosophie, de l'histoire, de la critique, et toutes sortes de choses sérieuses qui parfois même sont sérieusement dites, mais tout y a pris un caractère commun, le caractère du genre, tout y est devenu *épistolaire*.

Quel est donc ce caractère qui fait qu'une lettre est réellement une lettre, qui en est le propre, l'essence? Ce caractère, pour le dire d'un mot, c'est la *personnalité*. Les enfants n'ont encore qu'une personnalité faiblement accusée, vague, indécise, et c'est pour cela qu'ils ne peuvent guère avoir de style épistolaire.

Je m'explique.

Le propre de la lettre, c'est qu'en la lisant, on reconnaît celui qui l'a écrite, non pas seulement à son écriture ni à sa signature, mais à sa manière de voir, de juger et de sentir. C'est de la lettre surtout qu'on peut dire : *Le style, c'est l'homme ;* c'est là en effet que l'homme se montre tel qu'il est, même lorsqu'il essaye de cacher ses sentiments véritables, ou lorsqu'il feint d'avoir les sentiments qu'il n'a pas.

L'enfant n'est pas un homme, mais de l'homme il a déjà quelque chose. Ce qu'il voit, ce qui lui arrive l'affecte d'une certaine manière, et c'est précisément cette manière à lui de comprendre et de sentir qui doit passer et percer dans ses lettres. La note et l'accent personnels : voilà ce qui fait le prix de ces ébauches épistolaires.

Aussi ne faut-il prendre, pour sujets de lettres, que ce qui a pu éveiller en lui quelque sentiment, provoquer quelque jugement. La lettre n'est pas un sac qu'on remplit indifféremment et successivement

13.

de toutes sortes de choses, c'est une image de l'esprit et un écho du cœur. Ainsi entendue, elle devient pour l'enfant un exercice d'une utilité à la fois intellectuelle et morale, elle est pour le maître un instrument d'éducation ; il y trouve en effet une source abondante de renseignements précieux sur le caractère et sur l'âme de l'enfant, et, par suite, des indications sûres pour le conduire et le rendre meilleur.

L'enfant a assisté à une scène, il en a été le témoin ou l'un des acteurs ; il en a nécessairement été affecté dans un sens ou dans l'autre ; il éprouve par conséquent le besoin de la raconter à ceux qu'il suppose disposés à l'entendre ; car nos sentiments sont dans notre cœur comme la vapeur dans les vases où l'eau bout, il faut qu'ils s'échappent. La lettre est comme un tube de dégagement pour l'âme et de communication avec celle de nos semblables. J'ai lu des lettres écrites par des écoliers pendant un voyage de vacances ; c'étaient de véritables lettres, c'est-à-dire qu'elles exprimaient des sentiments personnels, mais tels que des enfants peuvent en éprouver et les rendre, des lettres d'enfants en un mot, et non des reproductions ou des imitations de lettres d'homme, et elles étaient très sensiblement différentes les unes des autres, comme les enfants eux-mêmes. Ainsi ce qui fait la lettre, ce qu'il y a d'épistolaire dans la lettre, c'est ce qui vient de nous, ce qui est nous ; le reste n'est que l'occasion

CHAPITRE XXI

de nous révéler, c'est le coup de marteau qui fait jaillir les étincelles.

Voici un bout de lettre écrite par madame de Sévigné à son cousin au sujet de la mort de Turenne : je le donne non comme un modèle à imiter, car madame de Sévigné est inimitable, mais comme une preuve puisée à la source la meilleure, la plus vive et la plus abondante qui ait encore coulé dans notre langue

> Au reste, vous êtes un très bon almanach : vous avez prévu en homme du métier tout ce qui est arrivé du côté de l'Allemagne ; mais vous n'avez pas vu la mort de M. de Turenne, ni le coup de canon tiré au hasard qui le prend seul entre dix ou douze. Pour moi, qui vois en tout la Providence, je vois ce canon chargé de toute éternité, je vois que tout y conduit M. de Turenne, et je n'y trouve rien de funeste pour lui en supposant sa conscience en bon état ; que lui faut-il ? il meurt au milieu de sa gloire. Sa réputation ne pouvait plus augmenter ; il jouissait même en ce moment du plaisir de voir retirer les ennemis, et voyait le fruit de sa conduite depuis trois mois. Quelquefois, à force de vivre, l'étoile pâlit. Il est plus sûr de couper dans le vif, principalement pour les héros, dont toutes les actions sont si observées... M. de Turenne n'a point senti la mort ; comptez-vous encore cela pour rien ?...

Ce n'est point là un récit de la mort de Turenne, c'est le jugement qu'elle porte sur cette mort, c'est sa manière à elle de l'envisager et de la comprendre. A ses yeux cette mort est un effet de la volonté divine, pour lui elle n'est pas un malheur et n'a pas été une souffrance.

Cependant cette même madame de Sévigné n'en avait pas toujours parlé sur ce ton quelque peu résigné. Dans sa lettre du 28 août à madame de Grignan sa fille, elle écrivait, en parlant de ce malheur public : « Les yeux ne nous séchèrent pas. » C'est qu'à ce moment-là, elle était encore sous le coup de cette fatale nouvelle, et que dans les deux lettres elle a exprimé ce qu'elle ressentait au moment même où elle tenait la plume.

« Le plaisir d'écrire est uniquement pour vous, dit-elle ailleurs à sa fille, car à tout le reste du monde on voudrait avoir écrit, et c'est parce qu'on le doit. »

En effet il y a deux genres de lettres, celles qu'on écrit par plaisir, et celles qu'on écrit par devoir ou par nécessité ; de ce nombre sont les lettres d'affaires, de remerciments, de félicitations, de condoléances, de sollicitations et d'excuses. Pour celles-là, il faut avoir toujours présent à l'esprit le but qu'on se propose et ne rien dire qui n'aille au but. Il faut exposer clairement et simplement, féliciter avec mesure, remercier et plaindre avec sincérité, s'excuser avec franchise, demander avec discrétion et dignité.

CHAPITRE XXII

LA TRADUCTION DES MORCEAUX DE VERS EN PROSE

SOMMAIRE. — Que cet exercice n'est pas toujours bien compris. — Qu'imiter n'est pas traduire. — Ce que c'est qu'une traduction. — Que la langue poétique diffère sensiblement de la langue de la prose. — Que la poésie n'est pas toujours facile à comprendre et pourquoi. — De l'effet produit sur l'esprit par la musique des vers. — Avantages que l'enfant retire de la traduction des vers en prose.

On donne parfois aux enfants des pièces de vers à traduire en prose et l'on a raison ; cette traduction peut être utile et de plus d'une manière, si elle est bien comprise ; mais il ne paraît pas qu'on soit bien d'accord à ce sujet. J'ai entendu des maîtres dire aux enfants : « Voici une pièce de vers, vous la lirez, vous prendrez le fond et, sur ce fond, vous ferez un récit, ajoutant et retranchant à votre gré. » Cet exercice peut avoir ses avantages, mais il a ses inconvénients. Tout d'abord ce n'est plus une traduction, mais une composition, dans laquelle l'enfant traite en prose le sujet que le poète a traité en vers ; composition où l'enfant restera inévitablement fort au-dessous de son modèle, et où la plupart du temps il ne fera que le reproduire plus ou moins fidèlement. Si le morceau qu'on lui donne est un modèle, comme il doit l'être, tout changement est une altération, toute addition est inutile.

Il vaudrait mieux dans ce cas donner non pas la pièce elle-même, mais le sujet de la pièce; le faire traiter en prose, et lire ensuite à haute voix le morceau du poète, en le commentant; mais, je le répète, que l'élève traite le sujet, avant ou après avoir lu le morceau, ce n'est point là une traduction.

Qu'est-ce que traduire? C'est faire passer d'une langue dans une autre les idées d'un auteur, pour les faire comprendre à ceux qui ne parlent pas la langue de cet auteur. Voilà le but de toute traduction. Maintenant d'où est venue l'idée de faire traduire en prose des morceaux écrits en vers? C'est que le langage de la poésie s'éloigne sensiblement de celui de la prose, à tel point que chez certains peuples on peut dire que le prosateur et le poète parlent deux langues différentes. Chez les peuples et aux époques où la raison l'emporte sur l'imagination comme en France au dix-septième siècle, cette différence est moindre; chez les peuples où l'imagination domine, comme ceux d'origine germanique, la différence est plus accusée; dans la plupart des poètes contemporains, qui sont tout images, comme Lamartine et surtout Victor Hugo, cette différence est énorme.

Un poète est donc en général plus difficile à comprendre qu'un prosateur, plus difficile pour tout le monde et surtout pour les enfants. En effet, il a souvent des idées trop élevées pour que l'enfant puisse y atteindre, des sentiments trop profonds, trop vifs pour qu'une âme novice puisse les ressentir ; il a des hardiesses de tour qui déroutent, des hardiesses de langage qui troublent, des expressions rares ou nouvelles qui surprennent ; bref, il est souvent obscur, et voilà pourquoi on fait bien de le traduire en prose, pour s'assurer qu'on l'a compris.

Indépendamment de la difficulté qui résulte de la puissance de l'imagination poétique et de l'originalité du poète, il y a dans la cadence même des vers, dans les combinaisons métriques, dans le retour périodique des rimes, un charme particulier qui est plutôt une distraction qu'un secours pour l'intelligence. Le rythme en effet caresse l'oreille et par le plaisir même qu'il cause berce et endort la pensée ; qui ne s'est surpris dans une sorte de somnolence intellectuelle, voluptueuse et trompeuse, en lisant les *Harmonies* de Lamartine ? la pensée du poète ne fait plus qu'effleurer l'esprit, et l'on n'entend que la musique de ses vers mélodieux.

Pour toutes ces raisons, quand on a lu ou fait lire aux enfants un morceau de poésie, il est bon de s'assurer d'abord qu'ils ont saisi l'ensemble, qu'ils n'ont pas perdu le fil des idées, et pour cela de leur faire raconter de vive voix ce qu'ils viennent d'entendre ; on aura plus d'une fois l'occasion de constater qu'ils n'ont entendu que du bruit, ou, comme on dit familièrement, qu'ils n'y ont vu que du feu.

Aussi faut-il aller plus loin, et leur faire traduire en prose et par écrit, sinon tout le morceau, au moins les passages d'une clarté douteuse, ou d'une beauté particulière. J'y vois plusieurs avantages : d'abord l'enfant comprend mieux quelle différence il y a entre la poésie et la prose, il sent plus vivement la valeur des expressions et des tours, dont il cherche en vain les équivalents; il apprend à ne pas se laisser tromper par la sonorité et l'éclat du langage ; il voit ce que perd une idée, un sentiment à dépouiller la forme brillante dont le poète les avait revêtus, pour prendre une forme abstraite et terne, il pénètre ainsi plus avant dans l'âme du poète, il s'échauffe à la chaleur de ses nobles passions et s'élève au souffle de son génie.

CHAPITRE XXIII

DU DIALOGUE

SOMMAIRE. — De son importance. — Qu'il constitue un genre. — Qu'il se retrouve dans tous les genres littéraires. — Ce qui en fait la difficulté. — Des qualités du dialogue. — L'enchaînement. — La direction vers un but marqué à l'avance. — L'opposition des caractères ou des idées. — L'accélération du mouvement. — Que le dialogue entre Bourbon et Bayard, tiré des Dialogues des morts de Fénelon, possède toutes ces qualités. — Étude analytique de ce morceau. — Méthode pour arriver à faire parler convenablement les personnes. — Résumé.

Avant d'aborder la narration, nous dirons deux mots du dialogue, d'abord parce qu'il constitue par lui-même un genre, ensuite parce que, comme la description, il est un des principaux éléments de la narration.

S'il est un genre vraiment naturel, c'est assurément le dialogue; car nous ne cessons d'échanger nos pensées avec nos semblables, et notre vie n'est pour ainsi dire qu'une longue conversation. Aussi le dialogue joue-t-il dans la littérature un rôle important; les savants, les philosophes, les moralistes (1), les

1. Dialogues de Platon, de Xénophon, de Lucien, de Cicéron,

critiques s'en sont servis et s'en servent pour exposer leurs doctrines et leurs systèmes; on a composé des dialogues sur toutes les matières de l'enseignement; l'enseignement lui-même n'est ou ne devrait être qu'un long dialogue; des genres entiers, comme la tragédie, la comédie, le drame, etc., n'ont pas d'autre forme; enfin il se retrouve dans tous les autres genres, dans l'épopée, dans la satire, dans la fable, dans la lettre et surtout dans le roman, dont il est la forme préférée; bref, il est partout. On a donc grandement raison d'exercer les enfants à composer des dialogues, puisqu'on les prépare ainsi à juger tant d'œuvres littéraires et à converser eux-mêmes.

Il semble, au premier abord, que le dialogue, étant chose si naturelle, doive aussi être chose facile; il n'en est rien pourtant. De même que dans la lecture à haute voix il est difficile de ressaisir le ton ordinaire, ainsi dans le dialogue écrit il est difficile de retrouver et de garder le ton de la conversation parlée, de la bonne conversation s'entend; il est malaisé aussi de diriger la conversation dans un sens indiqué et vers un but marqué; de répartir les idées d'un sujet entre deux ou trois interlocuteurs en tenant compte de leur âge, de leur tour d'esprit, de leur caractère, de leur éducation; enfin bref, s'il n'est pas toujours aisé de bien conduire un cheval,

---

de Malebranche, etc. Dialogues de Cicéron, de Tacite, de Fénelon sur l'éloquence, de Fontenelle, etc.

il l'est encore moins de mener deux ou trois chevaux à la fois.

Cherchons donc, comme nous l'avons fait jusqu'à présent, cherchons, dans quelque exemple emprunté aux maîtres de l'art d'écrire, une méthode qui puisse diriger nos apprentis écoliers.

La mort de Bayard est un fait bien connu des enfants ; le chevalier sans peur et sans reproche, blessé au combat de Romagnano (1524), fut adossé à un arbre, près du champ de bataille. Le connétable de Bourbon, traître à son pays, reconnaît Bayard, il s'approche et Fénelon les fait parler en ces termes :

Bourbon. — N'est-ce point le pauvre Bayard que je vois au pied de cet arbre, étendu sur l'herbe, et percé d'un grand coup ! Oui, c'est lui-même : hélas ! je le plains : en voilà deux qui périssent aujourd'hui par nos armes, Vandenesse et lui. Ces deux Français étaient deux ornements de leur nation par leur courage. Je sens que mon cœur est encore touché pour sa patrie. Mais avançons pour lui parler. Ah ! mon pauvre Bayard, c'est avec douleur que je te vois en cet état.

Bayard. — C'est avec douleur que je vous vois aussi.

Le connétable de Bourbon. — Je comprends bien que tu es fâché de te voir dans mes mains par le sort de la guerre ; mais je ne veux point te traiter en prisonnier : je te veux garder comme un bon ami, et prendre soin de ta guérison comme si tu étais mon propre frère. Ainsi tu ne dois pas être fâché de me voir.

Bayard. — Hé ! croyez-vous que je ne sois point fâché d'avoir obligation au plus grand ennemi de la France ? Ce n'est point de ma captivité ni de ma blessure que je suis en peine. Je meurs : dans un moment la mort vient me délivrer de vos mains.

Le connétable de Bourbon. — Non, mon cher Bayard, j'espère que nos soins réussiront pour te guérir.

Bayard. — Ce n'est point là ce que je cherche, et je suis content de mourir.

Le connétable de Bourbon. — Qu'as-tu donc? est-ce que tu ne saurais te consoler d'avoir été vaincu et fait prisonnier dans la retraite de Bonnivet? Ce n'est pas ta faute, c'est la sienne ; les armes sont journalières. Ta gloire est assez bien établie par tant de belles actions. Les Impériaux ne pourront jamais oublier cette vigoureuse défense de Mézières contre eux.

Bayard. — Pour moi, je ne puis jamais oublier que vous êtes ce grand connétable, ce prince du plus noble sang qu'il y ait dans le monde, et qui travaille à déchirer de ses propres mains sa patrie et le royaume de ses ancêtres.

Le connétable de Bourbon. — Quoi ! Bayard, je te loue, et tu me condamnes ! je te plains, et tu m'insultes !

Bayard. — Si vous me plaignez, je vous plains aussi; et je vous trouve bien plus à plaindre que moi. Je sors de la vie sans tache ; j'ai sacrifié la mienne à mon devoir ; je meurs pour mon pays, pour mon roi, estimé des ennemis de la France, regretté de tous les bons Français. Mon état est digne d'envie.

Le connétable de Bourbon. — Et moi, je suis victorieux d'un ennemi qui m'a outragé ; je me venge de lui ; je le chasse du Milanais ; je fais sentir à toute la France combien elle est malheureuse de m'avoir perdu en me poussant à bout : appelles-tu cela être à plaindre ?

Bayard. — Oui : on est toujours à plaindre quand on agit contre son devoir ; il vaut mieux périr en combattant pour la patrie, que la vaincre et triompher d'elle. Ah ! quelle horrible gloire que celle de détruire son propre pays !

Le connétable de Bourbon. — Mais ma patrie a été ingrate après tant de services que je lui avais rendus. Madame m'a fait traiter indignement par un dépit d'amour. Le roi, par faiblesse pour elle, m'a fait une injustice énorme en me dépouillant de mon bien. On a détaché de moi jusqu'à mes domestiques, Matignon et d'Argouges. J'ai été contraint pour sauver ma vie, de m'enfuir presque seul : que voulais-tu que je fisse ?

BAYARD. — Que vous souffrissiez toutes sortes de maux plutôt que de manquer à la France et à la grandeur de votre maison. Si la persécution était trop violente, vous pouviez vous retirer ; mais il valait mieux être pauvre, obscur, inutile à tout, que de prendre les armes contre nous. Votre gloire eût été au comble dans la pauvreté et dans le plus misérable exil.

Le connétable de Bourbon. — Mais ne vois-tu pas que la vengeance s'est jointe à l'ambition pour me jeter dans cette extrémité ? J'ai voulu que le roi se repentît de m'avoir traité si mal.

Bayard. — Il fallait l'en faire repentir par une patience à toute épreuve, qui n'est pas moins la vertu d'un héros que le courage.

Le connétable de Bourbon. — Mais le roi, étant si injuste et si aveuglé par sa mère, méritait-il que j'eusse de si grands égards pour lui ?

Bayard. — Si le roi ne le méritait pas, la France entière le méritait ; la dignité même de la couronne, dont vous êtes un des héritiers, le méritait. Vous vous deviez à vous-même d'épargner la France, dont vous pouviez être un jour roi.

Le connétable de Bourbon. — Eh bien ! j'ai tort, je l'avoue, mais ne sais-tu pas combien les meilleurs cœurs ont de peine à résister à leur ressentiment ?

Bayard. — Je le sais bien ; mais le vrai courage consiste à y résister. Si vous connaissez votre faute, hâtez-vous de la réparer. Pour moi, je meurs ; et je vous trouve plus à plaindre dans vos prospérités, que moi dans mes souffrances. Quand l'empereur ne vous tromperait pas, quand même il vous donnerait sa sœur en mariage, et qu'il partagerait la France avec vous, il n'effacerait point la tache qui déshonore votre vie. Le connétable de Bourbon rebelle ! Ah ! quelle honte ! Écoutez Bayard mourant comme il a vécu, et ne cessant de dire la vérité.

Un dialogue est une sorte d'assaut, d'escrime à

armes courtoises et quelquefois de lutte à l'arme blanche. Que les interlocuteurs soient simplement des jouteurs ou qu'ils soient des adversaires, que le dialogue soit un simple exercice, un passe-temps ou un combat sérieux, chaque coup amène une riposte.

Le défaut ordinaire des dialogues, surtout chez les débutants, c'est le décousu, c'est l'incohérence. Paul dit une chose, et Pierre en dit une autre; mais la seconde n'est pas une réponse à la première; c'est une juxtaposition d'idées et non un enchaînement. Dans le dialogue chaque réplique doit être une transition, c'est-à-dire, qu'elle doit se lier à ce qui précède et amener ce qui suit ; c'est un chaînon dans la chaîne.

Voyons en effet comment Fénelon fait converser Bayard et Bourbon. « Ah! mon pauvre Bayard! c'est avec douleur que je te vois en cet état! » et Bayard répond : « C'est avec douleur que je vous vois aussi. » Non seulement le mot de Bayard est une réponse naturelle à celui de Bourbon, mais il provoque la réplique. Pourquoi le chevalier éprouve-t-il de la peine à voir le connétable son compatriote ? Celui-ci se méprend, ce qui est naturel, ou feint de se méprendre, ce qui est vraisemblable, sur la cause de cette douleur; il est toujours pénible au vaincu, au blessé et surtout au prisonnier de voir le vainqueur; aussi Bourbon s'efforce-t-il de rassurer son prisonnier sur les traitements qui l'attendent. Vivement Bayard redresse cette méprise et lui fait connaître la véritable cause de sa douleur.

Ce n'est point de sa captivité ni ne sa blessure qu'il est en peine ; dans un moment la mort l'aura tiré des mains de Bourbon. A ce mot de mort, Bourbon, qui n'a aucune raison de détester Bayard, qui se souvient de leur amitié, cherche naturellement à lui faire espérer sa guérison :

« Non, mon cher Bayard, j'espère que nos soins réussiront pour te guérir. »

La guérison! Ce n'est point là ce que veut le héros ; il est content de mourir. Un sentiment si inattendu surprend le connétable qui en cherche l'explication dans l'humiliation de la défaite, et qui, pour relever Bayard de l'abattement moral où il le croit tombé, lui rappelle son passé glorieux. C'était provoquer une comparaison entre sa propre conduite et celle du chevalier. Aussi Bayard laisse-t-il éclater cette fois le sentiment de cette douleur morale qu'il avait jusqu'alors contenue par un reste d'égards, de cette douleur patriotique qu'il ressent à voir « Bourbon, ce grand connétable, ce prince du plus noble sang qu'il y ait dans le monde, et qui travaille à déchirer de ses propres mains sa patrie et le royaume de ses ancêtres ! »

On peut pousser cette étude jusqu'au bout ; on ne prendra pas une fois l'auteur en défaut ; chaque réponse a ce double caractère : elle est amenée par ce qui précède et elle amène ce qui suit ; le dialogue forme ainsi un tissu serré, dont chaque maille est inséparable de celles qui l'entourent.

Un autre défaut ordinaire des dialogues d'écolier, c'est qu'ils vont un peu au hasard, à l'aventure; l'enfant ne dirige pas sa pensée, il se laisse mener par elle. Or le dialogue, bien qu'il comporte une certaine liberté d'allure et un peu d'imprévu, et cela parce qu'il est l'image de la conversation, le dialogue, dis-je, doit avoir, comme toutes les autres formes de la composition, un but bien défini et une marche tracée à l'avance. Dans les dialogues modèles, comme celui que nous venons de mettre sous les yeux, la direction est bien marquée, le mouvement sensible, et l'on peut dire que chaque pas rapproche du but ou conclusion. Essayons de le faire voir, et reprenons le dialogue au point où nous l'avions laissé.

« Quoi! Bayard, je te loue, et tu me condamnes! je te plains, et tu m'insultes! »

Le but de Fénelon, c'est d'amener Bourbon à reconnaître sa faute; ce dialogue est encore une lutte entre les deux adversaires; après le combat par les armes où Bayard a été blessé, c'est le combat de sentiments, où la fortune n'a point de part; c'est pour le héros mourant la revanche et la victoire morale.

Bourbon, traître à son pays et vainqueur, a voulu plaindre Bayard, fidèle à sa patrie et mourant pour elle; mais le héros repousse cette pitié, ce n'est pas lui, c'est Bourbon qui est à plaindre. Bourbon veut montrer qu'il n'est pas malheureux, puisqu'il a réussi à se venger d'un ennemi et à faire sentir à la France tout ce qu'elle a perdu en le perdant.

« On est toujours à plaindre, réplique Bayard, quand on agit contre son *devoir;* ah! quelle horrible gloire que celle de détruire son propre pays! »

Les rôles changent ; le vainqueur est réduit à se défendre, à s'excuser. Madame l'avait traité indignement, le roi l'avait dépouillé de son bien, sa vie même était menacée, que pouvait-il faire ? — Son devoir, répond le mourant, et toutes les excuses du traître viennent se briser contre cette simple réponse.

« Il valait mieux être pauvre, obscur, inutile à tout, que de prendre les armes contre votre patrie. Votre gloire eût été au comble dans la pauvreté et le plus misérable exil. »

Bourbon faiblit, on sent qu'il perd de son assurance, on sent dans sa réponse qu'il commence à avoir conscience de son crime.

« Mais ne vois-tu pas que la vengeance s'est jointe à l'ambition pour me jeter dans cette extrémité? » Nous avançons ; Bayard grandit, Bourbon ne se défend plus que mollement : encore un peu, il va renoncer à la lutte.

Il ne fait plus que se répéter.

« Le roi, balbutie-t-il, méritait-il de si grands égards ? »

« — Si le roi ne le méritait pas, la France entière le méritait. La dignité même de la couronne, dont vous êtes un des héritiers, le méritait. Vous vous deviez à vous-même d'épargner la France, dont vous pouviez être un jour roi. »

Cette raison, tirée de son propre intérêt, met fin à sa résistance ; l'aveu tombe enfin de ses lèvres, il demande grâce.

« Mais ne sais-tu pas combien les meilleurs cœurs ont de peine à vaincre leur ressentiment ? »

Bayard l'accable et nous l'approuvons, car le traître ne mérite ni pitié ni pardon.

Ainsi d'un bout à l'autre de ce dialogue règne comme une sorte de courant qui devient de plus en plus fort, et qui pousse vers la conclusion. Je voudrais qu'il fût imprimé dans la mémoire de tous les enfants de notre France, car il n'est pas seulement une admirable leçon de style, mais une éloquente et chaleureuse leçon de patriotisme.

Ce genre de composition met, comme on le voit, en présence et quelquefois aux prises des caractères opposés : Bayard, c'est le devoir ; Bourbon, c'est l'intérêt personnel. Cette opposition complète n'est pas absolument nécessaire, surtout dans des exercices scolaires ; mais, quel que soit le sujet du dialogue, il faut qu'on y trouve toujours au moins une différence sensible entre les interlocuteurs dans la manière de voir et de sentir ; que cette différence perce dès le début, et qu'elle s'accentue au fur et à mesure que la conversation avance ; que le dialogue aussi s'anime par degrés, car l'effet ordinaire de la contradiction, c'est d'échauffer les contradicteurs.

Le meilleur moyen de faire parler les personnes d'une manière qui convienne à leur âge, à leur sexe, à leur caractère, à leur tour d'esprit et à leur situation, c'est de se mettre par la pensée en leur lieu et place. Cette substitution mentale, analogue à celle de l'acteur qui entre dans un rôle, est difficile aux enfants, qui sont en général tout à eux-mêmes ; ce n'en est pas moins la meilleure habitude à leur faire prendre non seulement pour leur culture intellectuelle, mais pour leur amélioration morale ; nous serions bien plus équitables dans nos jugements et bien plus irréprochables dans notre conduite à l'égard de nos semblables, si, avant de parler ou d'agir, nous commencions par nous demander ce qu'à leur place nous nous croirions en droit d'attendre des autres.

En résumé, lier entre elles les réponses et les répliques, avoir un but et y marcher en pressant progressivement l'allure, marquer la différence des sentiments et des idées et l'accuser de plus en plus, telles sont les règles essentielles à suivre dans la composition du dialogue.

CHAPITRE XXIV

QUELQUES MOTS SUR LE DISCOURS

SOMMAIRE. — Qu'un discours n'est qu'un composé de deux dialogues. — Qu'il est bon de savoir en quoi consiste un discours. — Que tout le monde en fait, sans le vouloir ou le savoir. — Qu'il est un raisonnement. — Que les raisons se puisent à deux sources, le devoir et l'intérêt. — Méthode de composition et d'appréciation. — Précautions à prendre.

Le dialogue n'est, à le bien prendre, qu'un composé de deux discours qui, au lieu d'être prononcés chacun séparément et tout d'une haleine, sont mêlés l'un à l'autre et débités en détail. Les interlocuteurs, au lieu de dire en une fois tout ce qu'ils ont à dire, s'arrêtent à chaque instant pour laisser à leur adversaire le temps de répondre. Si l'on réunissait et si l'on unissait tout ce qui revient à chaque interlocuteur, on aurait un discours à peu près complet. Chacun d'eux en effet a essayé de prouver ou de réfuter quelque chose. Dans le dialogue cité plus haut, Bourbon a voulu prouver à Bayard que sa défection était excusable, et Bayard a prouvé à Bourbon que sa trahison est impardonnable ; or, c'est en somme dans la démonstration que consiste le discours; les développements qu'on peut y ajouter ne sont que des parties auxiliaires.

En parlant du discours, notre intention n'est pas d'introduire à l'école l'exercice oratoire ; il n'y serait pas à sa place. Nous n'avons pas besoin de former des orateurs ; ce n'est pas ce qui manque à notre pays. Mais il n'est pas mauvais peut-être que nos enfants sachent ce que c'est qu'un discours, afin de ne pas prendre pour de l'éloquence les divagations et les déclamations sonores, et pour des orateurs les énergumènes ou les sots ; il n'est pas mauvais qu'ils sachent à quoi l'on reconnaît la valeur d'un discours, afin de pouvoir plus tard, dans l'occasion, prouver aux grands faiseurs de phrases creuses qu'ils n'ont rien dit après avoir longtemps parlé.

Du reste un paysan, un ouvrier peut avoir sinon à faire des discours, au moins à parler, à exposer, à démontrer quelque chose. Il peut un jour être conseiller de sa commune ou de son arrondissement, membre d'une société de secours mutuels, d'un comité de bienfaisance ou d'une association quelconque; il importe donc qu'il sache exprimer et soutenir une opinion, donner un bon avis, faire prendre un bon parti, et remettre à leur place les brouillons et les parleurs, éternel fléau des conseils petits ou grands. Il ne s'agit donc pas ici du discours oratoire, du discours à effet, mais de l'usage sensé d'une parole honnête dans les circonstances ordinaires de la vie civile et politique.

Toutes les fois qu'on parle avec suite pour amener quelqu'un à son avis, et surtout pour lui faire prendre un parti, il y a discours. Le but du discours est d'agir sur la volonté et de la déterminer. Alors même qu'on se borne à prouver une vérité, à démontrer une erreur, on agit encore sur la volonté, puisque nos actes sont des conséquences de nos jugements et de nos opinions. L'orateur de la tribune parle pour décider ses auditeurs à voter ou à repousser une loi ; l'orateur du barreau pour faire acquitter ou condamner un accusé; l'orateur de la chaire pour faire pratiquer la vertu et fuir le vice; l'orateur académique pour amener à l'imitation des hommes dont il fait l'éloge. Mais le domaine de l'éloquence ne se borne pas à ce qu'on appelle les grands genres, politique, judiciaire, religieux, académique; sous des formes plus simples, plus brèves et d'une variété infinie, il est d'un usage fréquent, quotidien, continuel. Celui qui écrit une lettre pour obtenir quoi que ce soit d'un homme influent, d'un ami, d'un parent, d'un étranger, d'un inconnu; le père qui s'adresse à son enfant, le maître qui parle à son élève pour l'exhorter à se bien conduire, et bien d'autres encore, tous ceux-là, qu'ils le veuillent ou non, font des discours ; ils en font parfois à leur insu, comme M. Jourdain faisait de la prose.

Puisque le discours est si usité, puisqu'il est inévitable et que non seulement on est destiné à en entendre, mais même à en faire, encore vaut-il mieux savoir à peu près comment on s'y prend. Le voici en deux mots.

Pour amener quelqu'un à prendre un parti qui lui plait, il n'est pas besoin de longs discours, ou, pour mieux dire, il n'en faut pas, car nous sommes tout naturellement disposés à nous procurer du plaisir; mais pour lui persuader de faire quelque chose de pénible, de dangereux, c'est une autre affaire, il y faut de l'art, et d'autant plus, que le parti à prendre est plus douloureux. S'agit-il de nous faire accepter un bon dîner, un beau présent, vous n'aurez pas grand'peine; mais voulez-vous nous décider à rompre nos habitudes, à vaincre nos passions, à exposer, à sacrifier notre fortune ou notre vie, tâchez d'être éloquent, et encore ne comptez pas trop sur votre éloquence.

Toutes les raisons que l'on peut faire valoir se puisent à deux sources, ni plus ni moins, et ces deux sources sont le devoir et l'intérêt ; si l'on prouve à ses auditeurs que leur intérêt se concilie avec leur devoir, on a grande chance de réussir ; c'est donc en ce sens qu'il faut diriger ses efforts, c'est à cette démonstration qu'il faut employer tout ce que l'on a de ressources dans l'esprit.

Quel que soit le discours que vous avez à composer, vous pouvez toujours le mettre sous cette forme sommaire : « Je vous engage à prendre ce parti par telle, telle et telle raison. » D'où il suit que, pour faire un bon discours, l'essentiel est d'avoir des raisons solides, et par conséquent du jugement. De même, pour apprécier un discours, il faut le dépouiller des phrases plus ou moins brillantes, plus ou moins retentissantes, plus ou moins amples dont il peut être revêtu, en tirer les raisons qu'il contient, les mettre à nu, les compter et les peser de la manière suivante :

« On vient de nous dire que nous devons prendre ce parti par telle, telle et telle raison ; la première ne vaut rien et voici pourquoi ; la seconde n'est pas meilleure, et en voici la preuve ; la troisième n'est pas mauvaise, mais elle ne suffit pas. »

Le discours est donc et doit être avant tout un raisonnement.

Ai-je besoin de dire qu'avant d'essayer de convaincre, il faut être convaincu ? l'honnête homme parle pour être utile à ses semblables et non pour les tromper ; aussi le premier soin d'un auditeur doit-il être de se renseigner sur la valeur morale de l'orateur ; tant vaut l'homme, tant vaut le discours.

Il est prudent de se défier des gens qui crient trop haut et qui se démènent trop fort ; non pas qu'il soit interdit de s'animer en parlant, mais parce qu'en général l'homme convaincu se possède et ne s'emporte pas, il a confiance dans sa propre raison et dans le bon sens de ceux qui l'écoutent. Sans doute quand on parle des grandes choses, des grands devoirs, il est naturel, il est bien qu'on se passionne; pourtant n'oublions pas que la passion est d'autant plus puissante qu'elle est contenue, et qu'il n'est rien de plus facile à imiter que les éclats de voix et les gestes violents.

Quand on a trouvé de bonnes raisons, il reste à les mettre en ordre. Le mieux, ici comme partout, c'est d'observer la gradation ; mais on doit se garder d'employer une raison faible, parce qu'elle affaiblit les autres et détruit la confiance ; on doit se garder aussi de rien dire de désagréable, parce qu'on indispose les auditeurs, et qu'un auditeur mécontent trouve mauvais tout ce que dit l'orateur.

Rappelons-nous le proverbe : On prend plus de mouches avec du miel qu'avec du vinaigre.

CHAPITRE XXV

DE LA NARRATION (PREMIÈRE PARTIE)

SOMMAIRE. — Que la narration renferme tous les autres genres. — Simplification des règles. — Règles principales : le but et les moyens. — La division du récit. — Application de ces règles par P.-L. Courier. — Aventure dans les Calabres — L'art du récit. — Gradation et contraste

Nous voici arrivés à la narration ou récit. De tous les exercices scolaires celui-ci est le plus important. car il les résume et les comprend tous. Dans la narration on trouve et l'on retrouve unies et combinées, toutes les autres formes de la pensée, la définition, les descriptions de tout genre, les portraits, le dialogue, le discours, les réflexions morales ou autres ; de telle sorte que si, avant d'aborder la narration, on a pris soin de s'exercer successivement dans les autres genres, on s'est par là même préparé à bien raconter. L'art du narrateur consiste en grande partie à employer tour à tour, mais à propos et dans une juste mesure, toutes les formes de la composition. Est-ce à dire que la narration ne soit qu'un composé, et qu'elle ressemble à une mosaïque de toutes couleurs ou à ce morceau de musique fabriqué avec des airs de toute espèce et qu'on appelle un *pot-pourri?* Nullement. La narration a son caractère propre et ses règles particulières ; seulement elle met à contribution tous les genres, à peu près comme l'architecte qui construit une maison emprunte le secours du maçon, du charpentier, du menuisier, du serrurier, du peintre et d'autres métiers.

La matière et le fond du récit, c'est l'acte ou l'action, de quelque nom qu'on l'appelle, traits de courage ou autres, aventures, histoires, voyages, batailles, accidents, catastrophes, etc. Du moment que l'homme est en scène et qu'on expose ce qu'il fait de bien ou de mal, ce qui lui arrive d'heureux ou de malheureux, on raconte, c'est un récit.

On a multiplié à l'infini les règles de la narration ; nous ferons le contraire, nous chercherons à les réduire et à dégager la règle principale ; car nous n'oublions pas que nous sommes à l'école, et nous cherchons avant tout à montrer que l'art est chose simple, et qu'il tire du bon sens ses meilleurs procédés ; c'est une démonstration qui n'est pas superflue, même au dix-neuvième siècle.

Celui qui raconte doit avoir un but, et par conséquent choisir les moyens les plus propres à atteindre ce but. Toute la narration est là, et, sous ce rapport, elle a plus de ressemblance qu'on ne le croit communément avec la démonstration. Dans la démonstration on choisit les raisons qu'on croit les plus propres à établir une vérité, et on les range dans l'ordre le plus propre à en accroître la valeur; de même dans la narration on choisit les détails, les formes, les couleurs que l'on juge les meilleurs pour produire tel ou tel effet, pour faire naître dans l'âme tel ou tel sentiment, tristesse ou gaieté, pitié ou colère, admiration ou mépris, etc., et on les dispose de manière à produire le plus sûrement l'effet que l'on cherche, à porter au plus haut degré le sentiment qu'on veut inspirer. D'où il suit qu'avant de commencer un récit, quel qu'il soit, l'enfant doit avant tout se demander quelle impression il se propose de produire, et, cela fait, comment il pourra ou devra s'y prendre pour y réussir. Ainsi entendue, la narration prend une sorte de caractère scientifique et peu d'exercices sont meilleurs pour former à la fois le jugement et le goût.

Ce n'est pas tout à fait ainsi qu'on en juge communément, et je sais bon nombre de maîtres qui s'imaginent qu'aucun exercice ne comporte plus de liberté, et que, lorsqu'on raconte, on peut laisser courir la plume et donner carte blanche à la *folle du logis*. Or je dirais volontiers de cette *folle* ce que Boileau disait de la rime :

La rime est une esclave et ne doit qu'obéir;

L'imagination doit, elle aussi, et surtout à l'école, obéir au bon sens. Du reste cette règle, qui au premier abord peut paraître étroite et sévère, cette règle, même rigoureusement appliquée, est un guide et

CHAPITRE XXV

non une gêne, elle dirige l'imagination, elle ne l'éteint pas, et, comme on va le voir par l'exemple qui suit, elle n'empêche d'avoir ni grâce ni esprit.

Voici un modèle du genre, il est dans tous les recueils, il est dans bien des mémoires : c'est le récit fait à sa cousine par Paul-Louis Courier d'une aventure qui lui est arrivée dans les Calabres. Suivons pas à pas le héros de l'aventure qui en est aussi le conteur, et nous reconnaîtrons que l'art et l'agrément de ce récit célèbre tiennent surtout à l'observation de la règle posée.

Quel est le but que Courier se propose ? De nous faire trembler pour sa vie et celle de son compagnon de voyage. Suivons-le pas à pas, nous allons voir s'il s'y prend tôt et bien, et s'il s'entend à faire naître, à développer et à porter au plus haut point le sentiment dont il veut nous remplir.

Un jour je voyageais en Calabre. C'est un pays de *méchantes gens*, qui, je crois, n'aiment personne, et en *veulent surtout aux Français*. De vous dire pourquoi, cela serait long ; suffit qu'ils *nous haïssent à mort* et qu'on passe fort mal son temps lorsqu'on tombe entre leurs mains. J'avais pour compagnon un jeune homme d'une figure... ma foi, comme ce monsieur que nous vîmes au Raincy, vous en souvenez-vous ? et mieux encore peut-être. Je ne dis pas cela pour vous intéresser, mais parce que c'est la vérité. Dans ces montagnes, les *chemins sont des précipices*; nos chevaux marchaient avec beaucoup de peine ; mon camarade allant devant, un sentier qui nous parut plus praticable et plus court *nous égara*. Ce fut ma faute; devrais-je me fier à *une tête de vingt ans ?* Nous cherchâmes, tant qu'il fit jour, notre chemin à travers ces bois ; mais *plus nous cherchions, plus nous nous perdions*, et il était *nuit noire* quand nous arrivâmes près d'*une maison fort noire*.

Nous y entrâmes, non sans soupçon ; mais comment faire ? Là, nous trouvons toute une famille de charbonniers à table, où du premier mot on nous invita. Mon jeune homme ne se fit pas prier : nous voilà mangeant et buvant, lui, du moins, car pour moi j'examinais le lieu et la mine de nos hôtes. Nos hôtes avaient bien des mines de charbonniers ; mais la maison, vous l'eussiez prise pour *un arsenal*. Ce n'étaient que *fusils, pistolets, sabres, couteaux, coutelas*. Tout me déplut, et je vis bien que je déplaisais aussi. Mon camarade, au contraire : il était de la famille, il riait, il causait avec eux ; et, par *une imprudence* que j'aurais dû prévoir (mais quoi ! s'il était écrit...), il dit d'abord *d'où nous venions, où nous allions, qui nous étions ; Français !* imaginez un peu ! *chez nos plus mortels ennemis, seuls, égarés, si loin de tout secours humain !* et puis, pour ne rien omettre de ce qui pouvait nous perdre, *il fit le riche*, promit à ces gens pour la dépense, et pour nos guides le lendemain, ce qu'ils voulurent. Enfin, *il parla de sa valise*, priant fort qu'on en eût grand soin, qu'on la mît au chevet de son lit ; il ne voulait point, disait-il, d'autre traversin. Ah ! jeunesse ! jeunesse ! que votre âge est à plaindre ! Cousine, on crut que *nous portions les diamants de la couronne*.

Le souper fini, on nous laisse ; nos hôtes couchaient en bas, nous dans la chambre haute où nous avions mangé. *Une soupente élevée de sept à huit pieds, où l'on montait par une échelle*, c'était là le coucher qui nous attendait, *espèce de nid dans lequel on s'introduisait en rampant* sous des solives chargées de provisions pour toute l'année. Mon camarade y grimpa seul, et se coucha tout endormi, la tête sur la précieuse valise. Moi, déterminé à veiller, je fis bon feu, et m'assis auprès. La nuit s'était déjà passée presque entière assez tranquillement, et *je commençais à me rassurer*, quand, sur l'heure où il me semblait que le jour ne pouvait être loin, j'entendis au-dessous de moi notre hôte et sa femme parler et se disputer ; et *prêtant l'oreille par la cheminée* qui communiquait avec celle d'en bas, je distinguai parfaitement ces propres mots du mari : « Eh bien ! enfin, voyons, *faut-il les tuer tous deux ?* » A quoi la femme répondit : « *Oui.* » Et je n'entendis plus rien.

Que vous dirai-je? Je restai *respirant à peine, tout mon corps froid comme un marbre ;* à me voir, vous n'eussiez su si j'étais mort ou vivant. Dieu ! quand j'y pense encore !... Nous deux, presque sans armes, *contre eux, douze ou quinze*, qui en avaient tant ! Et *mon camarade mort de sommeil et de fatigue !* L'appeler, faire du bruit, je n'osais ; m'échapper tout seul, je ne pouvais ; la fenêtre n'était guère haute, mais en bas *deux gros dogues hurlant* comme des loups... En quelle peine je me trouvais, imaginez-le si vous pouvez. Au bout d'un quart d'heure, qui fut long, *j'entends sur l'escalier quelqu'un*, et par les fentes de la porte je vis le père, sa lampe dans une main, *dans l'autre un de ses grands couteaux*. Il montait, sa femme après lui ; moi derrière la porte : il ouvrit ; mais, avant d'entrer, il posa la lampe, que sa femme vint prendre ; puis il *entre pieds nus*, et elle de dehors lui disait à voix basse, *masquant avec ses doigts le trop de lumière* de la lampe : « *Doucement, va doucement.* » Quand il fut à l'échelle, il monte, son couteau dans les dents, et, venu à la hauteur du lit, ce pauvre jeune homme étendu, offrant sa gorge découverte, *d'une main il prend son couteau*, et de l'autre... Ah ! cousine... il saisit un jambon qui pendait au plancher, en coupe une tranche, et se retire comme il était venu. La porte se referme, la lampe s'en va, et je reste seul à mes réflexions.

Dès que le jour parut, toute la famille, à grand bruit, vint nous éveiller, comme nous l'avions recommandé ; on apporte à manger, on sert un déjeuner fort propre, fort bon, je vous assure. Deux chapons en faisaient partie, dont il fallait, dit notre hôtesse, emporter l'un et manger l'autre. En les voyant, je compris enfin le sens de ces terribles mots : « Faut-il les tuer tous deux ? » Et je vous crois, cousine, assez de pénétration pour deviner à présent ce que cela signifiait.

C'est une bonne habitude à prendre, que d'embrasser son sujet, de le parcourir en tous sens, et de le mesurer, avant d'écrire. Cette revue rapide nous aide à découvrir ce que j'appellerai les joints et les articulations, et par suite à partager le corps du sujet en un certain nombre de membres. Le partage fait, on traite successivement chacune des parties comme autant de narrations distinctes, qui tendent au même but, et, en passant de l'une à l'autre, on les relie, s'il y a lieu, par des transitions. Nous ne faisons en cela qu'appliquer la méthode analytique déjà exposée et employée pour la description. Dans le récit qu'on vient de lire, il est facile de distinguer quatre parties principales : la chevauchée dans la forêt, l'entrée et le souper dans la cabane des bûcherons, la nuit, le crime.

Voyons la première partie.

Tout d'abord nous sommes renseignés sur les dispositions des habitants du pays où nous sommes. Ce sont de *méchantes gens*, qui en veulent *surtout aux Français* et qui nous *haïssent à mort*. Dieu nous garde de tomber entre leurs mains ! Nous y tomberons pourtant, et voici pourquoi, voici comment. Courier avait un compagnon jeune, à la tête légère ; dans ces montagnes de la Calabre les chemins sont des *précipices*, les chevaux marchaient avec peine ; s'offre un sentier qui paraissait plus doux ; le compagnon y entre et les voilà *perdus*. Ils essayent de se retrouver, mais plus ils cherchent, *plus ils se perdent*, et ce n'est qu'à la *nuit noire* qu'ils arrivent dans une maison *fort noire*.

Dans cette première partie, il n'est pas un détail qui ne soit de nature à nous inspirer de l'inquiétude sur le sort des deux voyageurs et à l'accroître par degrés : la haine mortelle des Calabrais pour les Français, les chemins affreux dans lesquels ils sont engagés, la profondeur de la forêt, l'arrivée de la nuit, son épaisseur, l'aspect de la cabane.

Entrons dans la seconde partie, c'est-à-dire dans la cabane. Remarquons, en passant, le contraste entre le caractère de Courier et celui de son jeune compagnon de voyage. En général le contraste sert à jeter de la variété dans le récit ; mais je n'insiste pas, pour ne pas compliquer cette étude. Ici le contraste est un moyen d'atteindre le but commun à toutes les parties de la narration, car c'est la légèreté du jeune homme qui a égaré les voyageurs, ce sont ses imprudences qui vont accroître leur danger, et par suite la crainte que l'auteur veut nous faire ressentir.

Et en effet nous n'avons pas lieu de nous rassurer, car la maison où nous entrons est un véritable *arsenal*. Ce n'étaient que *fusils*, *pistolets*, *sabres*, *couteaux*, *coutelas*. Tout déplaît à Courier, et, signe de mauvais augure, il vit bien *qu'il déplaisait aussi*. Pour surcroît de malheur, voilà notre étourdi, qui s'empresse de faire connaître d'où *ils viennent*, où *ils vont, et qu'ils sont Français !* Et ce n'est pas assez d'avoir réveillé la haine des Calabrais, ne faut-il pas encore qu'il allume leur cupidité ! Il *fait le riche*, il parle de sa précieuse *valise*, il prie qu'on en ait *grand soin*, qu'on la mette à *son chevet !* Ne va-t-on pas croire qu'ils portent les *diamants de la couronne ?* Pauvres voyageurs, s'ils en réchappent... !

On le voit ; pas plus dans cette seconde partie que dans la première, l'auteur n'a un instant perdu de vue son but, chaque pas l'en rapproche, chaque mot porte, à chaque minute l'émotion devient plus vive. C'est bien, comme je le disais plus haut, une véritable démonstration, car tout sert à nous prouver que les malheureux voyageurs sont perdus et bien perdus. Par une gradation admirablement conduite et soutenue, notre inquiétude a été peu à peu changée en crainte, et notre crainte va par degrés se changer en terreur ; car voici le moment terrible, voici l'heure du crime.

On les fait coucher dans la chambre haute ; c'est une précaution sans doute, pour qu'ils ne puissent s'échapper. Leur lit est dans une *soupente*, où l'on monte par une *échelle*, espèce de *nid* où l'on *s'introduit en rampant ;* comment se tirer de là, en cas d'attaque ? Aussi l'étourdi seul y monte et s'endort, Courier reste en bas et veille, l'oreille au guet.

Quelle veille et quelle nuit, quelle interminable nuit ! Elle approchait pourtant de sa fin et Courier commençait à se rassurer. Ici l'auteur nous laisse un moment respirer et reprendre des forces pour le redoublement d'émotions qui nous attend ; car c'est une fausse espérance qu'il nous a donnée, et le récit reprend sa marche vers le dénouement redouté. Courier a entendu parler ; il écoute, c'est son arrêt qu'il entend. *Faut-il les tuer tous deux ?* a dit l'homme, et la femme a répondu : *Oui.*

Plus de doute, c'en est fait, et, pour que la démonstration soit complète, Courier nous rappelle que les brigands sont *douze* ou *quinze* contre deux, qu'ils sont *armés jusqu'aux dents* contre des voyageurs presque *sans armes*, que son camarade est *mort de sommeil et de fatigue*, qu'il est impossible de sauter par la fenêtre, car en bas *deux dogues* hurlent comme des loups. Il n'y a donc plus qu'à se résigner, et quant à nous, lecteurs, préparons-nous à assister au meurtre.

On monte, c'est le bûcheron, sa lampe d'une main, de l'autre *un de ses grands couteaux;* pour ne pas réveiller ses victimes, il laisse la lampe à la porte, sa femme qui le suit *masque la lumière*, il marche *pieds nus : Doucement*, lui dit sa femme : c'est qu'il ne s'agit pas d'une lutte, mais d'un assassinat ; il *monte à l'échelle*, le *couteau entre les dents*, le jeune homme endormi offrait sa gorge nue ; d'une main il *prend son couteau* et de l'autre il saisit... quoi donc, sinon la tête du malheureux jeune homme ? et qui pourrait en douter, si l'auteur lui-même, prenant enfin pitié de nous, ne faisait tomber sous les coups de l'honnête meurtrier un honnête jambon ?

La détente se produit et le cœur, longtemps serré par une crainte lentement et successivement accrue, subitement dégagé de cette étreinte, se dilate et s'épanouit; le tremblement de l'effroi se perd dans un éclat de rire.

Ce brusque passage d'un extrême à l'autre, de la tristesse à la gaieté, ou réciproquement de la joie à la douleur, cette expulsion violente d'un sentiment par la soudaine invasion du sentiment contraire produit d'autant plus d'effet qu'elle a été préparée de plus loin et par une longue et habile gradation. Ce n'est point là du reste un procédé arbitraire, c'est l'imitation exacte de la réalité. La vie en effet est pleine de ces surprises agréables ou pénibles, de ces craintes heureusement déçues et de ces espérances malheureusement trompées, de coups de foudre et de coups de fortune. Contraste et gradation, c'est presque toute la vie, c'est aussi l'art presque tout entier. Dans la narration qui précède, outre une parfaite appropriation des moyens au but, on toruve l'application magistrale de ces deux procédés maîtres du style et de la composition.

CHAPITRE XXVI

DU CONTRASTE ET DE LA GRADATION

SOMMAIRE. — Que les contrastes abondent dans la nature, dans la vie, dans les lettres et les arts ; qu'il en est de même de la gradation ; que ce sont comme des lois qui gouvernent le monde et l'esprit ; que, bien qu'opposées, elles s'accordent entre elles. — Exemples de tout genre.

Sans m'écarter du but que je me suis proposé, qui est d'être sobre et simple, je crois devoir insister un moment sur le contraste et la gradation, ces moules naturels de la pensée humaine.

Tout, disais-je, est contraste ou gradation dans la nature, dans la vie et par conséquent dans l'art : que de contrastes dans la nature ! le ciel et la terre, l'eau et le feu, les liquides et les solides, les continents et les mers, les îles et les lacs, les eaux courantes et les eaux stagnantes, les plaines et les monts, les pics et les précipices, l'oasis et le désert, etc. Voilà pour l'espace ; et dans le temps, le passé et l'avenir le jour et la nuit, la chaleur et le froid, le calme et la tempête, la sécheresse et l'humidité, et combien d'autres encore !

Passons en revue les faces de la vie humaine ; que de contraires, que d'oppositions ! dans les âges, l'enfance et la vieillesse, la naissance et la mort ; dans les conditions, la grandeur et l'humilité, l'obscurité et l'éclat ; dans la fortune, la misère et l'opulence ; dans le sort, le bonheur et le malheur, la prospérité et l'adversité ; dans l'esprit, génie et sottise ; dans le cœur, égoïsme et dévoûment, lâcheté et courage ; dans le caractère, fausseté et franchise ; dans l'humeur, enjouement et gravité, gaieté et tristesse ; dans les idées, le vrai et le faux ; dans les actions, le bien, le mal, la vertu, le vice ; dans les choses, le beau, le laid, le haut, le bas, l'endroit, l'envers ; entre les peuples, la paix, la guerre, que sais-je ?

Est-il donc étonnant que le contraste, qui est partout dans la nature et la vie, se retrouve dans l'art, qui en est l'image ? On le rencontre d'abord dans les genres eux-mêmes : qu'est-ce en effet que la comédie sinon, le contraire de la tragédie ? qu'est-ce que la satire, sinon le contraire du panégyrique ? Et dans les ouvrages, quels qu'ils soient, que trouvons-nous sinon de continuelles oppositions de mœurs, de caractères et de situations ? Si, laissant la matière des ouvrages, nous regardons à la forme, c'est-à-dire au style lui-même, les contrastes de ton, de tours, de couleurs y abondent ; l'antithèse, qui est au fond de toutes choses, y paraît à chaque instant ; elle est pour certains génies, comme Corneille et Victor

Hugo, une forme de prédilection, un moule où leur pensée se coule et d'où elle sort avec des contours précis et un relief saisissant; c'est qu'en effet rien ne sert mieux la pensée que ce rapprochement des extrêmes. En les rapprochant, on fait sentir la distance qui les sépare ; à côté de la petitesse, la grandeur semble plus grande ; en présence de la grandeur, la petitesse paraît plus petite. Aussi tous les arts ont-ils recours à ce puissant auxiliaire ; en peinture, que d'oppositions de lumière, de couleurs, de formes et d'attitudes ! en musique, que de contrastes de ton, d'intensité et de mouvement!

Il est donc bon d'appeler l'attention des enfants sur une forme d'une vertu tellement puissante et d'un emploi si fréquent, qu'on peut la considérer comme une loi de l'esprit et par conséquent de la composition.

La gradation, qui est le contraire, et qui forme un contraste avec le contraste lui-même, n'a pas un domaine moins étendu. Elle aussi règne dans la nature. Regardons l'aurore ou le crépuscule : par quelle suite continue de teintes unies et fondues entre elles, mais de plus en plus claires ou de plus en plus foncées, la lumière passe des premières blancheurs de l'aube à l'éclat éblouissant du soleil qui se lève, et réciproquement des splendeurs empourprées du soleil qui se couche aux dernières lueurs du crépuscule! Et les saisons : par quel accroissement insensible elles nous conduisent des rigueurs de l'hiver aux ardeurs de l'été, et, en sens contraire, des chaleurs brûlantes au froid glacial ! Regardons sur la terre : presque tout y est soumis soit dans la nature inanimée, soit dans les êtres doués de vie, à la loi de la croissance et de la décroissance insensibles. Le fleuve n'est d'abord qu'un mince filet d'eau, et de sa source étroite à sa large embouchure il va grossissant sans cesse et s'élargissant. Et l'arbre, le chêne, combien lui faut-il de jours et de mois et d'années pour transformer l'humble gland d'où il sort en un tronc robuste et un majestueux ombrage ! L'animal et, parmi les êtres animés, l'homme, par quel lente et invisible gradation arrive-t-il à la force de l'âge, et redescend-il ensuite de la maturité à la décrépitude !

Aussi voyons-nous la gradation partout dans la société et dans la vie. C'est par gradation que les hommes se rangent et sont rangés, bon gré, mal gré, d'après leur valeur, dans toutes les professions, dans tous les métiers, dans toutes les hiérarchies civiles, militaires ou religieuses. C'est par gradation que viennent et que s'en vont nos maux et nos douleurs ; les maladies commencent par un malaise à peine sensible et vont augmentant jusqu'au paroxysme, jusqu'à la mort, ou vont s'affaiblissant par degrés dans les lenteurs de la convalescence jusqu'à la guérison complète ; de même nos douleurs, nos regrets passent lentement, insensiblement des transports les plus violents au calme et parfois à l'oubli.

Il n'est pas jusqu'à nos plaisirs où nous ne mettions, où nous n'exigions de la gradation : dans un repas, dans un festin, on sert des mets de plus en plus savoureux, on sert des vins de plus en plus exquis ; dans les jeux, dans les spectacles, l'ennui ne tarderait pas à naître, si le plaisir et l'intérêt n'allaient croissant. Nous sommes ainsi faits, et c'est un besoin de notre nature ; toujours davantage, si c'est un plaisir ; toujours moins, si c'est une douleur ; nous voulons pousser la jouissance jusqu'à la limite extrême où elle touche à la souffrance, et ramener la souffrance jusqu'au point où elle confine au plaisir.

Ne soyons donc pas surpris de retrouver la gradation dans l'art et même dans la science, soit qu'il s'agisse de disposer les parties principales d'un vaste ensemble, soit qu'il s'agisse de ranger les détails de chacune des parties. Les sciences s'élèvent graduellement des vérités les plus humbles et les plus simples aux vérités les plus hautes et les plus complexes ; et dans une œuvre littéraire, quel qu'en soit le sujet, quelle qu'en soit la forme, on doit sentir la force croissante du courant.

Dans la tragédie, la comédie, le drame, d'acte en acte, de scène en scène, l'intérêt devient plus vif ou plus poignant ; dans le roman, l'attrait va croissant de chapitre en chapitre jusqu'au dénouement ; dans un discours, l'orateur s'efforce d'augmenter sans cesse l'émotion des auditeurs, et par une suite de preuves de plus en plus fortes de faire pénétrer toujours plus avant la conviction dans les esprits. Que dirai-je de la musique ? n'est-elle point par excellence l'art de la gradation, soit que le compositeur lance l'une après l'autre toutes les voix de l'orchestre et des chœurs pour arriver à une tempête de sons déchaînés, soit que, les modérant et les apaisant par degrés, il les fasse insensiblement expirer dans le silence? La peinture, elle aussi, se sert des couleurs et des nuances comme la musique emploie les sons.

Bref, le contraste et la gradation forment comme une antinomie puissante, et ces deux lois, bien que contraires, s'accordent dans le partage et le gouvernement de la nature, de la vie et des arts.

CHAPITRE XXVII

NARRATION (SECONDE PARTIE)

SOMMAIRE. — Le meunier Sans-Souci. — Les pièces de la narration, description, portrait, réflexions, dialogues. — Du rapport des parties avec le but. — Gradation dans l'intérêt du récit, gradation dans le caractère du meunier. — De l'importance relative des diverses parties et de l'étendue qu'il convient de donner à chacune d'elles. — Résumé et conclusion.

Lisons ensemble le *Meunier Sans-Souci* ; c'est une narration bien connue ; les enfants la savent par cœur ; ils ne trouveront que plus de profit à en faire l'analyse et à y chercher l'application des règles qu'ils doivent observer eux-mêmes.

LE MEUNIER SANS-SOUCI.

Loin du bruit de la cour, du tracas de la ville,
Frédéric construisait un agréable asile.
Sur le riant coteau par le prince choisi
S'élevait le moulin du meunier Sans-Souci.
Le vendeur de farine avait pour habitude
D'y vivre au jour le jour, exempt d'inquiétude,
Et, de quelque côté que vînt souffler le vent,
Il y tournait son aile et s'endormait content.

Fort bien achalandé, grâce à ce caractère,
Le moulin prit le nom de son propriétaire ;
Et des hameaux voisins, les filles, les garçons,
Allaient à Sans-Souci pour danser aux chansons.
Sans-Souci !... Ce doux nom d'un favorable augure
Devait plaire aux amis des dogmes d'Épicure ;
Frédéric le trouva conforme à ses projets,
Et du nom d'un moulin honora son palais.
Hélas ! est-ce une loi sur notre pauvre terre
Que toujours deux voisins auront entre eux la guerre;
Que la soif d'envahir et d'étendre ses droits
Tourmentera toujours les meuniers et les rois ?
En cette occasion le roi fut le moins sage :
Il lorgna du voisin le modeste héritage.
On avait fait des plans fort beaux sur le papier,
Où le chétif enclos se perdait tout entier.
Il fallait sans cela renoncer à la vue,
Rétrécir les jardins et masquer l'avenue.
Des bâtiments royaux l'ordinaire intendant
Fit venir le meunier ; et d'un ton important :
« Il nous faut ton moulin; que veux-tu qu'on t'en donne?
— Rien du tout : car j'entends ne le vendre à personne.
Il vous faut est fort bon... Mon moulin est à moi...
Tout aussi bien, au moins, que la Prusse est au roi.
— Allons, ton dernier mot, bonhomme, et prends-y garde
— Faut-il vous parler clair? — Oui. — C'est que je le garde,
Voilà mon dernier mot. » Ce refus effronté
Avec un grand scandale au prince est raconté.
Il mande auprès de lui le meunier indocile,
Presse, flatte, promet; ce fut peine inutile.
Sans-Souci s'obstinait. « Entendez la raison,
Sire ; je ne puis pas vous vendre ma maison :
Mon vieux père y mourut, mon fils y vient de naître,
C'est mon Potsdam à moi. Je suis tranchant peut-être ;
Ne l'êtes-vous jamais ? Tenez, mille ducats,
Au bout de vos discours, ne me tenteraient pas.
Il faut vous en passer; je l'ai dit, j'y persiste. »
Les rois malaisément souffrent qu'on leur résiste.
Frédéric, un moment par l'humeur emporté:

« Par Dieu ! de ton moulin c'est bien être entêté ;
Je suis bon de vouloir t'engager à le vendre :
Sais-tu que, sans payer, je pourrais bien le prendre ?
Je suis le maître. — Vous !... de prendre mon moulin ?
Oui, si nous n'avions pas des juges à Berlin. »
Le monarque, à ces mots, revint de son caprice ;
Charmé que sous son règne on crût à la justice,
Il rit ; et, se tournant vers quelques courtisans :
« Ma foi, Messieurs, je crois qu'il faut changer nos plans ;
Voisin, garde ton bien ; j'aime fort ta réplique. »
(ANDRIEUX.)

Nous avons dit que toutes les formes de la pensée pouvaient entrer dans la narration ; en effet, nous trouvons dans le récit d'Andrieux une description, celle du moulin ; un portrait, celui du meunier ; des réflexions de l'auteur sur la mésintelligence ordinaire des voisins et sur l'insatiable ambition des rois ; deux dialogues, l'un entre le meunier et l'intendant, l'autre entre le meunier et le roi ; ce sont les pièces de la narration, que l'auteur a liées et assorties.

Nous avons dit également que toutes les parties doivent concourir au but, que les parties sont autant de moyens différents pour atteindre une même fin. Voyons s'il en est ainsi dans le morceau d'Andrieux. Quel est le but de l'auteur ? C'est évidemment de nous intéresser au meunier, de nous faire souhaiter qu'il triomphe du caprice royal. N'est-il pas clair qu'en nous décrivant le moulin, en nous peignant sa riante situation, qui en fait un rendez-vous de fêtes, l'auteur nous explique par là même l'attachement de Sans-Souci pour le moulin qui porte son nom ? N'est-il pas clair aussi qu'en nous faisant le portrait du meunier, en nous peignant sa bonne humeur, son contentement, il nous donne une nouvelle raison de cet attachement pour le moulin auquel il doit d'être heureux ?

La description et le portrait vont donc au but.

Mais voici que le roi a trouvé le coteau de son goût, et ce roi n'est rien moins que le grand Frédéric. Il y fait bâtir, et pour son château, mauvais symptôme et de fâcheux augure, il prend d'abord le nom de Sans-Souci. C'est peu, il veut avoir le moulin lui-même. Voilà le meunier et le roi aux prises, c'est une lutte ; qui l'emportera ? Le pot de terre ou le pot de fer ? L'intérêt a pris naissance, il va croître de scène en scène jusqu'au dénouement.

Avant de mettre les voisins, les adversaires en présence, l'auteur nous dessine en quelques traits le plan du jardin royal. On comprend aisément que plus le moulin contrarie le plan, plus le roi doit tenir à l'avoir. Or, sans le moulin, on sera obligé de

> Renoncer à la vue,
> Rétrécir les jardins et masquer l'avenue.

Il faut donc que le roi l'ait, ce moulin, coûte que coûte. Mais, pour acheter un moulin, un prince n'a pas besoin de se déranger, pas même de s'en mêler ; un intendant y suffit.

Messieurs les intendants, les intendants royaux

surtout, ont le verbe haut avec les petites gens ; aussi le dialogue ne sera pas long.

L'intendant ne demande pas, il commande ; en homme qui est habitué à ne pas rencontrer de résistance et qui du reste connaît le pouvoir de l'or,

Il nous *faut* ton moulin ; que veux-tu qu'on t'en donne ?

Mais il a trouvé son homme, qui parle net et sec, tout comme un intendant ; notre meunier connaît son droit, il ne s'intimide pas, et il n'a peur de personne, pas même de Sa Majesté. Monsieur l'intendant se heurte contre un refus catégorique ; il reste abasourdi d'un tel excès d'audace. Résister à la volonté du roi ! Quel scandale inouï, quel crime abominable !

> Rien que la mort n'était capable
> D'expier un pareil forfait !

Aussi court-il au roi ; le roi mande le meunier. Voici qui devient sérieux et surtout intéressant ; les adversaires sont en face l'un de l'autre, un prince et un pauvre diable, la force et le droit ; qui l'emportera ?

Il n'est pas besoin de faire remarquer que l'intérêt va croissant, que la curiosité est vivement piquée ; que ce Sans-Souci, qui dès l'abord nous avait plu par sa belle humeur, maintenant nous attache par son courage ; que nous prenons parti pour lui, que nous souhaitons qu'il ait gain de cause, mais que, connaissant Frédéric et ses pareils, nous avons grand'peur pour le meunier et son moulin.

Nous voyons que l'art du récit consiste à nous faire craindre ou désirer vivement quelque chose et à accroître ce désir, cette crainte, jusqu'au dénouement, de telle sorte que notre plaisir soit plus grand, si ce désir est rempli, et plus grande aussi notre peine, si cette crainte se confirme. L'auteur va donc droit au but, et l'attitude qu'il donne au meunier dans cette scène, le langage qu'il lui prête, sont de bons moyens d'atteindre sa fin.

Nous sommes arrivés à la partie la plus importante, je dirais presque au cinquième acte de cette petite pièce, et nous sentons que le dénouement n'est pas bien éloigné.

Le roi, il faut lui rendre cette justice, ne commence point par parler en maître ; il vaut mieux que son intendant ; il use d'adresse, il essaye de persuader, il tente de séduire : mais tout échoue. C'est que Sans-Souci n'est pas seulement un homme, comme il l'a prouvé à Monsieur l'intendant, c'est encore un excellent homme, comme il le montre à Sa Majesté ; Sans-Souci ne donnerait pas sa maison pour tout l'or du monde, parce que cette maison renferme quelque chose qui à ses yeux a plus de prix que l'or, et ce quelque chose, ce sont les souvenirs ; c'est dans cette maison que son père est mort, c'est dans cette maison que son enfant vient de naître ; cette maison, ce n'est pas un immeuble, c'est le toit paternel, c'est un berceau. Et cela, il le dit simplement, non sans un grain de malice et une pointe de hardiesse qui sent son Jacques Bonhomme. Tout à l'heure il n'était pas bien fixé sur la légitimité des titres de propriété du roi :

> Mon moulin est à moi
> Tout aussi bien, *au moins*, que la Prusse est au roi

et maintenant il se permet de rappeler à Sa Majesté qu'il n'est pas le seul à montrer de l'entêtement :

> Je suis tranchant peut-être ;
> *Ne l'êtes-vous jamais ?.....*
> Il *faut* vous en passer, je l'ai dit, j'y persiste.

Cela sonne un peu dur à l'oreille d'un prince, et l'on ne saurait s'étonner que Frédéric, d'ailleurs peu endurant de sa nature, s'impatiente et menace. Mais notre meunier ne perd pas la tête ; il sait qu'au-dessus du pouvoir royal, il y a un autre pouvoir tutélaire ; les rôles changent : c'est lui maintenant qui menace Sa Majesté d'un bel et bon procès. Tant de confiance en la justice charme et surprend le prince ; sa colère tombe tout d'un coup, il rit, il est désarmé ; Sans-Souci a vaincu le roi.

Qu'on remarque avec quel art l'auteur a préparé le dénouement. Sans-Souci n'était d'abord pour nous qu'un joyeux compère, puis nous avons vu en lui le propriétaire qui connaît son droit, puis l'homme du peuple qui tient tête aux puissants, mais ce n'était pas assez; dans cette dernière scène, il grandit à nos yeux, l'auteur nous montre dans son meunier un fils pieux, un père tendre, et enfin, et c'est ce dernier trait qui avec un prince, et un prince éclairé, devait lui donner la victoire, il nous révèle le citoyen qui a une confiance inébranlable dans la justice de son pays. Voilà comment l'auteur nous a par degrés rapprochés du but, et comment il a rendu peu à peu le dénouement non seulement vraisemblable et naturel, mais presque nécessaire.

Nous avons montré comment dans une narration toutes les parties vont au but. Ces parties n'ont pas toutes une égale importance et par conséquent ne doivent pas être toutes également développées. L'étendue du développement qu'on leur donne se mesure à leur importance relative. Sous ce rapport le récit d'Andrieux est encore un modèle. La description du moulin, le portrait du meunier, les réflexions de l'auteur, le plan du jardin, qui ne sont que des parties préparatoires, sont traitées chacune en quatre ou cinq vers; le dialogue entre le meunier et l'intendant en compte dix; la scène entre le meunier et le prince, qui est évidemment la principale, en compte plus de vingt.

Cette comparaison des parties entre elles est très propre à former le jugement; elle préserve aussi les enfants d'un défaut qui leur est ordinaire, celui de s'épuiser hors de propos et de rester à sec quand il faudrait développer abondamment; celui de s'attarder et de s'amuser en route, quand il faudrait marcher, et de prendre le galop, quand il faudrait aller au pas.

En résumé, se demander quel est le but qu'on se propose, quels sont les meilleurs moyens d'y atteindre ; décomposer la narration en ses parties principales, observer la gradation, accuser les contrastes, donner à chaque partie une étendue proportionnée à son importance, voilà les règles principales de la narration ; mais on peut dire que la première est de beaucoup la plus importante, et qu'elle contient les autres comme un principe contient ses conséquences.

CHAPITRE XXVIII

DE L'ENSEIGNEMENT DE LA GÉOGRAPHIE. — CARACTÈRE A LUI DONNER (¹).

L'enseignement de la géographie dans les écoles primaires est en voie de progrès ; cependant il est loin de répondre encore, surtout dans les cours supérieur et moyen, soit aux prescriptions des programmes du 27 juillet 1882, soit aux besoins du temps présent et au développement de l'activité nationale. D'un côté les instituteurs restent trop en deçà des limites récemment élargies ; de l'autre leur enseignement ne s'est pas encore dégagé des liens de la routine ou s'est trop engagé dans les voies étroites d'une méthode lente et timorée.

Il y a une théorie pédagogique excellente en elle-même, mais dont l'application exclusive et abusive aboutit au rétrécissement de l'esprit et en arrête l'essor. Elle a pour formule : *Du connu à l'inconnu.* Appliquée à la géographie, elle consiste à

---

1. Cette circulaire a été adresssée en 1883 aux instituteurs Bouches-du-Rhône.

partir des lieux que l'enfant habite pour le conduire par degrés jusqu'aux contrées les plus lointaines.

Cette marche est du reste indiquée par le programme lui-même pour le cours élémentaire : 1° *Géographie locale* (maison, rue, hameau, commune, canton, etc.). Elle va de la partie au tout; elle part d'un point, pris pour centre, et par une série de cercles successivement agrandis, elle arrive aux confins du monde; on peut l'appeler analytique.

Mais il en est une autre, tout aussi naturelle, tout aussi nécessaire et qui suit l'ordre inverse; elle va du tout à la partie; elle commence par embrasser l'ensemble, et par degrés descend au détail; c'est la méthode synthétique.

Ces deux méthodes répondent aux deux mouvements contraires mais également spontanés de l'intelligence; elles s'entr'aident, se complètent et se tempèrent l'une l'autre ; leur concours assure le développement normal de l'esprit, il en maintient l'équilibre, il donne aux sciences un double caractère de précision et de grandeur. C'est ce qu'ont bien compris les auteurs des programmes; car à la suite du passage cité plus haut on lit : *Géographie générale* (la terre, sa forme, son étendue, ses grandes divisions, leurs subdivisions).

De ces deux méthodes dont le caractère est si nettement indiqué et l'application si formellement prescrite, il en est une dont on abuse dans nos écoles, c'est la première ; quant à la seconde, la méthode synthétique, on en use avec une timidité extrême. Cependant, sans vouloir en aucune manière contester la valeur de la première, on peut affirmer de la méthode synthétique, qu'elle est plus propre que l'autre à donner à l'esprit de la force, de l'étendue, et la véritable notion des choses. Car, en habituant l'esprit à embrasser un tout avec ses divisions et ses subdivisions, à observer la disposition, les proportions et la dépendance mutuelle des parties, elle fait concevoir une idée plus juste de leur importance relative et de leur valeur réelle.

Y a-t-il invraisemblance à dire que la faiblesse de l'Enseignement primaire tient en grande partie à ce que les maîtres s'attachent trop étroitement au détail et ne s'élèvent pas assez fréquemment à des vues générales? C'est ainsi notamment qu'en histoire, en géographie, en littérature, on se tient trop constamment près des faits pour les bien apprécier ; on ne se place ni assez loin ni assez haut pour en saisir la suite, l'enchaînement et la portée. Cette habitude engendre de continuelles erreurs de jugement et même de conduite, qu'il s'agisse de l'ensemble des connaissances humaines, de la science avec ses divisions, de la littérature avec ses genres, de l'art avec ses formes, de l'enseignement avec ses degrés et ses ordres ; qu'il s'agisse de la société avec la hiérarchie de ses corps constitués ou élus ; qu'il s'agisse enfin des hommes eux-mêmes, de leur rang, de leur rôle et de leur valeur.

Dans l'enseignement de la géographie, autant et plus peut-être que dans celui des autres sciences, il importe d'associer les deux méthodes. Sans doute, au début, quand on veut faire comprendre la signification des termes géographiques, il faut regarder et prendre autour de soi, dans le milieu où vit l'enfant et s'aider de ce qu'il connaît pour lui donner une idée de ce qu'il ignore. Mais aussitôt qu'il a compris ce que c'est qu'une montagne, un fleuve, une mer, un golfe, une île, etc., comme il doit retrouver partout ces mêmes choses, il faut lui mettre sous les yeux le globe terrestre, afin qu'il y voie son pays en son lieu et place, avec ses proportions véritables, et qu'il ne se fasse pas une idée fausse de sa grandeur. Gardons-nous de croire que sa jeune intelligence soit trop étroite pour pouvoir embrasser le monde et que cette conception de l'ensemble soit au-dessus de ses forces. En réalité, la synthèse nous est aussi facile que l'analyse, et le plus souvent elle la devance. Quand nous sommes en présence d'un site, d'un monument, d'un tableau, c'est l'ensemble qui nous saisit d'abord ou que nous saisissons.

Sans doute notre pays a droit à nos préférences et nous lui devons la première et la plus grande part de nos efforts ; mais, en étudiant la carte de la France, ne la séparons pas de la carte du monde.

Si, en traçant les programmes de l'Enseignement primaire, on n'a pas cru devoir se renfermer dans les limites de l'histoire nationale, à combien plus forte raison convient-il d'agrandir le cercle des études géographiques, à une époque où chaque nation est unie à toutes les autres par des relations commerciales et diplomatiques; où les peuples même éloignés ont plus de rapports entre eux que n'en avaient autrefois entre elles les provinces d'un même pays. Habituée à être un spectacle au monde, la France n'a que trop perdu de temps à se regarder elle-même; c'est au dehors qu'il faut regarder maintenant et dans toutes les directions; là est la source des grands enseignements et des leçons salutaires; c'est là qu'on puise une idée exacte de la grandeur et de la puissance relatives des peuples, qu'on apprend à se connaître en se mesurant avec les autres; c'est là que dans les traces d'un passé glorieux et dans les délimitations récentes des empires grandissants, on trouve à la fois de quoi tempérer les enivrements de l'orgueil et secouer l'apathie des habitudes sédentaires.

La vue et l'étude de la carte du monde éclaire le patriotisme, elle le préserve d'une confiance et d'une défiance également exagérées, elle corrige les excès d'une vanité et d'une modestie également dangereuses, elle dissipe ces erreurs grossières, qui, une fois répandues dans la masse des peuples, y engendrent ou une témérité funeste ou une pusillanimité humiliante. D'un autre côté, cette étude forcément comparative, ce tour du monde, cette revue des pays et des peuples est de nature à élever l'âme et à inspirer une généreuse confiance dans la force et l'intelligence unies au courage et dans la toute-puissance de la civilisation. Elle démontre en effet que la grandeur des nations est indépendante de l'étendue des pays ; que la puissance intellectuelle et l'influence morale ne se mesurent pas à la puissance matérielle ; que tel coin de terre comme la Judée, la Grèce et Rome, tient plus de place dans l'histoire que des continents entiers ; elle apprend que la plus petite des cinq parties du monde, l'Europe, en est réellement la plus grande, puisqu'elle a peuplé les Amériques et l'Australie, pris pied sur tous les rivages de l'Afrique, soumis une moitié de l'Asie, semé d'éléments colonisateurs les îles de l'Océanie, pénétré jusqu'au cœur des continents inconnus et atteint en tous sens les confins de la terre habitable. La configuration et la disposition des pays, leur situation près ou loin des mers, près ou loin de l'équateur ou des pôles, révèle encore l'histoire et le caractère des peuples, leurs besoins, leurs goûts et leurs mœurs ; elle explique leur expansion ou leur stagnation, l'activité belliqueuse, aventureuse des uns, l'humeur pacifique, indolente et l'isolement des autres. En un mot, c'est la géographie générale qui nous donne la plus haute et la plus féconde leçon d'histoire universelle.

Étudions donc la géographie avec une curiosité large et compréhensive, à la fois intéressée, patriotique et humaine, pour y chercher les origines des fortunes privées, les causes de la grandeur publique et les progrès de la civilisation. Que nos enfants apprennent à suivre le mouvement de notre commerce et les produits de notre sol et de notre industrie partout où ils arrivent, à reconnaître les sources d'où la production étrangère vient affluer sur nos marchés; qu'ils apprennent, l'histoire en main, à retrouver sur la carte les traces encore ineffacées des empires coloniaux que nous avons perdus; qu'ils voyagent en imagination dans les colonies qui nous restent et que nous étendons. Quand cette étude ferait germer en eux le désir de voir un jour ces contrées lointaines, il ne faudrait pas s'en plaindre. Le patriotisme peut être voyageur : le Français qui voyage répand sa patrie par le monde et ne lui est pas moins utile que celui qui reste pour la servir. Qu'ils apprennent enfin à suivre les pas de ces hardis explorateurs, français ou autres, qui, au péril de leur vie, frayent le passage à la civilisation.

S'il y a une ville vraiment faite pour l'enseignement de la géographie, c'est assurément Marseille ; tout y aide, tout y invite à cet utile enseignement, tout y parle des pays étrangers, tout y porte l'imagination vers les régions lointaines : et ces murs couverts d'affiches qui annoncent les départs des bateaux, et ces ports où flottent les pavillons de toutes les nations du monde, et ces quais où s'étalent dans un pittoresque pêle-mêle les productions venues de tous les points de l'univers, et ces rues où se croisent tous les costumes, où résonnent tous les idiomes, où passent les ambassades de tant de pays divers.

Le maître, en se rendant à l'école, trouve à chaque pas sur sa route quelque sujet d'entretien géographique. Quelle admirable série de leçons toutes tracées que ces itinéraires et les noms mêmes de ces bateaux, qui partent chaque jour, dans mille directions, pour répandre sur tous les rivages les richesses agricoles et industrielles de la France, et y déposer la semence vivante des colonisations futures ! C'est ce qu'a bien compris la Société de Géographie de Marseille quand, pour faire naître une émulation salutaire, elle a fondé des prix chaque année plus nombreux dans les établissements publics d'enseignement secondaire et dans la plupart de nos grandes écoles communales d'enseignement primaire ; nous lui en témoignons ici notre sincère reconnaissance.

Ce n'est donc pas seulement la carte de notre chère et belle France qu'il faut placer sous les yeux de nos enfants, c'est la carte du monde qu'il leur faut tenir constamment et toute grande ouverte, et leur apprendre à parcourir en tous sens. Aujourd'hui, avec la vapeur et l'électricité, il n'y a plus de distance, et tout pays touche à tous.

Loin de moi la pensée de vous détourner de l'étude attrayante et nécessaire de notre pays ; mais que cette étude ne soit pas exclusive, qu'elle soit un

point de départ et de retour, qu'elle soit le centre
d'où mille rayons jaillissent vers tous les points de la
circonférence. Je sais qu'on perd un temps précieux
dans l'étude minutieuse de détails insignifiants et la
répétition fastidieuse de choses secondaires. Laissons
donc les noms qui ne sont que des noms, et les bour-
gades, et les monticules, et les affluents d'affluents;
tournons un peu nos regards vers les continents
immenses que fouillent en tous sens d'intrépides
voyageurs, et où abordent et débordent les puis-
sances civilisatrices et colonisatrices du vieux monde.

Dans un temps où le moindre des journaux nous
apporte chaque jour des nouvelles de tous les points
du globe et nous fait faire le tour du monde,
n'enseignons pas une géographie de clocher, mais
une géographie large et complète, propre à donner
à notre jeune démocratie l'intelligence claire et
nette des intérêts vitaux du pays.

CHAPITRE XXIX

DE L'ENSEIGNEMENT DE LA GÉOGRAPHIE (SUITE)

SOMMAIRE. — Progrès de la science géographique dans ces derniers temps. — Changements qui en résultent dans le méthodes d'enseignement. — Ce que c'est que savoir la géographie. — Que cette science est ambitieuse, qu'elle touche et tient à tout, et que le maître doit savoir se borner et choisir. — Où doit-il s'arrêter ? — De la limite dans la description. — Qu'il doit à propos des lieux fameux rappeler les événements et non les raconter. — Des lectures géographiques. — De la décomposition nécessaire de la carte complète en cartes spéciales. — De l'importance des cartes orographiques et hydrographiques. — De l'ordre dans lequel les cartes spéciales peuvent se succéder. — De la reconstitution par l'élève de la carte générale. — Son utilité.

Dans notre siècle plusieurs sciences se sont développées avec une rapidité qui tient du prodige ; la géographie ne s'est pas seulement développée, elle s'est métamorphosée ; ce n'est plus la science d'autrefois, c'est une science nouvelle, d'un aspect, d'un caractère et d'un esprit nouveaux. L'enseignement de la géographie change avec elle ; d'aride et de fastidieux qu'il était, il devient vivant et fécond.

Naguère le livre était presque l'unique instrument de cette étude; on ne se bornait pas à le lire, on l'apprenait par cœur, on le transvasait dans la tête; on remplissait la mémoire, mais l'esprit restait vide; la mémoire du reste elle-même se vidait rapidement, car on ne retient bien que ce qu'on a compris, et de tout ce savoir péniblement amassé, il ne surnageait que quelques noms épars, flottant à l'aventure.

Aujourd'hui le livre est réduit au rôle de simple auxiliaire ; on le consulte, on le lit, mais on ne l'apprend plus ; la carte l'a remplacé, c'est-à-dire le monde, l'image du monde; ce n'est plus une étude de mots, c'est l'étude des choses ; ce n'est plus à la seule mémoire que l'on s'adresse, c'est aux yeux qu'on parle et à l'intelligence.

Autrefois savoir la géographie, c'était réciter imperturbablement d'interminables files de noms de lieux, de villes, de fleuves, de montagnes; mais où étaient ces monts et ces fleuves, ces lieux et ces villes, où étaient-ils, qu'étaient-ils, on ne s'en souciait guère, et, mis en présence de la carte, l'enfant, qui savait tout, n'y voyait rien qu'un inextricable réseau de fils entre-croisés; il ressemblait au voyageur perdu dans une épaisse forêt.

Aujourd'hui apprendre, c'est regarder ; c'est pour le commençant mettre le doigt sur les points de la carte où se trouvent les lieux qu'on lui nomme; c'est remonter ou descendre le cours des fleuves, des rivières ; c'est suivre la ligne de faîte des chaînes de montagnes, ou le tracé des frontières, des routes, des canaux ; en un mot, c'est s'orienter, c'est trouver son chemin, c'est voyager par le monde. Savoir la géographie, c'est voir et comprendre ; voir les yeux fermés, en imagination, et par conséquent avoir la carte nettement tracée, fortement imprimée dans la mémoire, et, qu'on me passe l'expression, porter le globe dans sa tête ; c'est comprendre la raison des choses, les rapports qui existent, étroits et nombreux, entre la disposition des montagnes et la distribution des eaux ; entre la constitution du sol et les végétaux qu'il produit, les animaux qu'il nourrit, les industries qu'il alimente ; entre le climat d'un pays et les mœurs de ses habitants, ainsi que leurs travaux ; entre la configuration du sol et la fixité ou la mobilité de leurs frontières et le caractère pacifique ou belliqueux de leurs relations ; entre la disposition des lieux et la marche ordinaire des armées ; bref, savoir la géographie, c'est posséder la clef de l'histoire intérieure et extérieure des peuples ; c'est connaître non seulement le théâtre du monde, mais aussi le secret des drames qui s'y jouent et des luttes sanglantes ou pacifiques qui s'y livrent depuis des siècles et des siècles.

Comme toutes les sciences jeunes et florissantes, la géographie est ambitieuse, elle tend à empiéter sur ses voisines, à tout attirer à elle et à tout embrasser, si on la laissait faire, elle s'érigerait en souveraine et réduirait les autres sciences à la condition de simples vassales.

Ce mouvement, du reste naturel, a besoin d'être surveillé et modéré. La géographie a ses limites, comme les pays mêmes qu'elle enseigne à connaître; son domaine est assez vaste et assez riche pour qu'elle ne cherche pas à l'agrandir par des usurpations. Il ne faut donc pas que la leçon de géographie devienne une sorte de leçon universelle, et qu'à propos d'un lieu, d'une ville, le maître parle de tout; sans doute il peut, chemin faisant, réveiller le souvenir des événements mémorables et des noms glorieux; mais là où il n'y a rien à dire, qu'il passe outre, et là où il y a trop à dire, qu'il sache se borner et choisir. En voyage, on ne va pas tout voir, tout visiter; de même dans l'enseignement de la géographie, qui est un long voyage, on n'arriverait jamais au but, si l'on s'arrêtait à tout bout de champ et si l'on dissertait à tout propos. Le maître doit être un guide sûr, expérimenté, qui économise le temps du voyageur et non un cicerone vaniteux et loquace, qui par amour-propre de clocher grossit démesurément l'importance des choses et allonge indéfiniment son boniment intéressé.

Il est certain que cette science a des tenants et des aboutissants sans nombre; elle plonge ses racines dans le sol et par conséquent dans la géologie, dans la minéralogie ; elle entre dans le système général du monde et par conséquent elle se rattache à la cosmographie et à l'astronomie ; quand elle parle des produits du sol, elle touche à la chimie végétale et à la botanique ; quand elle mentionne les espèces animales qui vivent et prospèrent dans telles ou telles régions, elle se rapproche de la physique et de la zoologie ; par les détails qu'elle donne sur l'agriculture, l'industrie, le commerce, elle se lie à l'économie politique ; par ses procédés d'arpentage et de nivellement, elle entre en rapport avec la géométrie ; il n'est pas jusqu'aux arts, comme l'architecture, la sculpture, qu'elle ne rencontre, lorsqu'elle arrive à décrire les monuments fameux ; quant à l'histoire, elle en est le support, et on la retrouve sous tous les événements ; enfin elle confine et s'amorce à toutes les sciences. On comprend que la tentation soit grande et surtout fréquente d'enjamber la barrière et d'entrer chez ses voisines.

Où donc le géographe et surtout le maître qui enseigne la géographie doit-il s'arrêter ? où est la ligne de démarcation qu'il ne doit pas franchir ?

Un des défauts de l'ancien enseignement géographique, c'était la sécheresse et la pauvreté ; le défaut à craindre pour l'enseignement nouveau, c'est la surabondance. Veut-on s'en prémunir, il faut se rappeler le but de la science, qui est de faire saisir les causes et les rapports des faits dont l'ensemble forme l'objet, la matière de la science. La science ne consiste pas dans les faits eux-mêmes, mais dans l'explication des faits. Si donc on a recours à la description, ce qui est indispensable, car avant de faire comprendre, il faut faire voir, et les cartes ne sont que des lignes et des signes et non des images et des tableaux, si, dis-je, on se met à décrire, la description sera sobre et bornée aux traits essentiels, c'est-à-dire aux traits nécessaires à l'intelligence des choses; elle sera plutôt un croquis, un dessin, qu'un tableau, qu'une peinture ; elle sera scientifique et non poétique ou littéraire. Son but n'est pas de plaire et de charmer l'imagination, mais d'instruire en intéressant ; son but n'est pas d'exciter l'admiration, mais d'offrir une représentation exacte des choses. Si l'on décrit un fleuve, entreront dans la description tous les détails qui sont de nature à faire comprendre la nature et le volume de ses eaux, la direction et les accidents de son cours, la forme ordinaire ou accidentelle de son lit, en un mot tout ce qui contribue à expliquer le caractère particulier du fleuve, le rôle qu'il joue, les services qu'il rend, les dommages qu'il cause.

De même si le maître décrit une ville, qu'il n'aille pas se perdre dans les menus détails et nous promener de rue en rue; qu'il décrive à grands traits, et qu'il choisisse ceux qui feront ressortir la physionomie de la ville, qui expliqueront son importance, sa pauvreté, ou sa richesse, sa décadence ou sa prospérité, sa gloire ou son obscurité.

Le sujet de la leçon amène-t-il le maître en quelque lieu fameux, par exemple sur un champ de bataille, assurément il ne devra point passer sans réveiller des souvenirs tristes ou glorieux ; mais qu'il se borne à rappeler, et qu'il ne s'engage pas dans quelque long récit ; il sortirait de la géographie et verserait dans l'histoire.

Rencontre-t-il sur son chemin quelque monument célèbre, comme le pont du Gard, il s'arrêtera un moment, mais non pour se mettre à décrire en touriste ou à disserter en archéologue ; quelques mots sur le but du monument, sur sa forme et son antiquité, et il poursuit son chemin.

Ainsi le maître doit se retenir et prendre garde de glisser dans les hors-d'œuvre ou les digressions ; la leçon doit être suivie, liée, composée, et non brisée, inégale, enflée par endroits.

Rien n'empêche de revenir une autre fois et dans un autre exercice sur les phénomènes physiques, sur les villes ou les monuments, dont on s'est éloigné à regret, de satisfaire une curiosité légitime, et de compléter l'enseignement géographique proprement dit par des lectures ou des dictées bien choisies et faites à propos.

Une carte complète d'un pays au premier aspect est un véritable fouillis où l'innombrable quantité des signes accumulés et entremêlés, la variété de ces signes, points, ronds, lignes pleines, lignes pointillées, hachures, couleurs, produisent une sorte de fourmillement dans l'œil ou d'éblouissement; mais cette variété même est la preuve qu'une carte comprend plusieurs espèces ou systèmes d'indications différentes, ou en d'autres termes plusieurs cartes fondues ou combinées ensemble. De là l'idée de décomposer la carte complète en une série de cartes partielles, correspondant aux divers ordres de renseignements, de manière à remplacer la complexité par la simplicité, et le désordre apparent de la simultanéité par l'ordre de succession logique.

Cette décomposition de la carte générale en cartes spéciales n'est qu'une heureuse application de la méthode générale, qui consiste à faire dans toute étude succéder au premier coup d'œil nécessairement synthétique un examen attentif des parties l'une après l'autre.

Cette étude analytique peut, disons-nous, se faire et se poursuivre dans un ordre logique; en effet il est naturel d'étudier d'abord la terre ou le sol d'un pays quelconque tel que la nature l'a livré à l'homme, c'est-à dire de commencer par la géographie physique, et dans celle-ci par la carte orographique, puisque ce sont les montagnes qui déterminent le cours des fleuves et des rivières, et qui expliquent aussi la formation des lacs; vient ensuite la carte hydrographique; une troisième, qui serait le complément naturel des précédentes, serait celle des limites et surtout des mers et des côtes, puisque sur ces côtes on retrouve le pied ou les dernières pentes ou ramifications des montagnes, et l'embouchure de tous les fleuves.

Je crois qu'il importe de retenir longtemps les enfants sur ces premières cartes, parce qu'elles sont comme le fondement des autres qui viennent successivement s'y appliquer et s'y superposer ; parce qu'elles contiennent en germe l'explication de toutes les divisions que l'esprit local ou le génie centralisateur y ont introduites, comme les provinces et les départements ; de toutes les œuvres accomplies par l'homme pour mettre en communication tous les points d'un vaste territoire ; de tous les travaux exécutés pour assurer la sécurité des frontières ; de tous les efforts faits pour féconder le sol ; de tous les grands centres créés par les industries diverses ; de tous les grands courants formés par l'activité commerciale ; de telle sorte que, toutes les fois qu'une carte spéciale vient placer sous les yeux un nouvel aspect du pays, il faut toujours se reporter aux premières pour bien comprendre la nouvelle, et qu'à travers et sous celle-ci on doit toujours voir nettement le système des montagnes et le système des eaux.

Une fois les montagnes, les fleuves et les rivières bien imprimés dans la mémoire, je passerais immédiatement à la carte politique, parce que presque tous les départements portent des noms de fleuves, de rivières ou de montagnes, parce que cette carte se fait à l'aide des premières, qu'elle contribue à en graver le souvenir, qu'elle est d'une importance capitale, et qu'on en a besoin pour toutes les matières de l'enseignement géographique.

Mais, me dira-t-on, la place que vous donnez à la carte des départements constitue un anachronisme; les provinces en effet ont précédé les départements et, par conséquent, la carte qui représente cette division politique devrait avoir le pas sur l'autre; on pourrait répondre que ce serait corriger un anachronisme par un autre, car, avant d'être divisée en provinces, la France a été partagée de plusieurs autres manières. Je crois qu'il faut distinguer nettement et séparer dans l'enseignement la géographie proprement dite et la géographie historique. La première nous enseigne à connaître notre pays et le monde tel qu'ils sont à l'heure présente; l'autre, tels qu'ils ont été aux époques principales de l'histoire. Celle-ci, qui est une auxiliaire de l'histoire, doit, à mon avis, la suivre; et c'est au maître, quand le moment est venu, de faire faire aux enfants la carte politique qui répond à l'époque dont il raconte l'histoire.

Les départements une fois tracés, il convient de les remplir, et la première chose à y mettre, ce sont les chefs-lieux, puis les sous-préfectures les plus importantes, celles qu'on aura à mentionner plus tard pour une raison ou pour une autre. Avec cette carte le maître peut exposer l'organisation politique et administrative du pays. Viendraient ensuite des cartes spéciales pour les cultures, puis pour les industries diverses ; avant de faire le tableau du commerce qui met en mouvement tous les produits de l'agriculture et de l'industrie, je ferais tracer la carte des voies que vont suivre les marchandises et les voyageurs, c'est-à-dire des chemins de fer et des canaux, puis celle du commerce lui-même et enfin celle du système de la défense nationale.

Seulement comme ce partage de la France en une suite de couches différentes pourrait avoir pour effet de détruire ou d'altérer dans l'esprit l'unité du pays, je conseillerais de terminer cette étude analytique par une synthèse, c'est-à-dire de faire faire aux enfants à la fin de l'année une carte où toutes les autres viendraient se ranger et s'ajouter successivement et dans l'ordre que j'ai indiqué ou dans l'ordre qu'aurait suivi le maître pendant le cours de l'année.

Cette reconstitution de la carte complète pourrait aussi se faire à plusieurs reprises ; au fur et à mesure qu'une carte spéciale aurait été achevée et étudiée, l'élève la fondrait dans la carte générale qui irait se remplissant et se reformant par degrés. L'élève verrait ainsi peu à peu croître le nombre des signes, sans que cet accroissement troublât son esprit ou ses yeux ; parce que sous la multitude en apparence confuse de ces signes de toute espèce, il retrouverait l'ordre réel qui y règne et que lui même aurait reproduit ; il se reconnaîtrait dans ces systèmes qu'il aurait lui-même associés et combinés, il aurait le fil conducteur du labyrinthe, l'ayant lui-même construit pièce à pièce.

CHAPITRE XXX

DU DESSIN DES CARTES

SOMMAIRE. — De la carte muette. — Son principal usage. — Des cartes coloriées, leur utilité. — Du dessin, ses avantages. — Que dessiner les signes géographiques n'est pas plus difficile que d'écrire certaines lettres. — Qu'il faut procéder avec gradation. — Application de la méthode au cours du Rhône. — Le partage du fleuve. — La direction de chacune des parties. — Leur longueur relative. — Les accidents. — Manière d'attacher les affluents. — Exemple tiré des affluents de la Seine. — De la détermination des points d'attache. — De la comparaison des affluents entre eux sous le rapport de la direction et de la longueur. — De la manière d'ajuster les départements. — Comparaison entre eux sous le rapport du partage et de la forme.

Sans méconnaitre l'utilité, du reste incontestable, de la carte muette qui ne contient que la division par départements, je pense qu'elle est meilleure pour constater et mesurer le savoir que pour l'acquérir, ou, en d'autres termes, pour l'interrogation que pour l'étude. En effet, si l'on demande à l'élève de tracer sur la carte muette le cours d'un fleuve ou la direction d'une chaîne de montagnes, comment y réussira-t-il, s'il n'a déjà imprimées dans la tête les lignes qu'il lui faut reproduire ? Dès les premiers traits, il va montrer son savoir ou trahir son ignorance.

Il est vrai que la carte peut être plus ou moins muette et ne taire précisément que ce que l'on veut faire dire ou écrire. Ainsi entendue, elle est, pour les commençants surtout, un précieux auxiliaire. Après avoir exposé dans une leçon le système orographique de la France ou d'un pays quelconque, le maître peut mettre entre les mains des élèves une carte muette qui offre simplement le tracé ou mieux encore le relief des montagnes, et demander aux élèves d'y écrire les noms et les altitudes. L'effort que cet exercice impose à la mémoire ne peut que la fortifier et donner aux souvenirs de la sûreté et de la durée. La carte muette vient ainsi doubler chaque leçon ; elle lui sert de contre-épreuve, elle est un acheminement au dessin.

A mes yeux, de tous les exercices, le plus efficace, c'est le dessin ; je dis dessin et non coloriage, car en beaucoup d'écoles, on perd un temps considérable à barbouiller des cartes, et ce barbouillage n'apprend rien. Quand on fait une carte complexe et surtout quand on la fait complète, qu'on emploie des crayons de couleur différente pour des signes différents, rien de mieux ; mais pour les exercices simples par lesquels on doit se faire et s'assurer la main, laissons là les couleurs et le pinceau, la plume suffit.

En effet, de quoi s'agit-il avant tout et surtout ? d'arrêter, de fixer dans la mémoire des formes, des contours, des directions, des longueurs, des hauteurs, des largeurs, en un mot des mesures, des situations, des distances ; et pour cela que faut-il ? des lignes, des traits, des points.

Pour empreindre ces formes dans l'esprit, rien ne vaut le dessin ; parce que, pour dessiner, il faut observer, c'est-à-dire embrasser l'objet dans son ensemble et le décomposer dans ses parties essentielles ; parce qu'il faut comparer ces parties entre elles, et l'objet lui-même avec les objets semblables et voisins ; parce qu'il faut que l'œil aille sans cesse du modèle à la copie et de la copie au modèle, pour arriver par une suite de corrections et de retouches à l'exacte ressemblance, et que ces efforts laborieux et réitérés d'attention, d'observation, de comparaison, d'imitation gravent les traits et les enfoncent si bien et si avant, qu'ils deviennent ineffaçables.

Qui dessine sur le papier, dessine du même coup dans sa tête.

L'on objectera qu'un pareil exercice dépasse les forces des enfants. Il n'en est rien ; c'est une pure question de méthode. Dans les écoles on fait dessiner des objets incomparablement plus difficiles à reproduire que la forme d'un pays ou le cours d'un fleuve. Certaines lettres de l'alphabet, certaines majuscules surtout, ne sont-elles pas d'une mitation plus laborieuse ? cependant les enfants arrivent à y exceller. Le dessin d'ailleurs, rare autrefois dans les écoles, prend pied partout ; et pour dessiner, au lieu d'attendre comme autrefois les dernières années de la scolarité, on commence dès les premières, dès l'école maternelle, où l'on mène de front l'écriture et le dessin.

Le tracé d'une carte, ou d'une partie de la carte n'est qu'une forme du dessin et certainement l'une des plus accessibles aux enfants.

Seulement il faut procéder par degrés, ne donner d'abord à dessiner que des objets simples, une frontière, un cours d'eau, une chaîne de montagnes, et ne passer à d'autres, que lorsque l'enfant est arrivé à une ressemblance sinon complète, au moins sensible. Quand il aura appris à imiter successivement chaque partie, le moment sera venu de lui faire imiter le tout. Il est clair que si l'on commence par la fin, et si on lui donne à vaincre à la fois toutes les difficultés, sans lui avoir appris à les surmonter l'une après l'autre, on demande l'impossible et que l'on n'obtient rien.

C'est pourtant ce qui arrive. Combien de fois n'ai-je pas vu un maître placer une carte sous les yeux de l'enfant et lui dire : « Copie-moi cela. » L'enfant regardait mélancoliquement la carte, ne sachant par quel bout la prendre ; puis, après avoir hésité, comme le temps pressait, il se décidait à copier, Dieu sait comme ! Encore faudrait-il guider sa main novice, et c'est ce qu'on ne fait guère, même ailleurs qu'à l'école primaire.

Supposons que nous lui donnions à tracer le cours d'un fleuve, celui du Rhône par exemple et voyons comment nous pourrions le guider.

Dans notre étude sur la description nous avons dit qu'il faut d'abord embrasser d'un coup d'œil l'objet qu'on veut décrire, puis le décomposer ou le partager en ses parties essentielles. Pour dessiner, la méthode est la même. L'enfant suivra donc deux ou trois fois d'un regard attentif le cours du Rhône depuis sa source jusqu'à son embouchure, en descendant le fleuve et en le remontant. Cela fait, le maître lui demandera, s'il ne lui semble pas que le cours du fleuve se partage tout naturellement en plusieurs parties, et je me trompe fort, ou l'enfant répondra que le fleuve est comme arrêté ou brisé en deux points, arrêté au lac de Genève et brisé à Lyon ; ce qui fait comme trois fleuves ajoutés les uns aux autres, ou un fleuve en trois parties, la première qui va de la source au lac, la seconde du lac à Lyon, la troisième de Lyon à la mer.

Si l'enfant cherche à se rendre compte de ce qui l'a guidé instinctivement dans ce partage du fleuve, il trouvera ou on l'amènera sans peine à trouver que c'est surtout le changement de direction ; en effet, dans la première partie de son cours, le Rhône coule à peu près de l'est à l'ouest ; dans la seconde, du nord-est au sud-est, et dans la troisième, du nord au sud. Cette remarque faite servira de règle à l'enfant pour l'étude des autres fleuves ou rivières ; en effet ces changements, tantôt brusques et complets de direction, tantôt plus lents et moins accusés, forment comme les articulations des fleuves.

L'enfant peut donc tracer d'abord à la règle trois lignes représentant la route que suivrait le fleuve dans ses trois étapes, s'il allait tout droit d'un point à un autre. Pour donner à ces lignes leur longueur, il emploiera le décimètre ou le compas. Cela fait, il compare ces lignes entre elles et voit que les deux premières ont à peu près la même longueur, et que la troisième est à elle seule un peu plus longue que les deux autres. C'est là en effet une remarque importante à faire dans tout travail de reproduction ou de réduction ; il est impossible d'arriver à la ressemblance, si l'on n'a pas observé les proportions relatives des parties. Je n'ai pas besoin de dire que l'enfant prendra, chemin faisant, la longueur du lac, et qu'il le représentera sans peine sous la forme d'un croissant allongé.

Voilà donc trois pas de faits, ou, pour mieux dire, trois petites opérations préliminaires et presque toujours nécessaires, quel que soit l'objet qu'on veut reproduire : décomposition du tout en parties, et comparaison de ces parties entre elles sous le rapport de la direction et de l'étendue.

Maintenant l'enfant va se mettre à dessiner successivement chacune des parties ; et pour cela il compare la ligne droite qu'il a tracée à la ligne sinueuse, qui sur la carte représente la partie correspondante du fleuve ; il note les écarts plus ou moins grands que fait le fleuve au-dessus ou au-dessous de la ligne droite et les déviations qu'il subit dans sa direction générale. Ainsi il remarque qu'avant d'arriver au lac, le Rhône, infléchi par une saillie des Alpes, fait un coude énorme ou un angle presque droit, un grand V ; que dans la seconde partie de son cours, à mi-chemin entre le lac et Lyon, refoulé par la pointe méridionale du Jura, il forme, en la contournant, un angle à peu près égal au premier, mais un peu moins ouvert ; que dans la troisième partie, la chaîne des Cévennes, après lui avoir barré le passage à l'est, le force à couler droit vers le sud jusqu'au confluent de l'Ardèche ; qu'un peu au-dessous il décrit une courbe à l'est, pour reprendre ensuite sa direction rectiligne jusqu'à l'endroit où, partagé en deux par l'amas du limon qu'il charrie, il va se jeter dans la mer par deux bouches en formant un delta. De même que, pour se rendre maître du fleuve entier, il avait commencé par le partager en trois, ainsi, examinant l'une après l'autre chacune de ces trois parties, comme un fleuve à part, et usant du même procédé, il les subdivise à l'aide des accidents que présente leur cours.

Après cette étude préliminaire, la main la plus inexpérimentée pourra tracer du fleuve une image reconnaissable ; il n'y a plus qu'à rappeler à l'enfant que, comme le fleuve va grossissant et s'élargissan à mesure qu'il avance, le trait qui le représente devra suivre le crescendo du fleuve et prendre peu à peu plus de corps; ce sera d'abord comme un fil qui insensiblement se changera en une ficelle, qui elle-même se transformera en cordon, et finira en corde.

On pourra ajouter que, comme les fleuves et les rivières rencontrent non seulement des montagnes et des chaînes de montagnes qui leur imposent leurs directions, mais qu'ils trouvent encore sur leur passage des obstacles de tout genre, rochers, terres dures, arbres, etc., leur cours est ordinairement sinueux. Ce ne sont pas des flèches qui vont droit au but, mais de grands serpents qui tantôt s'allongent et tantôt se recourbent et se tordent; aussi dit-on communément d'un fleuve, d'une rivière, d'un ruisseau, qu'ils *serpentent*. L'enfant n'a donc pas à se préoccuper du tracé des lignes, car l'incertitude même de sa main encore mal assurée est ici un gage de ressemblance. Enfin si le maître a bien voulu lui-même faire au tableau noir quelques études et tracés de ce genre, nul doute que l'enfant n'arrive assez vite à imiter convenablement non seulement la marche et l'allure des cours d'eau, mais toutes les formes et tous les signes dont l'ensemble et la combinaison composent une carte complète; car la même méthode est applicable à toutes les parties de ce tout si complexe.

Le cours du fleuve une fois tracé, la première chose à faire est d'attacher les affluents, et pour cela il faut marquer les points d'attache. C'est encore par la comparaison que l'enfant arrivera à les déterminer. Il se bornera bien entendu aux affluents principaux, à ceux qui donnent leurs noms aux départements qu'ils arrosent. Comparant donc entre elles les distances qui séparent les confluents, il trouvera dans cette comparaison, pour sa main des indications suffisantes, et pour sa mémoire un secours précieux. S'il veut par exemple amorcer les affluents de la Seine, il remarquera que la distance entre le confluent de l'Aube à droite et celui de l'Yonne à gauche est à peu près la même que celle qui sépare le confluent de l'Yonne et celui de la Marne ; que la distance entre le confluent de la Marne et celui de l'Oise est presque moitié moindre, et enfin que la distance entre le confluent de l'Oise et celui de l'Eure est au contraire un peu plus grande ; il verra donc que le cours de la Seine, de son embouchure au confluent de l'Aube, se trouve partagé par les affluents en cinq parties, qu'il y en a quatre à peu près égales et que la plus petite, celle qui sépare la Marne de l'Oise, se trouve placée juste au milieu.

Si l'enfant a fait lui-même cette observation, il ne l'oubliera pas ; ou, s'il l'oublie, un coup d'œil sur la carte la lui rappellera bien vite ; et si on lui demande de placer les confluents, il les placera sans hésiter. Pour déterminer ces sortes d'embranchements, il peut s'aider aussi des accidents que tous les fleuves offrent dans leur cours ; ainsi il remarquera aisément que l'Aube s'amorce à l'endroit où la Seine tourne à l'ouest-sud-ouest ; que l'Yonne se jette dans la Seine dans la partie la plus méridionale de son lit, et ainsi de suite. En comparant les affluents entre eux sous le rapport de la longueur, il voit que la Marne est le plus grand, l'Eure le plus petit, et que les trois autres ont à peu près la même longueur. De même la comparaison de ces mêmes affluents sous le rapport de la direction lui montre que l'Aube et l'Yonne coulent dans le même sens que la Seine ; que la Marne décrit au-dessus de la Seine un grand arc de cercle, se tenant toujours à égale distance du fleuve ; et que dans la dernière partie de son cours elle coule, comme l'Oise aussi, parallèlement à la Seine, c'est-à-dire de l'est-nord-est, à l'ouest-sud-ouest ; enfin que l'Eure fait avec la Seine un angle très aigu.

Je n'ai pas besoin de dire que, l'étude du relief du sol et du système des montagnes ayant dû précéder l'étude des cours d'eau, l'élève connaîtra déjà les monts du Morvan d'où descend l'Yonne ; le plateau de Langres, d'où coulent parallèlement la Seine, l'Aube et la Marne ; les Ardennes, où l'Oise prend sa source, et les collines du Perche qui donnent naissance à l'Eure ; il aura donc ainsi le point de départ et le point d'arrivée, la longueur relative des trajets, et la direction générale des cours, et pourra les tracer de mémoire et à main levée. Si l'affluent est trop long, il le partagera, comme il a partagé le fleuve, en deux ou plusieurs parties.

Mais, me dira-t-on, voilà bien du temps employé à regarder, à observer, à comparer, et, si nous allons de ce pas, quand arriverons-nous ? Cette lenteur au début est le gage et la condition du progrès. Qu'on veuille bien réfléchir que l'élève ira plus tard d'autant plus vite qu'il aura d'abord été plus doucement. En effet, il ne s'agit pas seulement ici de lui apprendre à connaître comment est construite la charpente d'un pays et comment se forme le réseau de ses fleuves et de leurs affluents ; il s'agit aussi et surtout de le mettre en possession d'une bonne méthode ; de le rompre à la pratique de ses procédés, de telle sorte qu'il arrive à l'appliquer seul et sans secours. Alors il aura vite regagné le temps qui peut paraître perdu. Il faut songer que dans l'étude d'une science quelconque on doit poursuivre un double but : l'acquisition des connaissances et des vérités dont l'ensemble constitue cette science, et le développement des facultés, c'est-à-dire de l'esprit lui-même. Sous ce rapport le choix et l'application d'une méthode, la variété et la sûreté des procédés sont d'une importance capitale, parce qu'ils n'aident pas seulement à comprendre vite et à retenir longtemps, mais parce qu'en exerçant rationnellement l'esprit, ils le rendent de plus en plus apte à comprendre et de plus en plus capable de se diriger lui-même. La force acquise dans l'étude d'une science rend plus facile, plus rapide et plus sûre l'intelligence de toutes les autres.

Lorsque l'enfant a dessiné les montagnes et les fleuves, le moment est venu de lui faire placer les départements; dans les deux cartes qu'il a tracées successivement, puis combinées, il a toutes les indications nécessaires. Restons dans le bassin de la Seine dont nous venons d'étudier les cours d'eau, et voyons quelles difficultés l'enfant pourra rencontrer.

Chaque rivière lui indique la place d'un département, il reste à les disposer et à les ajuster. Qu'il observe comment chaque département est coupé par le cours d'eau qui lui donne son nom ; il verra par exemple que le département de l'Yonne renferme presque tout le cours de cette rivière, qui le partage en deux parties à peu près égales; et que la limite nord-est est à égale distance de l'Yonne et de la Seine ; que le département de l'Aube est coupé en deux parties, non par l'Aube qui lui donne son nom et qui coule plus à l'est, mais par la Seine ; que le département de la Haute-Marne est divisé par la Marne en deux parties à peu près égales ; qu'il en est de même de celui de la Marne ; que celui de Seine-et-Marne est traversé par la Marne au nord, et par la Seine au sud, et que presque tout le département est compris entre le fleuve et son affluent ; que dans celui de Seine-et-Oise, les trois quarts du département sont au sud de la Seine et que l'Oise coupe par le milieu la partie qui est au nord, et ainsi de suite.

L'observation peut porter encore sur la forme des départements, dont les uns sont presque arrondis comme l'Aube, les autres plus allongés comme la Haute-Marne, tandis que d'autres se rapprochent de la forme quadrilatérale comme la Marne et l'Oise, et d'autres forment presque des triangles comme l'Aisne et la Seine-Inférieure. En portant son attention sur ces deux points, la manière dont ils sont partagés par leur dénominateur, et la forme dont ils se rapprochent le plus, l'enfant pourra disposer les départements d'un bassin ; car nous ne lui demandons pas une imitation parfaite ; l'à peu près nous suffit. Avec les observations qui précèdent, il ne mettra pas un département à la place d'un autre, et peu à peu il aura le coup d'œil plus juste et la main plus sûre. La méthode d'observation et de comparaison que je viens d'indiquer et d'appliquer aux fleuves est évidemment applicable à tous les signes géographiques. Je me borne à conseiller aux maîtres de ne pas charger et encombrer les cartes de menus détails ; trop compliquées, elles prennent un temps infini. A l'école la carte ne doit contenir que ce que l'enfant peut et doit retenir ; le reste est du luxe, et le luxe n'est pas à sa place dans l'enseignement primaire ; contentons-nous du nécessaire, qui est déjà considérable, et qui, avec le progrès général, s'accroît de jour en jour.

CHAPITRE XXXI

LE PASSÉ ET LE PRÉSENT (1)

Dans l'enseignement de l'histoire de France nombre d'instituteurs et d'institutrices ont l'habitude d'insister outre mesure sur les commencements, de s'attarder dans les premiers siècles et le moyen âge, si bien qu'ils n'arrivent aux temps modernes que vers la fin de l'année, c'est-à-dire trop tard.

Sans méconnaître l'importance des premiers siècles de notre histoire, nous croyons devoir rappeler à nos maîtres que l'étude des quatre derniers siècles et surtout du dix-huitième et de la Révolution française forment la partie la plus utile de l'enseignement historique primaire.

Nos enfants sont destinés à vivre de la vie contemporaine; il faut donc avant tout qu'ils comprennent la constitution de la société actuelle et les nombreuses et admirables institutions qui la régis-

1. Circulaire adressée en 1881 aux instituteurs des Bouches-du-Rhône et reproduite par le *Journal général de l'Instruction publique.*

sent. Sans doute cette société plonge par ses racines dans le passé le plus lointain; mais c'est surtout l'esprit de réforme et de libre examen du seizième siècle, ce sont les chefs-d'œuvre littéraires et artistiques du dix-septième siècle, c'est la grande croisade philosophique du dix-huitième en faveur du peuple et de l'humanité, c'est le gigantesque effort de la Révolution française pour introduire la justice dans les lois civiles et politiques, c'est le prodigieux essor des sciences historiques, physiques et naturelles au dix-neuvième siècle, qui l'ont créée, développée, affermie.

Apprenons donc à nos enfants par quelles transformations cette société a passé.

Faisons-leur voir par quelle suite de revendications longtemps impuissantes et de souffrances patiemment endurées, nos grands principes de Liberté, d'Égalité, de Fraternité sont enfin arrivés à prévaloir, et comment la législation, les institutions se sont par degrés mises en harmonie avec ces principes régénérateurs.

Il est bon, sans doute, de connaître le règne de Clovis, de Charlemagne, de Louis XI et de tous les princes qui, par la politique ou les combats, ont constitué le sol de la patrie ; mais il est bon aussi d'apprendre l'histoire de la classe qui, d'abord opprimée, méprisée, s'est, par un labeur incessant de douze ou treize siècles, affranchie, élevée, éclairée, et a fini par absorber dans son vaste sein et fondre en une démocratie puissante les castes opiniâtres et les hiérarchies réfractaires.

Il ne s'agit pas de passionner l'histoire, et d'y porter l'ardeur des luttes politiques contemporaines, mais de la compléter, de l'éclairer et de donner aux faits dans l'enseignement une place, un rang proportionnés à leur importance.

Il ne s'agit pas non plus d'élever l'enseignement primaire à des hauteurs inaccessibles ; non, il y a une philosophie de l'histoire, très simple, très claire, et parfaitement à la portée des enfants : c'est celle qui se tire de la comparaison des temps. Elle ne demande pas de longs développements, de hautes considérations, de savantes dissertations ; le gros bon sens la dégage aisément de la seule juxtaposition des faits. Mettez le temps présent à côté du temps passé, l'enfant verra bien vite de quel côté est l'avantage. Qu'était la société française avant la Révolution, qu'est-elle aujourd'hui ? En combien de classes se partageait la nation, et comment ces classes se sont-elles fondues dans l'égalité civile et politique ? Comment les juridictions spéciales ont-elles fait place à l'uniformité ? Quels étaient les procédés employés dans l'administration de la justice, dans la recherche des crimes, dans les pénalités ? Sont-ils encore les mêmes ? En quels rapports vivaient les diverses religions catholique, protestante, juive, et comment la religion d'État a-t-elle été remplacée par le principe et la pratique de la tolérance religieuse ?

Dans quelle mesure se sont développés les sentiments d'humanité et de solidarité entre les peuples et entre les particuliers ? Que faisait-on autrefois pour soulager les misères publiques ou privées ? Quels sont aujourd'hui les services de l'assistance publique, ses ressources, ses formes diverses ? Toutes nos institutions de prévoyance, caisses d'épargne, sociétés de secours mutuels, d'assurances, sont-elles anciennes ou récentes ? Voyait-on, dans les siècles précédents, ces magnifiques élans de charité internationale, ces grandes et fructueuses souscriptions, qui prouvent que les malheurs d'un peuple trouvent un écho dans le cœur des autres peuples ? Quels ont été les progrès de l'industrie, du commerce, de l'agriculture, des lettres, des arts ? Comment les sciences expérimentales ont-elles, en moins d'un siècle, changé la face du monde ? Chemins de fer, bateaux à vapeur, télégraphes électriques, etc., toutes ces inventions étonnantes et fécondes, en combien de temps les a-t-on vues éclore ? Quel a été dans le cours d'un siècle l'accroissement de la population, de la richesse publique, du bien-être, de l'aisance ? Entre quelles mains était autrefois la propriété ? Quel est aujourd'hui le nombre des propriétaires ? Que faisait-on autrefois pour l'instruction du peuple, que fait-on, ou plutôt que ne fait-on pas maintenant ? Dans quel pays du monde l'enfant du peuple, s'il est intelligent et laborieux, peut-il s'élever plus sûrement et plus vite au rang et aux fonctions où ses aptitudes l'appellent?

Ces rapprochements, ces statistiques éloquentes jettent sur l'histoire le véritable jour sous lequel notre siècle, que plus tard on appellera le grand siècle, doit apparaître aux enfants de nos écoles primaires. Car, enfin, ces enfants sont ceux du peuple : c'est pour eux que tant de génies se sont épuisés en efforts inventifs; que tant de martyrs ont sacrifié leur vie ; c'est eux qui recueillent le fruit de ces innombrables et glorieux sacrifices.

Ainsi compris, ainsi donné, l'enseignement de l'histoire doit engendrer dans leurs âmes ces sentiments de reconnaissance et de sage patriotisme, qui les préserveront par la suite des impatiences antipolitiques et des aberrations antisociales.

CHAPITRE XXXII

DE L'ENSEIGNEMENT DE L'HISTOIRE

SOMMAIRE. — La leçon d'histoire dans certaines écoles. — Le coup de ciseaux. — L'histoire en menus morceaux. — Les fournées. — De la nécessité pour le maître de faire la leçon, livre fermé. — Combien de fois le maître a appris ce qu'il doit enseigner. — Le véritable rôle du livre. — Le maître et le casier du typographe. — Que l'histoire est, de sa nature, infinie, multiple, croissante ; que, pour la saisir et la fixer, l'on peut employer la méthode actuellement appliquée à l'étude de la géographie. — Avantages de cette méthode : elle renouvelle l'intérêt, elle fixe les souvenirs, elle habitue à grouper les connaissances, à saisir un ensemble, à comprendre la nature et la marche du progrès. — Les questions de rapprochement et de comparaison. — Le cours de l'histoire en aval et en amont.

Dans plus d'une école encore voici en quoi consiste l'enseignement de l'histoire : le maître ouvre le livre et dit : « Vous apprendrez de telle page à telle page ou de telle ligne à telle ligne. » A la classe suivante, l'enfant se lève, récite par cœur ou à peu près, il se rassied, et la leçon est finie. La méthode est simple, comme on voit, et surtout commode pour les maîtres, et point fatigante.

J'en ai connu qui y regardaient de si près, qu'ils

arrêtaient la leçon tout net au beau milieu d'un récit, et coupaient un événement en deux, tout bonnement, comme la chose du monde la plus naturelle. Cette manière de découper ou plutôt de hacher menu l'histoire et de la déchiqueter, n'est pas aussi rare qu'on pourrait le croire; presque partout l'histoire, c'est le livre, et on taille dans le livre plus ou moins grossièrement, à la fortune des ciseaux. Ceux qui en usent le moins mal sont ceux qui font lire ou lisent eux-mêmes à haute voix la leçon qu'ils donnent à apprendre, et qui, chemin faisant, expliquent les mots obscurs. S'ils s'arrêtaient de temps à autre pour ajouter au texte les développements qu'il demande, s'ils terminaient cette lecture expliquée et commentée en la résumant eux-mêmes ou en la faisant résumer, si surtout ils n'entraient jamais dans la leçon suivante sans la rattacher aux précédentes et renouer le fil du récit, si de distance en distance ils faisaient halte pour regarder en arrière, l'étude du livre ainsi entendue ne serait pas sans fruit.

Plus d'une fois, dans les classes, j'ai demandé qu'on me résumât ce qui avait été vu dans le mois ou dans le trimestre précédents; presque toujours la question est restée sans réponse. Les souvenirs de l'élève sont bornés à la leçon du jour ou de la veille; sa mémoire ressemble à un four, dans lequel une fournée remplace l'autre, et qui se vide et se remplit tour à tour; de telle sorte que l'enfant n'a jamais que des morceaux d'histoire dans la tête et non l'histoire elle-même.

Si cet enseignement est ainsi morcelé, émietté, c'est que, pour enseigner l'histoire, il faut la posséder, c'est-à-dire l'avoir tout entière présente à l'esprit, et que bien des maîtres ne la savent pas encore et ne prennent pas la peine de l'apprendre. Les plus zélés préparent la leçon du jour, et, la leçon faite, ils l'oublient, comme leurs élèves, et ne songent plus qu'à la suivante. Aussi le champ de leurs interrogations est-il des plus limités; ils n'osent s'aventurer dans l'espace déjà parcouru, et encore moins pousser une reconnaissance, ce qui cependant est toujours utile et souvent nécessaire, en histoire, comme à la guerre. Voilà pourquoi ils ne peuvent renoncer au livre charitable, indispensable, qui vient au secours de leur mémoire défaillante, ou plutôt qui est leur mémoire même.

Cependant il n'y aura pas à l'école d'enseignement historique véritable, tant que le maître n'aura pas pris le parti héroïque de brûler ses vaisseaux, c'est-à-dire ses livres, ou au moins de couper le câble. La suite le fera mieux comprendre.

Ce que nous demandons est-il impossible, est-il même bien difficile? Nous ne le croyons pas. En effet, le domaine historique de l'école n'embrasse pas l'histoire universelle, il se borne presque à l'histoire de France. Je sais que ce domaine est vaste encore et que, pour le mieux connaître, il faut plus d'une fois passer la frontière et entrer chez les peuples voisins. Mais qu'on veuille bien songer combien de fois un maître, même un maître qui débute, a parcouru ce domaine depuis le jour où à l'école maternelle on y guidait ses premiers pas, jusqu'au jour où il a commencé lui-même à devenir un guide; et qu'on nous dise si après quelques années d'un enseignement qui lui impose de refaire en tout ou en partie le trajet tant de fois parcouru, le maître qui aurait seulement pris la peine de retenir et de classer, ne devrait pas être en état de se diriger dans l'histoire de France, comme un propriétaire se promène dans sa propriété, sachant où se trouve telle plante, où pousse tel arbre, où croît telle fleur, et si bien qu'il va droit où il veut et par le chemin qu'il lui plaît de choisir.

Si les instituteurs ne possèdent pas l'histoire et si par suite ils ne peuvent que la faire apprendre sans être en état de l'enseigner, la cause en doit être imputée non seulement à la puissance de la routine et à l'indifférence, mais à l'insuffisance et à la pauvreté des méthodes. Sans doute dans ces derniers temps un progrès s'est accompli; des livres bien faits ont remplacé presque partout des livres médiocres, et l'enseignement y a gagné; mais ce sont des livres, c'est-à-dire des instruments, et les maîtres doivent s'en servir pour apprendre eux-mêmes et non pour se dispenser d'apprendre.

La grande difficulté, c'est d'ajouter à ses connaissances sans perdre celles qu'on a acquises, c'est d'apprendre sans oublier, de manière à avoir l'histoire entière sous le regard et sous la main.

L'histoire ne doit pas ressembler à une longue route qui se déroule en ligne droite, dont on ne voit déjà plus le commencement dès qu'on y a fait quelques étapes, mais plutôt à une circonférence, au centre de laquelle on se tient, et d'où l'on embrasse le cercle tout entier.

De même que l'ouvrier typographe saisit vivement dans les cases de son casier les lettres dont il a besoin pour former les mots, les lignes, les phrases de la page qu'il compose, ainsi le maître qui sait l'histoire puise sans hésitation dans le casier de sa mémoire et rassemble sans effort les noms, les dates, les faits qu'il a besoin de rapprocher et de comparer entre eux pour en tirer quelque conclusion, quelque vérité générale, quelque loi historique, ou quelque enseignement moral.

L'histoire est une science d'une complexité infinie et d'une étendue sans bornes ; chaque jour elle s'étend en largeur et en profondeur, elle recule dans le passé vers les origines du monde, elle embrasse quelque peuple ou peuplade jusqu'aujourd'hui mal connus ou inconnus ; chaque jour des efforts nouveaux viennent éclairer quelque point obscur, débrouiller quelque origine, résoudre quelque problème, chaque jour tire du fond des bibliothèques quelque manuscrit ignoré et des entrailles de la terre quelque monument enfoui ; chaque jour apporte son contingent de faits nouveaux, recueillis par toute la terre, si bien que cette science ressemble à une mer qui, recevant des eaux nouvelles sans rien perdre des anciennes, verrait s'approfondir son lit et s'élargir ses bords.

Pour l'historien de profession lui-même, l'histoire, c'est la mer à boire, que sera-ce pour nous ? aussi à l'École primaire a-t-on fait sagement de borner cette étude, et, dans les limites où on l'a resserrée, elle offre encore à l'intelligence des maîtres et des élèves une assez ample matière.

Nous avons vu que la géographie complète contient toute une série de géographies spéciales ; l'histoire, qui est l'humanité même, comprend un nombre bien autrement considérable d'histoires particulières. On peut dire qu'il y a vingt, trente, quarante histoires en une seule, ou, si l'on veut, que l'histoire a mille faces sous lesquelles on peut, on doit la considérer et l'étudier successivement. Elle est, suivant le point de vue où on se place, tour à tour politique, militaire, administrative, diplomatique, législative, religieuse, morale, commerciale, agricole, industrielle, littéraire, artistique, maritime, coloniale, etc., et chacune de ces divisions, déjà si nombreuses, comporte elle-même de nombreuses subdivisions et ces subdivisions en engendrent d'autres à leur tour. Ainsi les guerres sont ou civiles ou étrangères ; les premières sont politiques, ou religieuses ou sociales ; les secondes sont ou des guerres de défense ou des guerres de conquête, et ces conquêtes sont ou voisines ou lointaines, ou continentales ou maritimes. Autres exemples : l'histoire littéraire, que de genres ne comporte-t-elle pas ? et l'histoire artistique, c'est-à-dire de l'architecture, de la sculpture, de la peinture, de la gravure, de la musique, etc., que d'histoires particulières elle renferme en une seule et même histoire... !

Il est clair qu'à l'école on ne peut et on ne doit pas pousser trop avant dans le détail de l'histoire, mais encore faut-il embrasser les divisions générales, et entrevoir au moins les subdivisions qu'elles contiennent. D'où vient que les maîtres recommencent tant de fois le cours et qu'il en est si peu qui le possèdent ? ne serait-ce point qu'ils l'étudient toujours de la même manière, toujours sur le même plan, et que cette étude, ainsi comprise, doit inévitablement engendrer sinon le dégoût, au moins l'indifférence ?

Ne serait-il pas à la fois plus rationnel et plus intéressant d'appliquer à l'étude de l'histoire la méthode adoptée pour celle de la géographie, c'est-à-dire de décomposer l'histoire générale en histoires spéciales, d'étudier chacune de ces histoires successivement et de placer cette étude analytique entre deux synthèses, la première rapide et sommaire, la seconde lente et complète ?

De même qu'en géographie l'on commence par le

fondement, c'est-à-dire par le sol et la configuration du pays qu'on veut étudier, par l'étude du squelette, si je puis dire, que l'on munit ensuite de ses organes principaux, où l'on range successivement les systèmes de la circulation, de la respiration, de la locomotion, etc., qu'on garnit enfin de chair et qu'on recouvre d'une peau agréable à voir, ainsi, en histoire, il convient de commencer par la charpente, c'est-à-dire par l'étude sommaire des règnes, des dynasties et des siècles, qui forment comme un cadre fixe à grands compartiments, dans lequel viendront plus tard se ranger successivement les matériaux de tout genre.

Cette première étude à la fois narrative et chronologique a la même importance en histoire que celle des cartes orographiques et hydrographiques en géographie ; aussi convient-il d'y insister jusqu'à ce que les élèves soient entièrement maîtres du plan général. C'est encore ce que l'on fait, mais c'est là qu'on s'arrête, c'est-à-dire à la première synthèse, et il faudrait arriver à l'analyse. Une objection s'élève, objection inévitable et que rencontre toute innovation. — Où prendrons-nous le temps de faire les trente-six histoires que vous nous demandez? — Sur les six ou sept ans de la scolarité quatre ou cinq peuvent être données à l'étude du cadre, comme on la pratique aujourd'hui ; la dernière ou les deux dernières à l'étude successive des faces diverses de l'histoire ou autrement dit des histoires spéciales.

CHAPITRE XXXII

Cette méthode a pour premier avantage de rafraîchir continuellement le souvenir des connaissances acquises ; l'étude ainsi entendue ressemble assez à un voyage qu'on ferait à plusieurs reprises, et chaque fois dans un but différent ; une fois en géologue, une autre en botaniste, une autre en archéologue, puis en artiste, en moraliste, etc. ; dans chacun de ces voyages l'attention se porte, il est vrai, d'une manière particulière sur tel ou tel ordre de connaissances, mais, tout en observant l'objet de cette étude spéciale, on revoit à chaque fois le pays lui-même. Ainsi on peut descendre à plusieurs reprises le cours de l'histoire de France, pour y suivre le développement tantôt du pouvoir royal, tantôt de la noblesse, tantôt du peuple ; pour étudier soit les invasions que nous avons subies, soit les guerres de conquête que nous avons faites ; pour comparer entre eux les traités les plus glorieux ou les plus désastreux ; pour dégager de l'histoire générale celle de la religion et du clergé ; pour suivre à travers les siècles les progrès de l'agriculture, du commerce ou de l'industrie ; pour passer en revue les divers modes de la propriété et de l'impôt, les transformations de l'armement et des armées, les formes de l'organisation de la justice et de l'enseignement, etc. Cette méthode a l'avantage de réunir en corps les connaissances du même genre, qui, disséminées dans l'histoire générale et ne reparaissant qu'à des intervalles inégaux, traversent la mémoire sans y prendre racine; elle habitue l'esprit à envisager en toutes choses un commencement, un milieu et une fin et à lier entre elles les parties d'un même tout; elle donne une idée plus nette et une sensation plus vive du progrès; elle fait toucher du doigt les difficultés que ce progrès rencontre dans la nature, dans les mœurs, dans les préjugés, dans les intérêts de caste, de classe, de dynastie ou dans les intérêts individuels; elle fait mieux voir la complication infinie de cette machine immense aux rouages sans nombre qu'on appelle une société, la dépendance de tous ces ressorts entre eux, la difficulté de remanier les uns sans affecter ou déranger les autres, et par suite elle contribue à donner de la modération dans les jugements et de la sagesse dans la conduite.

Et lorsqu'on a ainsi étudié une à une toutes les pièces de l'histoire et qu'on revient pour finir à l'histoire d'ensemble, comme on la comprend mieux, comme on saisit cette fois l'accord des parties entre elles, et la marche générale des choses! Il n'est pas besoin pour cela d'entrer dans de bien longs détails et de rendre par là même ce travail impossible, et cette méthode inapplicable; en deux ou trois leçons et parfois en une on peut esquisser dans leurs traits principaux chacune de ces histoires partielles.

Indépendamment des études analytiques dont nous parlons, il y a encore un moyen efficace de fixer dans la mémoire les souvenirs toujours prêts à se débander et à fuir, et en même temps d'exercer

CHAPITRE XXXII

et de fortifier le jugement. Ce moyen consiste à faire traiter de vive voix et surtout par écrit des questions qui par leur nature forcent l'élève à sortir du règne, du siècle, de l'époque que l'on est en train d'étudier, à se porter en avant ou à se reporter en arrière, à parcourir le champ de l'histoire entière pour y trouver les éléments du travail qu'on lui demande. Telles sont les questions suivantes :

— Quels ont été les plus grands ministres des rois de France ; dire ce qui fait la grandeur de chacun d'eux ?

— Quels ont été les traités les plus funestes ou les traités les plus avantageux à la France ?

— Quelles ont été les régences ; faire connaître leur durée et leurs conséquences bonnes ou mauvaises ?

— Énumérer les régicides ; en donner les causes et les conséquences ?

— Quels ont été les mariages des rois les plus utiles ou les mariages les plus funestes à la nation ?

— Quels sont les principaux combats navals ; en donner la date, faire connaître le nom des vainqueurs et des vaincus ?

— Quels ont été les morts héroïques ? Où et dans quelles circonstances ont-elles eu lieu ?

— Quels sont les édits fameux et pourquoi le sont-ils ?

Des questions de ce genre forcent l'élève à

arpenter l'histoire en tous sens, à y chercher d'un bout à l'autre, à rapprocher les dates, les faits, les hommes les plus éloignés, à trouver à travers le temps, l'espace qui les séparent, les ressemblances qui les unissent, à les comparer en tenant compte de la différence des circonstances ; par suite elles donnent le branle à la mémoire, tiennent l'histoire toute grande ouverte et déroulée sous les yeux comme un grand tableau, ravivent les souvenirs, les affermissent par l'association, et fortifient le jugement par la comparaison. L'esprit tout entier gagne à des exercices de ce genre et plus l'enfant apprend, plus il devient capable d'apprendre.

Il est bon aussi de prendre l'histoire à rebours, et après avoir descendu le cours des siècles, de faire effort pour le remonter ; on compare souvent l'histoire à un fleuve et l'on a raison, mais, pour bien connaître le cours d'un fleuve, après l'avoir suivi en aval, il faut le suivre en amont. Les bords, en effet, les sites, les paysages, le cadre changent d'aspect, suivant que l'on regarde dans un sens ou dans l'autre. Ainsi, en marchant les yeux tournés vers l passé, on comprend encore mieux la marche des choses, on voit venir les événements, on sent plus vivement la force du courant et le crescendo des événements ; c'est une sorte de contre-épreuve ; après avoir descendu des causes aux effets, on remonte des effets aux causes.

CHAPITRE XXXIII

DE L'ENSEIGNEMENT DE L'HISTOIRE (SUITE).
CHRONOLOGIE

SOMMAIRE. — Mobilité de l'histoire et fixité géographique. — De l'importance des dates. — De la difficulté de les retenir. — Nécessité d'une méthode. — Efficacité des procédés personnels. — Du cadre général : les dynasties et les règnes. — Procédés mnémotechniques. — De la comparaison des dynasties, des règnes et des assemblées sous le rapport de la durée. — Règnes égaux en durée : — Règne d'un an, de deux, de trois ans. — Règnes égaux et successifs. — Les extrêmes. — Deux règnes de 41 et deux de 43 ans chacun. — Règnes de 60 et de 72 ans. — Leur place. — De la comparaison entre eux des règnes d'une même dynastie. — Les Capétiens directs. — De la comparaison des dynasties entre elles sous le rapport du nombre des règnes. — Autres procédés ; la date promenée de siècle en siècle. — Les grands faits groupés autour d'une même date. — Exemples.

En histoire comme en géographie la difficulté de l'étude provient de la variété infinie des connaissances et de l'énorme entassement des matériaux qui composent ces sciences. Mais l'histoire est plus encombrée, plus fourmillante, plus regorgeante encore que la géographie. Dans ce champ sans limites et sans fond, on ne trouve pas la fixité géographique, où les choses sont enracinées dans le sol comme les montagnes, ou encaissées comme les eaux, ou fondées comme les villes, ou rivées comme les chemins de fer.

Les éléments de l'histoire ont de leur nature une sorte de mobilité fuyante qui les porte à se déranger sans cesse, à se mêler, à se brouiller dans la mémoire. On ne fixe pas, on ne plante pas aussi solidement dans le temps que dans l'espace ; l'espace offre une sorte de surface immobile où tout demeure en place, tandis que le temps est toujours en mouvement, en fuite ; c'est un courant qui entraîne tout, qui passe aussi par la mémoire et emporte les souvenirs.

De même que dans les landes on plante des pins pour retenir les sables et les attacher au sol, ainsi en histoire il faut enfoncer les dates dans les événements pour les enraciner dans la mémoire.

Les dates sont aussi nécessaires à l'histoire que les bornes kilométriques le sont aux routes qu'elles mesurent, que les réverbères et les becs de gaz le sont aux rues qu'ils éclairent.

Mais il en est de la chronologie comme de bien des connaissances nécessaires, comme de la table de Pythagore par exemple ; elle ne s'apprend pas en un jour ni en une fois ; il faut du temps et des efforts renouvelés. Sans parler de la chronologie universelle, la seule chronologie de l'histoire de France est vaste et compliquée. On n'y trouve pas comme dans la table de Pythagore ou le système métrique, des cadres, un ensemble de combinaisons régulières, des nombres fondamentaux auxquels on peut toujours arriver ou revenir par des opérations simples et sûres. Là tout est irrégularité, inégalité, surprise ; les grandes divisions par siècles qui en partagent l'immense étendue sont purement arithmétiques, arbitraires, et ne répondent que bien rarement aux divisions naturelles formées par la suite des événements et par l'enchaînement des effets et des causes. Aussi dans presque toutes les mémoires, les dates, à peu d'exceptions près, sont-elles mobiles et flottantes ; tantôt elles se rapprochent les unes des autres, tantôt elles s'éloignent, souvent elles disparaissent. Il faut donc s'ingénier à trouver des procédés qui les fixent, les maintiennent à leurs distances respectives, qui permettent de s'orienter, de se diriger sur ce vaste champ de l'histoire et de retrouver en leur lieu et place les hommes et les choses. Sans doute rien ne dispense d'un effort de mémoire; mais avec un peu d'art on peut rendre cet effort moins pénible et plus fécond.

Parmi ces procédés les uns sont communs à tous ceux qui étudient l'histoire, les autres sont personnels, et ce ne sont pas les moins efficaces ; d'abord parce que nous appliquons mieux les procédés que nous avons trouvés nous-mêmes ; ensuite parce qu'ils répondent mieux au tour particulier et au caractère propre de notre mémoire; enfin parce qu'ils naissent le plus souvent de notre manière de comprendre et de sentir les choses et qu'ils ont, par suite, une racine dans nos impressions et nos souvenirs et contribuent par là même à les rendre plus durables.

De même que pour savoir la géographie d'un pays, de la France par exemple, il faut d'abord en apprendre les limites, puis les bassins et les départements, ainsi pour connaître l'histoire il faut d'abord apprendre la durée de cette histoire, celle des dynasties et des règnes ; comme chaque bassin comprend un groupe de départements, de même chaque dynastie comprend un certain nombre de règnes. Ainsi donc bien apprendre d'abord la durée de chaque dynastie dans les quatorze siècles et demi qui composent notre histoire à partir de Clodion (448-1885), et dans chacune des dynasties la durée de chaque règne, voilà la première étude à faire, c'est aussi la plus importante et la plus difficile ; la première, parce qu'elle nous offre les divisions principales de notre histoire ; la plus importante, parce que les autres dates viennent naturellement se placer dans chaque règne, comme les chefs-lieux et les sous-préfectures dans les départements ; la plus difficile, parce que ces règnes sont nombreux et d'étendue très diverse. C'est donc à les fixer dans la mémoire avec leur ordre de succession et leur durée relative qu'il faut à mon sens s'appliquer tout d'abord et de toutes ses forces.

CHAPITRE XXXIII

Il est bon, quand l'idée d'une dynastie ou d'un règne se présente à l'esprit, que celle de sa durée s'y présente en même temps ; aussi faut-il les associer de bonne heure, de telle sorte que par l'habitude elles deviennent inséparables.

Pour y réussir, un des moyens les plus sûrs est la comparaison des dynasties entre elles et des règnes entre eux sous le rapport de la durée. La comparaison en effet met en lumière les ressemblances et les différences, et lorsqu'on a remarqué, soit que deux règnes ont une étendue égale ou presque égale, soit qu'ils sont l'un très long et l'autre très court, ils se trouvent ainsi unis dans la mémoire par un lien solide ; il devient presque impossible de penser à l'un sans songer à l'autre ; les deux souvenirs ne font qu'un ; l'on a appris deux choses à la fois et, comme on dit, fait d'une pierre deux coups.

Cette comparaison si utile des règnes entre eux au point de vue de la durée peut sans doute se faire en suivant l'ordre des temps ; mais il y a un moyen plus facile et plus court. Ce moyen consiste à dresser la liste des règnes, non plus d'après leur place dans l'histoire, mais d'après leur durée relative, en commençant par le plus court ou par le plus long. L'étude d'un tableau ainsi fait prête à des remarques curieuses, provoque des rapprochements qui frappent l'esprit et impriment dans la mémoire des souvenirs ineffaçables.

Voici l'un de ces tableaux.

DYNASTIES.

Mérovingiens (448-752)	304	
Carlovingiens (752-987)	235	
Capétiens directs (987-1328)	341	602
— indirects (1328-1589)	261	
Bourbons (1589-1792)	203	
(1815-1830)	15	236
Orléans	18	

RÈGNES (1437 ans)

Années.

1. Louis V le Fainéant (986-987).. François II (1559-1560).
2. Louis II dit le Bègue (877-879)... Louis X le Hutin (1314-1316).
3. Charles le Gros (884-887)........ Louis VIII (1223-1226).
4. ......
5. Louis III et Carloman (879-884).
6. { Philippe V (1316-1322)........... Charles IV (1322-1328).
   { Charles X (1824-1830).
7. ......
8. ......
9. Hugues Capet (987-996)......... Louis XVIII (1815-1824).
10. Mérovée (448-458).............. Dagobert Ier (628-638).
11. ......
12. Henri II (1547-1559).
13. ......
14. Jean le Bon (1350-1364).......... Charles IX (1560-1574).
15. Philippe III le Hardi (1270-1285)... Charles VIII (1483-1498).
    Henri III (1574-1589).
16. Pépin le Bref (752-768)......... Charles V (1364-1380).
17. Louis XII (1498-1515).......... Louis XVI (1775-1792).
18. Louis IV d'Outre-mer (936-954)... Louis-Philippe (1830-1848).
19. Napoléon III (1851-1870).
20. ......
21. Henri IV (1589-1610).
22. Philippe VI de Valois (1328-1350).. Louis XI (1461-1483).
23. Childéric Ier (458-481).......... Chilpéric Ier (561-584).
24. Charles le Simple (898-922).
25. ......
26. Louis le Débonnaire (814-840).

CHAPITRE XXXIII

27. ....
28. ....
29. { Henri Ier (1031-1060)............ Louis VI dit le Gros(1108-1137)
   { Philippe IV le Bel (1285-1314).
30. Clovis Ier (481-511).
31. ....
32. Lothaire (954-986)............... François Ier (1515-1547).
33. Louis XIII (1610-1643).
34. ....
35. Robert (996-1031).
36. ....
37. Charles le Chauve (840-877).
38. ....
39. Charles VII (1422-1461).
40. ....
41. ....
42. Charles VI (1380-1422).
43. Louis VII (1137-1180)............ Philippe Auguste (1180-1223).
44. Clotaire II (584-628)............ Louis IX (1226-1270).
45. ....
46. Charlemagne (768-814).
47. ....
48. Philippe Ier (1060-1108).
49. ....
50. Clotaire Ier (511-561).
60. Louis XV (1715-1775).
72. Louis XIV (1643-1715).

En comparant les dynasties entre elles, on peut remarquer que celle des Carlovingiens et celle des Bourbons ont une durée égale, à une année près, (235 et 236 ans) ; et que la dynastie des Capétiens a duré presque deux fois autant que celle des Mérovingiens (602 ans la première, 304 la seconde).

En comparant les règnes, il est à remarquer que :

Douze ont moins de 10 ans et entre autres les règnes importants de Hugues Capet, de Louis VIII et de Charles X ;

19.

Quatorze ont une durée de 10 à 20 ans ;
Onze, de 20 à 30 ;
Six, de 30 à 40 ;
Huit, de 40 à 50 ;
Aucun de 50 à 60 ;
Un seul de 60, celui de Louis XV ;
Aucun de 60 à 70 ;
Un de 72, celui de Louis XIV.

Il y a eu deux règnes d'un an chacun, deux de deux ans, deux de trois ans ; tous les six sont marqués par des événements importants.

Règnes d'un an :
Louis V le Fainéant (986-87) ;
François II (1559-60).

Le premier voit finir la dynastie des Carlovingiens ; le second voit commencer les guerres de religion.

Règnes de deux ans :
Louis II, dit le Bègue (877-879) ;
Louis X, dit le Hutin (1314-1316).

Le premier voit s'accuser à la fois les progrès des Normands et la décadence des Carlovingiens ; le second inaugure l'affranchissement des serfs.

Règnes de trois ans :
Charles le Gros (884-887).
Louis VIII (1223-1226).

Charles le Gros se déshonore à ce fameux siège de Paris par les Normands, où s'illustre le fils de Robert le Fort, Eudes, grand-père de Hugues Capet

Louis VIII met fin à la terrible croisade des Albigeois.

Si, parmi les règnes égaux en durée, on oppose les plus longs aux plus courts, on trouve deux règnes de 43 ans, et deux de 44 ans chacun.

Les premiers sont ceux de :

Louis VII (1137-1180);

Philippe Auguste (1180-1223).

Ce règne de Louis VII contient une date funeste dans notre histoire ; le mariage d'Éléonore d'Aquitaine avec Henri Plantagenet marque le point de départ d'une lutte sanglante et trois fois séculaire entre la France et l'Angleterre. L'autre est un des plus glorieux de la monarchie.

Autre remarque : ces deux règnes de 43 ans chacun sont successifs. Il est deux règnes égaux aussi et successifs, très courts, mais importants ; ce sont ceux de Philippe V (1316-1322) et de Charles IV (1322-1328). Ces deux rois, qui ont régné chacun six ans et se sont succédé, étaient frères. Le premier a vu s'appliquer en lui la loi fondamentale de la royauté française, la loi salique ; l'autre est le dernier des Capétiens directs. Avec Philippe VI de Valois, son successeur, la branche cadette arrive au trône.

Deux autres règnes, égaux entre eux par leur longue durée (44 ans), sont bien inégaux par leur importance. Celui de Clotaire II (584-628), si insignifiant à beaucoup d'égards, est pourtant mémorable en ce qu'il a vu la fin de ces partages entre les descendants de Clovis, qui mettaient en péril et le royaume et la monarchie.

Notons encore que les deux plus longs règnes de la monarchie française, celui de Louis XIV (72 ans) et celui de Louis XV (60 ans), se suivent et qu'ils précèdent la chute de la royauté.

L'étude d'un tableau chronologique ainsi dressé peut donner lieu à bien d'autres rapprochements; il nous suffit d'en avoir indiqué un certain nombre et montré le parti qu'on en peut tirer. Mais, avant d'avoir recours à ces utiles comparaisons, j'estime qu'il faut avoir fixé dans la mémoire l'ordre de succession des règnes, dynastie par dynastie.

Le travail comparatif que je recommande pour l'ensemble de l'histoire peut se faire utilement pour chaque dynastie en particulier. Je prends comme exemple la dynastie des Capétiens directs qui embrasse une période de 341 ans et compte 14 règnes seulement. On aura certainement rendu service à la mémoire, si, comparant entre eux ces 14 règnes, on a remarqué que presque tous sont d'une longue durée, que trois d'entre eux ont chacun 29 ans, que deux ont 43 ans chacun, qu'un autre en a 44, et le plus long, celui de Philippe Ier, en a 48; si aux plus longs règnes on oppose le plus court qui ne compte que 2 ans, et enfin si l'on prend garde que les plus courts sont le premier et les derniers.

Il en est de la durée pour les règnes comme de la

taille pour les individus ; quand on a vu l'un à côté de l'autre deux hommes de taille tout à fait semblable ou de taille très inégale, leur souvenir est à jamais lié, et l'on ne peut songer à l'un sans penser aussitôt à l'autre

Il n'est pas non plus sans intérêt de comparer les dynasties entre elles au point de vue du nombre des règnes. De cette comparaison il ressort que ce nombre n'est nullement en rapport avec la durée des dynasties. Ainsi les Carlovingiens et les Bourbons ont occupé le trône pendant une durée égale, à une année près (235 ans), mais les premiers comptent treize règnes, et les seconds huit seulement. De même encore les Capétiens indirects, qui ont duré 81 ans de moins que les Capétiens directs, ont cependant presque le même nombre de règnes, 13 contre 14. Ces remarques et d'autres de ce genre, en donnant à chaque dynastie un caractère propre et ce qu'on pourrait appeler une *physionomie chronologique*, contribuent à les fixer dans la mémoire en leur lieu et place et à les distinguer plus aisément les unes des autres.

Il y a d'autres procédés mnémotechniques propres à enraciner dans la mémoire les dates et les faits. La chronologie étant aussi difficile que nécessaire à retenir, il ne faut négliger ou dédaigner aucun des instruments ni des artifices à l'aide desquels on peut saisir et attacher ces souvenirs rebelles et fugaces; et du reste les mémoires sont capricieuses et diverses ; non seulement elles ont leurs préférences, mais elles ont le goût et même le besoin du changement. On peut prendre dans un siècle une date de quelque importance et parcourir les siècles suivants, pour voir si l'on ne rencontrera pas, de cent ans en cent ans, d'autres événements considérables. Voici quelques exemples :

448. Avènement de Mérovée.
1148. 2º croisade.
1248. 7º croisade.
1648. Traité de Westphalie.
1748. Traité d'Aix-la-Chapelle.
1848. Chute de Louis-Philippe.

II

1215. La grande charte.
1315. Affranchissement de la Suisse.
1415. Défaite d'Azincourt.
1515. Avènement de François Iᵉʳ.
1615. Concini.
1715. Mort de Louis XIV.
1815. Waterloo.

III

687. Bataille de Testry.
887. Diète et partage de Tribur.
987. Avènement de Hugues Capet.
1187. 3º croisade.
1587. Bataille de Coutras.
1787. Assemblée des notables.

IV

752. Avènement de Pépin.
1152. Divorce de Louis VII et d'Éléonore.
1452. Avant-dernière année de la guerre de Cent ans.

CHAPITRE XXXIII

1552. Conquête de Metz, Toul, Verdun.
1652. Fin de la Fronde.
1852. Napoléon III, empereur.

On peut encore prendre une année au hasard dans la centaine, et la reporter de siècle en siècle en s'efforçant de retrouver le règne et, si possible, le fait important auquel elle est liée. Ces voyages à grandes enjambées, voyages qu'on peut varier autant de fois qu'il y a d'unités dans la centaine, compensent, par les avantages qu'ils procurent, l'effort de mémoire qu'ils exigent ; ils réveillent un grand nombre de souvenirs, et ils donnent à l'esprit l'habitude de se reconnaître et de s'orienter promptement.

CHAPITRE XXXIV

MNÉMOTECHNIE HISTORIQUE

SOMMAIRE. — Qu'il est utile de résumer un règne en un portrait. — Que le souvenir des qualités ou défauts d'un prince réveille inévitablement le souvenir des principaux faits de son règne. — Exemples. — Qu'il faut habituer les enfants à apprécier la valeur morale. — Que cette habitude préserve du fatalisme historique. — De l'utilité qu'on trouve à donner aux siècles eux-mêmes une physionomie et des noms ou surnoms. — Exemples. — Confusions ordinaires aux enfants dans la chronologie des siècles. — Procédés à suivre pour les éviter. — Application du mètre à la chronologie. — Correspondance parfaite entre le mètre et le siècle. — Exemple. — Trois règnes juxtaposés ou superposés. — Qu'on peut tracer sur les murs d'une classe, si petite qu'elle soit, une ligne horizontale représentant en mètres et centimètres, c'est-à-dire en siècles et en années, tout le cours de notre histoire. — Des divisions logiques ou naturelles par opposition aux divisions arbitraires ou accidentelles.

La physionomie d'un règne se confond presque avec celle du roi; les deux ne font qu'une. Le souvenir des qualités et des défauts d'un prince, de ses vices et de ses vertus, réveille inévitablement le souvenir des événements auxquels il a pris part, et qui souvent ne sont que la conséquence de ses bonnes ou mauvaises passions. Comment songer à la piété de saint Louis, sans penser aux deux croisades qu'elle lui fit entreprendre ; à sa scrupuleuse droiture, sans penser aux provinces qu'elle lui fit rendre aux Anglais ? Comment songer à la faiblesse de Charles IX, sans qu'aussitôt se réveille le souvenir de l'affreux massacre dont il se laissa arracher l'ordre par l'ambitieuse et cruelle Catherine ? Aussi recommanderai-je aux maîtres de ne jamais, sortir d'un règne et quitter un prince sans avoir mis en relief et en lumière les traits de son caractère, sans en avoir apprécié la valeur morale. Les enfants s'intéressent plus aux hommes qu'aux faits, et c'est par là qu'il faut les prendre. Il y a là une leçon pour la conduite, une lumière pour l'histoire, une ressource pour la mémoire. Tel règne en apparence difficile à retenir laissera une empreinte ineffaçable si le maître a su produire dans l'âme des enfants une impression morale. Ainsi ils n'oublieront jamais Charles le Gros, si le maître a su leur inspirer un sentiment d'indignation pour la lâcheté de cet empereur d'Allemagne, de cet indigne descendant de Charlemagne, qui s'en vient à la tête d'une armée pour acheter la retraite des Normands, pour tromper la généreuse confiance de la capitale assiégée, et rendre inutile l'intrépidité d'Eudes son défenseur. Il faut que les enfants apprennent dans l'histoire à aimer et à ressentir, comme dit l'Alceste de Molière,

. . . Ces haines vigoureuses,
Que doit donner le vice aux âmes vertueuses.

Dans cette foule de rois qui ont fait le bonheur ou le malheur de la patrie, sa ruine ou sa prospérité, il faut qu'ils voient des objets de sympathie, d'admiration, d'enthousiasme, comme aussi des objets de haine, de mépris ou de pitié ; il faut qu'ils apprennent l'histoire avec leur âme plus encore qu'avec leur mémoire. Le sentiment est bon et fidèle gardien du souvenir et l'on n'oublie ni ceux que l'on aime ni ceux que l'on hait. C'est l'indifférence morale qui rend si ingrate et si fastidieuse pour la plupart des enfants l'étude de l'histoire, parce que le maître ne sait pas faire revivre les hommes, les faire comprendre, faire sentir vivement leur grandeur ou leur bassesse, en un mot arriver au cœur. Les personnages paraissent tous semblables, c'est par le nom qu'ils diffèrent ; ce sont des êtres vagues, des ombres. Que le maître s'applique à les rendre vivants, agissants, responsables. La responsabilité, ainsi placée dans la conscience, l'histoire du passé devient celle du présent, l'histoire des rois ou des personnages devient celle de tout le monde et même des enfants, qui ont déjà, eux aussi, leurs bonnes et leurs mauvaises inspirations, leurs volontés, leurs caprices, leurs entraînements, leurs passions. Rien de plus propre que cette étude à préserver les esprits de ce fatalisme à la mode qui noie les responsabilités individuelles dans l'irresponsabilité collective, et qui réduit systématiquement la part de l'influence des hommes pour accroître la puissance des choses.

Quand l'enfant a été habitué de bonne heure à réfléchir sur ce qu'une détermination peut engendrer de biens ou de maux, sur ce qu'un acte de la volonté peut contenir de conséquences heureuses ou désastreuses, immédiates ou lointaines; quand il a assisté en esprit à ces longues hésitations, à ces agitations de la conscience qui précèdent des décisions comme le masacre de la Saint-Barthélemy ou la révocation de l'édit de Nantes, il est peu disposé à faire bon marché du libre arbitre et de la responsabilité.

C'est aussi une excellente chose d'exercer les enfants à bien distinguer les siècles les uns des autres et cela non seulement à l'aide des chiffres et des nombres qui ne font que glisser sur tant de mémoires, mais en donnant à chaque siècle son caractère, sa couleur et en quelque sorte sa physionomie. Les siècles sont comme les jours, ils se suivent et ne se ressemblent pas; il arrive même qu'entre deux siècles qui se suivent, il y a un contraste frappant, comme entre le seizième et le dix-septième siècle. Ce sont ces différences qu'il faut marquer, ces oppositions qu'il faut mettre en lumière, ces traits caractéristiques qu'il faut accuser, pour que chaque siècle prenne corps et vie, qu'il se personnifie, s'individualise pour ainsi dire, et qu'à son nom se réveille aussitôt dans la mémoire le souvenir des principaux événements qui forment son histoire, comme au nom d'une personne connue, on se rappelle aussitôt ses vertus ou ses vices, ses belles actions ou ses crimes. Le maître fera donc bien de considérer chaque siècle, comme chaque règne, dans son ensemble ; de l'embrasser d'un regard, à distance, et de rassembler ensuite et disposer, comme dans une esquisse, les traits originaux qui lui font une physionomie. De même aussi qu'au nom de chaque prince on peut ajouter et l'on ajoute parfois un ou plusieurs surnoms qui en indiquent la qualité dominante ou le défaut principal, ainsi peut-on joindre au nom de chaque siècle quelques mots caractéristiques, quelque complément expressif, qui, à la longue, s'attache au nom et, frappant l'imagination, donne le branle à la mémoire.

C'est chose faite pour certains siècles ; celui de la Renaissance, celui de Louis XIV ; pourquoi ne le ferait-on pas pour les autres ? Dans l'histoire de France on peut, par exemple, appeler :

Le cinquième siècle, le siècle de Clovis ou des invasions barbares ;

Le sixième, le siècle des partages ou des fils et petits-fils de Clovis ;

Le septième, le siècle des rois fainéants ou des maires du palais ;

Le huitième, le siècle de Charles Martel et de Charlemagne ;

Le neuvième, le siècle de la décadence carlovingienne ;

Le dixième, le siècle des quatre grands Capétiens ;

Le onzième, le siècle des Normands, ou des rois excommuniés ;

Le douzième, le siècle des premières croisades et des premières communes ;

Le treizième, le siècle des quatre croisades, ou des cinq croisades, si l'on veut y joindre celle des Albigeois ;

Le quatorzième, le siècle de la guerre de Cent ans ;

Le quinzième, le siècle de transition (il est en effet partagé par moitié entre le moyen âge et l'âge moderne,) ou le siècle des progrès de la nationalité et de la royauté ;

Le seizième, le siècle des guerres d'Italie et des guerres religieuses ou de la Renaissance et de la Réforme ;

Le dix-septième, le siècle de Richelieu et de Louis XIV ;

Le dix-huitième, le siècle de la philosophie et de la Révolution ;

Le dix-neuvième, le siècle de l'Empire et de la République ou de la science et de l'industrie.

Il y a des siècles d'une simplicité parfaite, il y en a d'autres d'une extrême complexité, comme les douzième, quinzième et seizième. On peut donc hésiter à choisir parmi les traits qui les caractérisent ; mais cette hésitation même et l'effort qu'impose la comparaison des caractères sont loin d'être sans utilité. D'ailleurs il s'agit ici d'un travail personnel dont les résultats peuvent être différents les uns des autres, mais dont l'efficacité n'est pas douteuse.

Les enfants confondent souvent les siècles qui se touchent. Si on leur demande, par exemple, à quel siècle appartient l'année 732, ils répondent : au septième siècle ; de quel siècle fait partie l'année 1328, ils répondent : du treizième siècle. Demandez-leur quelle est la première année du quinzième siècle, ils vous répondent : c'est l'an 1500 ; quelle est la dernière année du neuvième siècle ? c'est 899 ; ou ils font d'autres réponses analogues. J'ai bien des fois renouvelé cette expérience et presque toujours elle m'a donné les mêmes résultats. Il y a donc quelques précautions à prendre pour éviter une confusion si commune ; en voici quelques-unes ; avant l'expérience j'aurais pu les croire inutiles, mais, après, je les tiens pour nécessaires.

Il faut d'abord donner aux enfants une idée claire et nette de ce que c'est qu'un siècle, les habituer par de petits calculs à le partager par moitié, par quarts, par cinquièmes, etc. ; leur faire remarquer qu'on peut descendre ou remonter le cours d'un siècle, c'est-à-dire, aller de la première à la dernière année, ou inversement de la dernière à la première ; qu'un siècle étant une série de cent années, on peut commencer à volonté par la centième ou par la première ; qu'avant l'ère chrétienne on commence à compter les années d'un siècle par la centième, et après l'ère chrétienne par la première ; que, par conséquent et, par exemple, la première année du cinquième siècle avant Jésus-Christ, c'est 500 et la dernière 401, tandis que la première année du cinquième siècle après Jésus-Christ, c'est 401 et la dernière 500 ; que la seconde année du quatrième siècle avant Jésus-Christ, c'est 399 et l'avant-dernière 302, tandis que la seconde année du quatrième siècle après Jésus-Christ, c'est 302 et l'avant-dernière 399, et ainsi de suite ; que les siècles (et cette remarque est particulièrement importante) que les siècles tirent leur nom, avant Jésus-Christ, de leur première année, et après Jésus-Christ de leur dernière ; qu'ainsi le troisième siècle avant Jésus-Christ tire son nom de l'année *trois* cent, qui est la première du troisième siècle, tandis qu'après Jésus-Christ, le troisième siècle tire, il est vrai, son nom de l'année 300, mais que cette année est la dernière du siècle, 201 étant la première.

Enfin il faut multiplier et varier les questions de ce genre, jusqu'à ce que les enfants soient rompus à ce mécanisme du reste fort simple, et qu'il ne leur arrive plus de transporter les années d'un siècle dans celui qui le précède ou celui qui le suit. Une conception nette, vive, de chaque siècle en lui-même et séparément des autres est d'un puissant secours pour l'étude de l'histoire.

Pour la former dans l'esprit, on peut avoir recours à des lignes horizontales ou mieux encore verticales qu'on dispose parallèlement les unes près des autres ;

l'espace est en effet la meilleure mesure du temps Cette disposition de lignes égales et parallèles me paraît propre à donner la sensation vive et, par suite, l'idée nette de l'égalité des siècles et de leur succession. Chaque ligne peut être un mètre ; le mètre se divisant en décimètres et centimètres comme le siècle en décades et en années, il y a correspondance parfaite entre les divisions géométriques et les divisions chronologiques ; chaque centimètre représente une année.

Ce procédé sert aussi à donner la sensation de la durée relative des règnes et à en imprimer le souvenir ineffaçablement. Lorsque, par exemple, on aura vu sur une même ligne trois divisions successives, l'une de 32, la seconde de 12 et la troisième de 1 centimètres, avec les noms de François Ier, de Henri II et de François II au-dessus de chacune d'elles, il deviendra difficile d'oublier l'étendue relative de ces règnes. La même sensation sera rendue plus vive encore, si l'on range les unes au-dessous des autres des lignes métriques représentant exactement, par leur longueur, la durée des règnes. Il est clair qu'on peut remplacer le mètre par le décimètre ; alors l'année est représentée par un millimètre. Voici les règnes cités plus haut, en millimètres sur la même ligne :

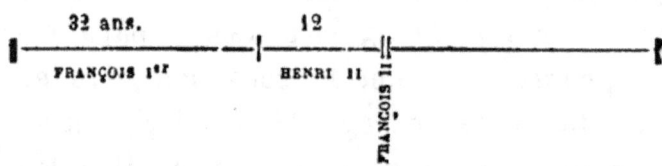

Ou en millimètres sur trois lignes :

FRANÇOIS 1ᵉʳ ——————————————, 32 ans.
    HENRI II ————————, 12 ans.
FRANÇOIS II -, 1 an.

Enfin, pour donner la sensation et l'idée de la continuité des siècles et du cours ininterrompu du temps, il sera bon d'en offrir l'image en un développement rectiligne de plusieurs siècles ou même de l'histoire de France entière. La classe la plus étroite a toujours au moins 15 à 20 mètres de tour. Qui empêche de tracer une ligne horizontale qui fasse le tour de la classe, et qui, divisée en mètres et centimètres, c'est-à-dire en siècles et en années, et ensuite en règnes, déroule aux yeux des élèves l'image permanente et fidèle de nos 15 siècles d'histoire? Pour frapper les yeux et aider la mémoire, on peut avoir recours à un artifice bien connu, et donner une couleur différente aux parties de la ligne qui représentent les différentes dynasties, et nuancer de teintes variées les divers règnes de chacune d'elles.

Mais les siècles, bien qu'ayant leur caractère propre et leur physionomie distincte, ne sont pourtant que des divisions arbitraires; ces divisions ne règlent pas plus la marche des événements que les degrés du thermomètre ne règlent les variations de la température. La fin ou le commencement d'un siècle ne coïncide pas toujours avec la fin ou le commencement des grands mouvements politiques, religieux, littéraires ou autres. Il en est de même pour les règnes, dont les divisions dues à des morts parfois soudaines, souvent prématurées, sont, elles aussi, purement fortuites ou accidentelles; telle évolution commence dans le cours d'un siècle et ne s'achève que dans le siècle suivant, ou même dans un siècle plus éloigné; telle entreprise, préparée et commencée sous un règne, se poursuit dans les règnes suivants et ne se termine que longtemps après. En dehors de ces divisions arbitraires ou accidentelles des siècles et des règnes, il y en a d'autres, qui sont à la fois logiques et naturelles, parce qu'elles sont fournies par le développement même de l'histoire et par l'enchaînement des causes et des effets. Les invasions, les maires du palais, les croisades, la chevalerie, la guerre de Cent ans, etc., voilà des divisions qui ne cadrent ni avec celles des siècles ni avec celles des règnes.

La vie de l'homme, la vie d'un homme se compte aussi comme celle de l'humanité, comme celle d'un peuple, par les années et les jours; mais sous ce partage artificiel du temps en petites parties isochrones, en petites tranches égales, il y a des divisions toutes faites et données par la nature elle-même, il y a l'enfance, la jeunesse, la maturité, la vieillesse ; il y a les passions qui remplissent et troublent le cours de la vie, il y a les événements heureux ou malheureux qui le traversent ou le changent, les efforts soutenus ou intermittents de la volonté qui en dispute ou en saisit la direction. Ainsi dans l'histoire.

Ces divisions naturelles doivent, elles aussi, elles surtout, être marquées par la chronologie ; mais il faut qu'elles viennent en dernier lieu ; il faut que l'esprit ait déjà embrassé la suite des temps, qu'il voie les siècles à leur place dans l'ensemble, et les règnes à leur place dans les siècles, et que ces premières lignes soient bien tracées, bien arrêtées, bien imprimées dans les esprits, pour que les divisions nouvelles qui arrivent par-dessus les autres, qui commencent dans telle ou telle partie d'un siècle, à telle ou telle année d'un règne pour aller finir ici ou là à des distances plus ou moins grandes. ne causent aucun trouble dans la mémoire et ne brouillent pas les souvenirs.

CHAPITRE XXXV

DEUX GRANDES LEÇONS D'HISTOIRE

SOMMAIRE. — Histoire du peuple. — Histoire de l'humanité.

Une bonne et belle leçon serait celle qui, embrassant toute l'étendue de nos annales, ferait l'histoire de notre démocratie; cette leçon-là ne serait pas sans utilité pour de futurs citoyens.

Si on rapproche par la pensée les deux bouts de notre histoire, le serf d'autrefois et le citoyen d'aujourd'hui, quelle distance, quelle différence entre ces deux hommes dont l'un n'avait rien à lui, pas même sa personne, et dont l'autre ne dépend plus que de lui seul! Mais aussi quelle longue et pénible route se déroule entre ces deux extrêmes ! que d'efforts, que d'épreuves, que de luttes et de souffrances, que de larmes et de sang ! c'est par le travail, par l'économie, par la patience, par le courage que cette classe, si longtemps malheureuse et asservie, est arrivée de la pauvreté, de l'ignorance et de la servitude, à l'aisance, à l'instruction et à la liberté. C'est l'association qui a tiré le peuple de l'isolement du servage et l'a constitué en commune ; c'est le courage qui lui a fait sa place dans les armées à côté de la noblesse ; c'est la fermeté qui lui a ouvert les états généraux ; c'est la loyauté et la fidélité qui lui ont assuré l'appui du pouvoir royal ; c'est l'intelligence qui l'a fait arriver aux hauts emplois et jusque dans les conseils de la royauté ; c'est l'activité, c'est l'initiative qui, par le commerce et l'industrie, l'ont conduit à l'indépendance. Et le moment venu, quand l'aristocratie se fut usée dans les plaisirs, quand la royauté se fut affaiblie par l'abus même de sa puissance, alors à l'aide de ce peuple mûri, fortifié, ennobli, un grand mouvement se fit, le trône tomba, la royauté disparut, la noblesse avec elle, et le peuple régna. Mais ses vengeances, ses excès, ses divisions hâtèrent sa chute ; il tomba à son tour, et, pendant près d'un siècle encore, il dut apprendre, par des épreuves nouvelles et de cruelles leçons, que la modération dans la puissance est la condition de sa durée. Une tyrannie militaire et glorieuse répandit le sang français par l'Europe et s'écroula victime de sa propre ambition ; ramenée par l'étranger, l'ancienne royauté remonta sur son trône ; perdue par ses vengeances et son intolérance, elle fit place à une royauté plus douce, que perdirent à son tour une résistance aveugle à des aspirations légitimes et l'inintelligence des temps.

Le peuple redevenait le maître ; malheureusement, à peine était-il en possession de ses droits qu'aveuglé par l'éclat des souvenirs héroïques et le prestige d'un grand nom, il se donnait un nouveau maître. Il en fut du dernier comme des autres ; mais, terrible et dernière leçon ! en se perdant, il faillit perdre la patrie. C'est d'une épouvantable catastrophe qu'est sortie la troisième République ; c'est sur les ruines sanglantes de la patrie mutilée que le peuple a pour la troisième fois ressaisi le pouvoir. Puissent ces enseignements redoublés et redoutables l'avoir enfin éclairé et assagi ! puisse-t-il affermir par sa sagesse un pouvoir si chèrement reconquis !

Voilà, esquissée à grands traits, la biographie du peuple, qui aujourd'hui n'est plus classe, mais nation. Elle se résume en deux mots : après avoir péniblement, lentement, laborieusement conquis ces biens précieux qui font la dignité de la vie individuelle et nationale, la liberté et l'égalité, il les a deux fois perdus, la première par ses violences sanglantes, la seconde par ses entraînements irréfléchis ; et chacune de ces fautes a compromis l'existence même de la nation.

Ainsi, dans la vie ordinaire, un moment de folie et d'égarement peut ruiner des fortunes qui sont le fruit d'un travail héréditaire.

Voilà l'histoire qu'il faut placer sous les yeux de ces enfants qui tiendront un jour entre leurs mains la fortune publique et qui auront leur part de responsabilité dans la destinée du pays. De cette histoire se dégagent bien des leçons que l'éducateur pourra mettre en lumière ; mais celle qui sort éloquente et en quelque sorte toute sanglante de nos derniers malheurs, celle qu'il faut enfoncer aussi avant que possible dans les esprits encore tendres à l'aide de ces souvenirs cuisants et menaçants, c'est qu'on doit user de la liberté politique, comme de la liberté civile, sagement, honnêtement ; c'est qu'on doit aller à ces scrutins qui décident de l'avenir d'un peuple, non pas en pérorant ou en chantant, mais la tête froide et l'âme recueillie.

La biographie de l'homme ou de l'humanité ne serait pas non plus sans utilité pratique et morale. L'enfant ne peut que gagner à reparcourir avec un guide ces longues et nombreuses étapes suivies par le genre humain ; à voir l'homme primitif, sur un sol encore tremblant des dernières convulsions de la terre, et fumant d'éruptions formidables, aux prises avec tous les dangers que lui crée une nature sauvage, un fourmillement d'animaux indomptés, et sa propre nudité ; cette vie de combats, d'angoisses, de souffrances, si admirablement décrite par le poète latin *Lucrèce ;* à voir sa pauvre intelligence d'enfant, inventer, sous l'aiguillon des nécessités pressantes et renaissantes, les armes, les vêtements grossiers, les abris informes, nécessaires à sa défense et à sa conservation. Puis, quand la vie est à peu près assurée, quand l'homme peut enfin respirer en sécurité, les arts prennent naissance dans des loisirs laborieusement achetés, le langage s'enrichit; la plus féconde des inventions humaines, l'alphabet sort enfin d'une suite d'essais longtemps infructueux, mais toujours renouvelés; les lois se créent, les gouvernements se fondent, la société, c'est-à-dire des rapports réguliers, pacifiques, bienveillants, s'établissent; les lettres fleurissent, l'esprit d'observation se développe, les expériences s'accumulent, et de cet amas, d'abord indigeste et confus, les sciences sortent, l'une après l'autre, hésitantes et timides, puis peu à peu fortifiées, enhardies; enfin l'on voit se rassembler et s'ordonner dans plus d'une contrée cet ensemble de biens qu'on nomme civilisation.

Aidons-nous de ces contrastes éloquents pour faire mesurer la distance que l'humanité a parcourue depuis son origine jusqu'à nos jours; à côté de l'homme des premiers âges, vivant d'une vie encore tout animale, bien qu'il portât en lui tous les germes de son développement, plaçons un de ces hommes dont s'enorgueillit à bon droit l'humanité, dont la tête porte tout le savoir accumulé des siècles; à côté de cet être errant, nu, réduit à ses propres ressources, montrons l'homme d'aujourd'hui qui bénéficie de tout le savoir acquis, de toute l'activité déployée par des milliers de générations, et qui voit à son service tous les métiers, toutes les professions, toutes les sciences et tous les arts.

Et cependant, leçon suprême, dans cette société qui nous offre tous les biens de la vie, dans cette société qui est le fruit d'un labeur tant de fois séculaire, il se trouve des hommes qui, ne pouvant la plier à leurs folies, travaillent à la détruire; qui, ne voulant pas se plier à la loi commune du travail, de la sagesse et de la patience, voudraient l'anéantir!

CHAPITRE XXXVI

DES LEÇONS DE CHOSES ET DES MUSÉES SCOLAIRES, CANTONAUX, PÉDAGOGIQUES.

SOMMAIRE. — Que la leçon de choses n'est pas toujours bien comprise. — Qu'elle doit être une leçon faite par les choses et non sur les choses. — Qu'elle est une application de la méthode d'observation personnelle. — Exemples tirés des grains et des épis. — Des musées scolaires. — Leur composition. — Leur diversité. — Leur utilité. — Des musées cantonaux. — Comment ils se divisent. — Comment ils peuvent servir aux enfants. — Du musée pédagogique. — Quels services il peut rendre aux instituteurs — Des projections lumineuses. — Du parti qu'on en peut tirer. — Cours complet d'enseignement par l'aspect.

Les leçons de choses ! Le mot est bien vague; si vague, que certains pédagogues entendent par là des leçons sur la nature, l'homme, la vie sociale et la Divinité, c'est-à-dire sur tout. C'est trop, et la leçon de choses doit être plus modeste. A mon avis elle est une simple initiation à l'étude des sciences expérimentales ; son domaine comprend les objets sensibles que l'enfant trouve à sa portée ; il finit où la science commence ; son but est d apprendre à observer; sa méthode consiste à faire trouver au lieu d'enseigner. La leçon de choses est née d'une heureuse réaction contre l'habitude de parler des choses sans les faire voir, de puiser dans les livres des connaissances que l'on peut acquérir par soi-même ; c'est une substitution de l'expérience personnelle à l'autorité didactique, de l'observation à la lecture, des idées concrètes aux mots vides de sens.

Autrefois l'enfant ne se servait guère de ses yeux que pour apprendre à lire ; le livre était tout, c'était la seule et unique source du savoir ; c'est à travers le livre qu'il voyait la nature ; au lieu de regarder les objets eux-mêmes, il s'en faisait une idée d'après le livre. Avec la leçon de choses, le livre disparaît, l'enfant est mis en présence des objets, et lorsqu'ensuite il arrive au livre qui en parle, il compare ce qu'il a appris par lui-même avec ce que le livre veut lui apprendre ; il devient jusqu'à un certain point juge du livre. Il a plaisir à trouver que l'auteur a vu comme lui-même, il prend confiance en son propre jugement, il s'assure en ce qu'il sait et apprend plus vite et mieux ce qu'il ignore. Cette méthode est excellente ; est-elle bien comprise, est-elle bien appliquée ? Pas encore.

On a publié bien des livres intitulés : Leçons de choses. J'en ouvre un au hasard et j'y trouve sur les céréales toutes les connaissances qu'on peut raisonnablement souhaiter qu'un enfant acquière à l'école sur ce sujet. Mais si le maître fait lire, ou lit, ou expose ce chapitre, aura-t-il fait une leçon de choses ? Nullement; il aura fait une leçon sur les choses. Dans la leçon ainsi nommée, ce sont les choses elles-mêmes qui font en quelque sorte la leçon, ce sont elles qui parlent et font parler ; il faut donc qu'elles soient présentes, elles de préférence, et, à défaut, leur image. Le maître apportera donc des grains de blé d'espèces différentes ou il les prendra dans son musée scolaire ; et, au lieu de commencer doctoralement avec le livre et de dire : « Il y a deux espèces principales de blé, le blé tendre et le blé dur, » il donnera aux enfants les deux espèces de grains, il les invitera à les bien regarder et se les mettre sous la dent ; les enfants lui diront d'eux-mêmes que parmi ces grains les uns sont opaques et les autres à demi transparents, que les premiers sont tendres et que les autres sont durs.

De même le maître apportera des épis de blé, de seigle, d'orge et d'avoine ; il les mettra dans les mains des enfants; il leur fera observer et comparer les tiges, les épis, l'arrangement des grains, la longueur et la disposition des barbes, etc.; il ne dira rien de ce que l'enfant peut dire; la comparaison finie, les enfants la résumeront de vive voix, et si la leçon est importante, ils la résumeront par écrit. Ce qui importe ici, ce que le maître ne doit pas perdre de vue, c'est qu'il s'agit moins encore de l'acquisition de quelques connaissances que tu développement d'une faculté et de la direction de l'esprit lui-même. Ces connaissances, il lui reste du temps pour les acquérir, tandis qu'il n'y a qu'un temps pour prendre de bonnes habitudes, et c'est celui de la scolarité.

L'auxiliaire naturel de la leçon de choses, ce sont les choses elles-mêmes, c'est-à-dire le musée scolaire.

On peut donc ainsi, en réunissant dans une urmoire, sous une vitrine, un certain nombre d'objets de tout genre, bien choisis et méthodiquement classés, composer un petit musée, qui permette aux maîtres de donner à leurs élèves des notions scientifiques exactes, des connaissances pratiques et de les introduire de bonne heure dans le vaste domaine de l'agriculture, du commerce et de l'industrie.

Quelques petites collections botaniques, géologiques, minéralogiques, des spécimens des principaux genres d'architecture, des modèles géométriques, des sphères célestes et terrestres, des tableaux représentant les insectes nuisibles et les oiseaux qui les détruisent, etc. : voilà les premiers éléments des musées scolaires.

Ces musées ne doivent pas être partout composés de la même manière, et remplis des mêmes objets. Suivant la nature du pays, ses ressources, ses produits, les musées scolaires prennent un aspect différent, et offrent aux yeux une sorte d'image du pays lui-même. Chacun a sa physionomie. Du reste, rien ne s'oppose à ce que des échanges fassent passer des uns aux autres les objets les plus rares et les plus intéressants. De la sorte la curiosité des enfants est sans cesse ranimée, et la nouveauté des choses donne à l'enseignement du maître plus de vie et d'attrait.

Le musée d'une école de filles doit être sensiblement différent du musée destiné aux garçons. Dans le choix des objets qui le composent, une intelligente directrice songe aux occupations ordinaires des femmes, aux métiers, aux professions que doivent exercer plus tard les enfants qu'elle instruit.

Ce n'est pas seulement dans les premières classes, mais dans les petites, ce n'est pas seulement à l'école primaire, mais dans la salle d'asile que le musée rend des services. Le petit enfant est curieux, désireux de voir, de sentir, de toucher, de manier les objets; c'est cette curiosité naturelle qu'il faut diriger et tourner à son profit. Plus l'on commencera de bonne heure, plus on en tirera de fruit. L'enfant prendra insensiblement et sans s'en douter l'habitude de l'observation méthodique; et dans son cerveau, tendre encore, les objets s'imprimeront plus aisément avec des traits précis que l'âge affermira. Alors les premiers tâtonnements de sa pensée rencontreront déjà des formes arrêtées, des idées nettes et vives, dont il saisira mieux les rapports naturels; ses jugements seront plus sûrs et plus prompts, ses raisonnements plus solides.

Au lieu des idées vagues que laisse un enseignement purement oral, il aura dans l'esprit les formes nettes et ineffaçables des choses ; ce qu'on a entendu s'oublie ; ce que l'on a vu et observé, surtout dans l'enfance, demeure.

Ce n'est pas assez d'avoir des musées, il faut s'en servir. Un musée n'est pas un simple ornement de l'école, c'est un instrument de travail. Les collections ne sont pas faites pour rester dans une armoire et pour être regardées à travers une vitrine ; il faut que les objets en sortent, qu'ils passent de main en main, pour piquer la curiosité des élèves et provoquer des questions, et cela dans l'intérêt des maîtres eux-mêmes ; car souvent une question imprévue est un trait de lumière pour le maître et lui révèle ou une lacune dans son enseignement ou un vide dans ses collections. Avant de commencer leurs leçons, les professeurs de physique, de chimie, d'histoire naturelle, ont l'habitude de placer et de disposer sur leur bureau les instruments, les corps, les collections nécessaires pour leurs expériences, leurs démonstrations, leurs exposés. Que l'instituteur suive cet exemple; que, le jour où il doit faire sa leçon de choses, les enfants, en entrant dans la classe, voient rangés sur la chaire les objets qui serviront à la leçon ; et que dans les écoles à plusieurs classes les directeurs et les directrices veillent à ce que leurs adjoints et adjointes procèdent de la même façon. De temps à autre aussi un enfant peut être placé devant l'armoire toute grande ouverte, et chargé de dresser à haute voix l'inventaire du trésor commun, afin que l'école connaisse sa richesse ou sa pauvreté, et que les enfants prennent une idée de l'ensemble après avoir eu la connaissance du détail.

Certains instituteurs croient en avoir fini quand ils ont aligné quelques pierres, rempli quelques flacons, piqué quelques insectes : ils ferment l'armoire, tournent la clef : le musée est achevé. Eh non ! il n'est pas achevé ; un musée ressemble à ce beau dictionnaire

Qui, toujours si bien fait, sera toujours à faire.

Tel objet, reconnu inutile, est à retrancher ; tel autre, reconnu nécessaire, est à acquérir ; celui-ci, hors d'usage, est à remplacer ; celui-là, d'un usage fréquent, est à doubler. Il faut que le musée s'enrichisse et se renouvelle sans cesse, et surtout (car un musée n'est pas un tas de choses) qu'il s'ordonne et se distribue suivant les lois des classifications scientifiques. Dans certains départements les échantillons sont classés et catalogués, et un ingénieux système d'échange a été organisé.

En un mot, le musée doit développer et entretenir dans l'école une activité permanente ; il en est de lui comme de la bibliothèque. A quoi servirait la bibliothèque, si les livres restaient sous clef ? Il est l'honneur et l'orgueil de l'école, et son mouvement, sa richesse témoignent de la vie qui règne autour de lui.

Maintenant à qui appartient le musée scolaire? Je n'hésite pas à répondre : à l'école. Je reconnais qu'il est pénible pour un maître, appelé à un nouveau poste, de quitter le musée auquel il a travaillé avec zèle, avec passion, pour lequel même il s'est imposé des sacrifices pécuniaires, surtout lorsqu'il doit perdre au change. Mais le musée n'est pas, ne doit pas être une œuvre absolument personnelle; les maîtres-adjoints y ont collaboré; les enfants de l'école y ont apporté leur part; l'œuvre a dû être commune ; c'est pour l'école et non pas seulement pour eux, qu'élèves et maîtres ont travaillé. Je comprends que certains objets rares et précieux, qui ont été donnés à l'instituteur pour lui-même, et que celui-ci a prêtés au musée, sortent de l'école avec lui et le suivent dans sa nouvelle destination ; mais les collections, mais les objets qui ont été donnés au maître pour son enseignement et non pour son plaisir, en un mot le fonds du musée appartient à l'école ; c'est sa propriété, et une propriété sacrée.

Au-dessus des musées scolaires vient naturellement se placer le musée cantonal. Cette création, de date récente, est due à l'initiative de M. Groult, avocat à Lisieux. Déjà quarante-cinq musées cantonaux sont ouverts et d'autres vont s'ouvrir. Comme leur nom l'indique, ils sont destinés au canton, dont ils offrent en quelque sorte l'image;

utiles aux hommes faits, ils seront non moins utiles aux enfants. Comme ils sont placés à portée des écoles, ils pourront servir de but aux excursions scolaires. Ces musées se partagent en six ou sept sections : agricole, industrielle et commerciale, artistique, scientifique, maritime et fluviatile, section d'hygiène et section de pédagogie. Pour donner une idée du caractère à la fois pratique et patriotique de ces créations, je ne puis mieux faire que de citer M. Groult lui-même.

« Nous entrons tout d'abord dans la *Section agricole :* nous y voyons des modèles de constructions, de machines, d'instruments et d'outils agricoles ; des spécimens d'animaux domestiques, avec l'indication des principales races à élever dans le pays et des soins à leur donner ; des spécimens d'arbres fruitiers, de plantes fourragères, de graines et de racines propres à la région, ainsi que les engrais qui leur conviennent ; des spécimens de drainages et d'irrigations, avec plans et statistiques ; des collections de sylviculture, d'agriculture et de pisciculture ; des cartes agricoles du canton, avec les statistiques s'y rattachant ; un tableau des débouchés agricoles du canton et de renseignements divers ; enfin, un tableau d'honneur faisant connaître les noms des cultivateurs du canton primés dans les concours annuels. »

« Nous voici dans la *Section maritime et fluviatile.* On y a exposé des modèles de barques, de phares.

de bouées, d'engins de pêche, des spécimens de poissons, de coquillages, de plantes, de sables et de tangues ; des cartes et des tableaux donnant tous les renseignements relatifs à la pêche de la région enfin, un tableau d'honneur indiquant les innovations utiles aux pêcheurs du canton, les bons exemples et les actes de courage donnés par quelques-uns d'entre eux, etc., etc. (1). »

Au-dessus du musée cantonal, nous voudrions voir se fonder au chef-lieu du département, pour les maîtres et par conséquent au profit des élèves, des musées pédagogiques. Le type en est créé à Paris; il faut espérer qu'il se reproduira dans les départements.

Le musée pédagogique est une des formes les plus saisissantes et les plus fécondes de l'enseignement par l'aspect : c'est la leçon muette et pourtant éloquente, c'est l'école des maîtres, c'est l'école de l'école. Une seule visite attentive au musée pédagogique est un enseignement instantané, qui pénètre de vive force par les yeux dans l'esprit, qui le frappe et l'éclaire irrésistiblement. En voyant rangés méthodiquement les uns près des autres tous les instruments auxiliaires d'un même art, d'une même science, l'instituteur, par une comparaison prompte et presque involontaire, a bien

1. Extrait d'une lecture faite au Congrès de l'association française pour l'avancement des sciences tenu à Grenoble le 13 août 1885.

vite classé les objets d'après leur valeur. A la lumière de cette évidence qui saisit à la fois les yeux et les sens, le doute se dissipe, la vraie supériorité éclate et s'impose, l'observateur est forcé de se rendre. Une sorte d'ébranlement intellectuel, une révélation soudaine se produit en lui. Il entrevoit tout le parti qu'il pourra tirer d'un instrument nouveau, il se félicite de l'avoir rencontré, il s'étonne de ne pas l'avoir imaginé lui-même; pas de préjugé qui tienne, pas de routine qui résiste; il se sent obligé de renoncer à ses propres méthodes pour en adopter de meilleures; il se retire, parfois un peu confus, mais éclairé, mais convaincu, cédant à l'immédiat et salutaire ascendant du progrès.

Cette leçon, que donne le musée, est de toutes la plus efficace et la plus douce; elle ne coûte rien à l'amour-propre, elle n'engendre pas ces entêtements invincibles, triste effet des discussions où les vanités sont aux prises, et où l'on s'obstine à avoir tort, pour ne pas donner raison à l'adversaire. Ici, ce sont les choses elles-mêmes qui parlent, qui instruisent, qui convertissent; l'amour-propre est à couvert, et l'on ne fait pas difficulté de s'avouer vaincu en l'absence du vainqueur.

Quel progrès n'obtiendrait-on pas, en soumettant ainsi successivement au jugement des instituteurs, toutes les formes, tous les procédés, tous les instruments auxiliaires de l'enseignement! Je voudrais, entre autres choses, voir installée dans le musée pédagogique une classe modèle, pourvue du mobilier reconnu le meilleur, avec sa bibliothèque d'un côté, et de l'autre son musée scolaire; avec son compendium métrique, ses instruments d'arpentage, avec ses solides pour l'enseignement de la géométrie, ses modèles pour l'enseignement du dessin, avec ses murs ornés de cartes géographiques, de tableaux d'histoire naturelle, de tableaux d'histoire de France, enfin une classe munie de tout ce que les progrès de l'art et de la science ont mis au service de l'instruction primaire, une classe à faire envie aux maîtres et à charmer les enfants. Je voudrais que tous nos instituteurs, les débutants surtout, vinssent passer quelques heures dans cette classe ainsi préparée. Ils en remporteraient l'image gravée dans leur mémoire; elle serait comme un idéal toujours présent à leur pensée. Rentrés dans leur école, promenant autour d'eux leurs regards, ils verraient avec tristesse ce qui leur manque encore, ils rivaliseraient d'efforts pour meubler, pour orner leur école, et peu à peu, sous l'influence d'une émulation noble et féconde, on verrait toutes les classes se transformer et s'embellir, à l'image de la classe modèle.

Car il faut que l'instituteur se pénètre de ceci: l'École, c'est son bien, sa maison, c'est son temple; il doit avoir à cœur de l'orner, de l'enrichir. J'ai trop vu de maîtres attendre avec une indifférence résignée, des agrandissements, des embellissements désirables, voire de simples et urgentes réparations. Les conseils généraux, les conseils municipaux ont sur les bras mille et mille affaires ; l'instituteur, lui, n'en a qu'une, dont il doit s'occuper constamment, passionnément ; c'est son école. A lui de travailler, d s'ingénier, de s'empresser, de solliciter pour elle car, s'il y a parfois de l'indiscrétion à demander et à faire demander pour soi-même, il est toujours honorable de demander pour les autres, surtout pour cette grande famille, qui s'appelle l'École.

Cet ensemble de musées trouverait son complément naturel dans un cours fait au chef-lieu à l'aide des projections lumineuses. Ce puissant auxiliaire, que l'enseignement supérieur a déjà mis à profit, pourrait aussi contribuer efficacement aux progrès de l'instruction élémentaire et primaire. Les enfants sont si avides d'images et de tout ce qui est spectacle et représentation! Une séance de projections, c'est un plaisir en perspective, c'est un moyen d'émulation, c'est une lumière répandue sur l'enseignement tout entier ; car tout cet enseignement se prête à la figuration. Non seulement on peut choisir çà et là les sujets les plus intéressants et en composer ce qu'on appelle des séances amusantes ; mais, avec du temps et de la persévérance, on peut, en serrant de près les programmes, en les suivant pas à pas, arriver à traduire et à doubler l'enseignement par une succession continue de tableaux fidèles.

En effet, avec une suite de dessins représentant des scènes de tout genre, des batailles, des grands hommes, des héros, des rois, des costumes, des armes, on forme un cours descriptif presque complet de *notre histoire*.

La *cosmographie élémentaire*, les corps, les systèmes, les phénomènes célestes ; la *géographie physique*, mers et marées, fleuves et glaciers, montagnes et volcans, etc. ; la *géographie historique*, lieux et monuments, villes, ruines célèbres ; la *géographie industrielle et commerciale*, ports, canaux, ponts, viaducs, aqueducs, tunnels, mines, usines, etc., peuvent être présentées sous cette forme saisissante.

La *géologie*, les aspects de la terre aux diverses époques de son histoire, ses transformations, ses révolutions, les *trois règnes de la nature* depuis les formes rudimentaires de la matière inorganique jusqu'aux merveilles des organismes vivants les plus délicats et les plus compliqués ; la *physique* avec ses phénomènes et ses appareils, l'*industrie* avec ses machines, l'*agriculture* avec ses instruments, sont aussi du domaine de la représentation.

Qui empêche de faire une part aux arts plastiques, de placer sous les yeux des élèves, au moins des plus avancés, les principaux chefs-d'œuvre de la *peinture*, de la *sculpture* et de l'*architecture* ? de former des galeries de portraits, en rangeant par ordre chronologique et par genres les inventeurs, les explorateurs, les grands capitaines, les législa-

teurs, les poètes, les orateurs, les peintres, etc. ?
Grâce à la photographie, qui est arrivée à reproduire fidèlement les tableaux eux-mêmes, ce progrès est devenu réalisable.

Enfin, en réunissant et en classant un certain nombre de clichés bien choisis, qui représentent des actes de vertu, des traits de courage civil ou guerrier, d'abnégation, de patriotisme et d'héroïsme, il n'est nullement impossible de composer un véritable cours d'enseignement moral par l'aspect.

Par l'éclat des projections, par leurs proportions mêmes, cette récapitulation vivante de l'enseignement laisserait dans les esprits des images précises, dont les maîtres s'appliqueraient à fixer et à raviver les souvenirs.

CHAPITRE XXXVII

MANIÈRE DE FAIRE LA CLASSE

SOMMAIRE. — L'entrée en classe. — La revue des troupes. — La harangue. — Du savoir et du savoir faire. — La sauce et le poisson. — L'aimantation. — De la froideur, ses effets. — De la bonté. — Le signe de la vocation. — Qu'on doit ménager l'amour-propre des enfants. — Ne pas leur dire qu'ils sont inintelligents.

Voici à peu près comment je me représente une entrée en classe. L'heure approche ; la porte est ouverte, le seuil est luisant de propreté ; de chaque côté, un arbuste ou un pot de fleurs ; à travers la porte on voit la salle balayée, arrosée, les murs ornés de cartes, d'images. Le maître est là sur le seuil, il regarde les enfants venir, les uns plus lentement, les autres plus vite, selon leur allure habituelle ou les dispositions du jour. Il lit sur les visages le plaisir ou l'ennui, l'espoir des récompenses ou la crainte des punitions. Au passage, il envoie à chacun un mot : — Bonjour, Pierre ; allons, tu sais ta leçon aujourd'hui ; je vois cela dans tes yeux — Jean, comment va ta mère ? Est-ce qu'elle souffre encore de ses maudites douleurs ? — Eh bien, Henri, tu passes sans me regarder ? tu es encore honteux de tes sottises d'hier ; j'espère que la nuit t'aura porté conseil. — Touche-moi la main, Jacques; tu es un brave garçon ; je sais que tu as gaillardement aidé ton père hier au fenil; c'est lui qui me l'a dit ce matin, en allant au labour. — Et ainsi de suite; chacun entre avec un mot d'encouragement ou de reproche affectueux, d'éloge ou de blâme adouci, une allusion à sa bonne ou à sa mauvaise conduite, à ses qualités ou à ses défauts. L'enfant a senti que le maître s'intéresse à lui, aux siens, qu'il a du plaisir à le revoir, qu'il lui veut du bien, qu'il l'aime. La classe a commencé avant l'entrée en classe, et cette première leçon, ce bon accueil du maître, ces paroles de bon augure et de bon conseil ne sont pas la moins profitable des leçons.

Le jour se trouve ainsi relié à la veille, le fil est renoué, la vie scolaire forme une trame. L'enfant comprend que ce n'est point par caprice et par accident que l'attention du maître revient sur lui, mais qu'elle le suit sans le poursuivre, sans l'obséder, avec bienveillance, avec bonté; qu'il y a là, pour le maître et pour lui une œuvre commune, une œuvre à deux : celle de son éducation, et que si l'un y apporte, pour sa part, du dévoûment et du savoir, l'autre pour la sienne doit y apporter de la docilité et de la reconnaissance.

CHAPITRE XXXVII

Nous voici en classe; les enfants s'alignent; le maître passe la revue de sa petite armée. Les habits sont-ils en bon état ? les figures sont-elles propres ? les mains bien lavées, dessus et dessous ? Chacun regagne son poste; mais, avant d'engager l'action, le chef harangue ses troupes ; sa harangue est courte; il rappelle le terrain gagné sur les ennemis (les ennemis sont la paresse et l'ignorance); il montre ce qu'il reste à faire, la position à emporter dans la journée. Il anime les courages, il parle tantôt de la classe et de son honneur, tantôt des parents et de leur tendresse, tantôt du devoir et de l'avenir; quelques paroles suffisent, mais dites avec accent, et chacun se met à l'œuvre. Il ne faut pas commencer la classe brusquement, sèchement, par un coup de règle sur la table ; c'est là un signal qui sonne à l'oreille, mais n'agit pas sur la volonté; parlons d'abord au cœur, disons-lui quelque chose, si peu que ce soit, et adressons-nous ensuite à l'intelligence, elle s'ouvrira.

N'allons pas croire que, pour bien faire une classe, le savoir suffise ; j'ai connu des maîtres munis, bourrés de science, et qui n'y entendaient rien ; toute leur marchandise leur restait pour compte, les enfants n'en voulaient pas. Bien plus, savoir enseigner ne suffit pas. J'ai vu des maîtres à qui rien ne manquait sous ce rapport, ni la méthode, ni la clarté, ni même l'ingéniosité. Eh bien, quelques élèves seulement les écoutaient et les suivaient; le gros n'avançait pas, et, comme on dit, la classe ne marchait pas; tandis qu'à côté d'eux, des maîtres beaucoup moins instruits, beaucoup moins habiles, réussissaient infiniment mieux.

C'est que les premiers n'avaient pas su prendre les enfants, leur inspirer le goût du travail, le désir de bien faire. Sans doute c'est beaucoup de donner une bonne et saine nourriture; c'est plus encore de savoir l'apprêter, l'assaisonner, la servir : mais, si l'appétit manque aux convives, le dîner reste sur la table, et le cuisinier en est pour sa peine et pour ses frais. Voilà le grand point : donner aux enfants l'appétit du savoir.

Il faut pour cela que le maître justifie son nom et soit réellement maître de ses élèves ; il faut qu'il sache gouverner ce menu peuple et manier ces petites âmes. C'est par l'âme qu'on arrive à l'esprit, c'est par le cœur qu'on prend et qu'on tient l'enfant.

Pour qu'il *veuille* apprendre, ce n'est pas assez de lui offrir des connaissances, ni même de les lui offrir sous une forme agréable, attrayante, piquante. La chose, d'ailleurs, n'est pas toujours possible, et, quand elle est possible, elle va rarement sans inconvénients, voire sans danger. Savez-vous en effet ce que fait l'enfant en pareil cas et ce qu'il retire de ces leçons dites attrayantes ? Eh bien, il prend la sauce et il laisse le poisson. Le maître est joué ; il est dupe de ses petits gourmands.

C'est une grande imprudence morale de tout

mettre en plaisir, et ce n'est pas une erreur pédagogique moins grande. L'étude est et doit être un travail ; ce travail n'est pas nécessairement et toujours pénible, aride, ingrat ; il a ses rencontres, ses surprises agréables, ses moments de détente et de repos; mais il est un travail, et c'est à ce prix seulement qu'il est moralement et intellectuellement fécond. Le proverbe dit : Pas de plaisir sans peine. Retournons le proverbe : Pas de peine sans plaisir. C'est là, c'est-à-dire, à la fin, qu'il faut mettre le plaisir ; là est sa vraie place, et la meilleure ; le plaisir est un fruit, et le fruit n'est pas à la racine.

Il faut donc faire *vouloir*, il faut obtenir l'*effort*, qui de sa nature est pénible, et c'est là que tant de maîtres sont courts ou empêchés. Il y en a qui jettent le froid autour d'eux : rien qu'à les voir, l'enfant est transi, il se retire le plus loin possible ; s'il pouvait s'échapper, comme il prendrait la clef des champs ! mais, ne pouvant partir, il reste ; il reste et son esprit s'envole.

Il y a d'autres maîtres dont le regard, la voix, le geste, répandent la terreur ; l'enfant tremble, il travaille de peur, mais son esprit se resserre, il comprend mal, ou il ne comprend pas.

Celui qui glace ou effraye, fait le vide autour de lui ; il ne gagne pas les cœurs, il n'aura pas les esprits. Dans les écoles normales, il faudrait trouver un procédé pour aimanter les élèves-maîtres. Oui, il faut qu'il y ait de l'aimant dans le maître, il faut que l'enfant éprouve l'envie de se rapprocher de lui, pour le mieux voir, pour le mieux entendre. Je n'ai pas besoin de dire de quelle nature est cet aimant ; le mot parle ; on n'est aimé que si l'on aime, et le feu seul échauffe. A quiconque entre dans la carrière de l'enseignement il serait bon de faire la question suivante : « Aimez-vous les enfants ? » et, d'après la réponse, de les engager à poursuivre cette carrière ou à y renoncer. Faute de vocation, tout est pénible et rebutant ; avec la vocation, c'est-à-dire avec l'amour de l'enfance, tout devient au moins supportable et souvent agréable. L'enfant répond au sentiment qu'il inspire, il paye son maître de retour et se laisse conduire par lui comme il conduit lui-même, sur un bassin plein d'eau, les petits cygnes de zinc avec une tige de fer aimantée.

Le premier gage du succès dans l'éducation, c'est donc la bonté, c'est une fermeté douce et affectueuse. La froideur est stérile ; elle resserre le cœur, elle y dessèche les germes délicats et tendres ; elle produit une sorte de malaise moral, dans lequel la volonté reste inerte et l'esprit végète et souffre. Au contraire, l'enfant qui se sent aimé devient aimant et par suite docile ; car l'affection inspire le désir de plaire et provoque des efforts que le sentiment du devoir ne suffit pas à obtenir. L'enfant du reste nous arrive à un âge où ses défauts ne peuvent être attribués qu'à la nature et à l'exemple, et sont par suite excusables. Que cependant la bonté ne dégénère pas en faiblesse ;

la faiblesse enhardit, elle pousse à oser, elle finit par engendrer la moquerie et même le mépris. L'excès de la faiblesse est plus dangereux encore que la sévérité ; celle-ci, en effet, peut se concilier avec la justice ; elle laisse subsister dans le cœur de l'enfant le frein salutaire de l'estime et du respect. Que sous notre indulgence l'enfant sente donc l'arrêt de notre volonté ; qu'à sa liberté il sache qu'il y a une limite, et que, cette limite, il ne la franchira pas impunément.

La bonté se témoigne de bien des manières, mais surtout par les précautions que l'on prend pour ne pas blesser les enfants. Ils ont, comme nous, leur amour-propre, et l'amour-propre bien compris est le principe de la dignité personnelle. Sous ce rapport les enfants ont droit à nos égards, comme les grandes personnes. Aujourd'hui on ne se permet plus guère de paroles blessantes avec les domestiques, qui du reste ne les souffriraient pas. De ce que l'enfant ne doit pas répondre à son maître et de ce qu'il ne peut le quitter, ce n'est pas une raison pour l'humilier. Une blessure, une piqûre d'amour-propre tue l'affection et détruit du même coup le désir de plaire et le désir de bien faire. Dans l'enfant nous devons envisager l'homme.

Plus d'une fois cependant, il m'est arrivé d'entendre un maître me parlant de ses élèves dire tout haut, de manière à être entendu de la classe entière : « Celui-ci ne comprend rien, il n'est pas intelligent. »

Le pauvre enfant baissait la tête et moi je me mordais les lèvres pour ne pas dire au maître :

« C'est vous qui manquez d'intelligence, vous qui ne craignez pas d'humilier un enfant en présence de tous ses camarades, en présence d'un étranger, d'un inspecteur; vous qui êtes assez dur pour le décourager de l'étude, peut-être à tout jamais ; vous qui êtes assez maladroit pour fournir une excuse sans réplique à sa négligence, à sa paresse; assez imprudent pour blesser l'amour-propre des parents, provoquer leurs plaintes et peut-être leur vengeance ! Il n'est pas intelligent ! En êtes-vous bien sûr ? Êtes-vous si bon juge ? Tenez, voyez, l'enfant rougit ; il vous a compris, puisqu'il souffre ; il a du cœur au moins, et qui a du cœur, sachez-le bien, n'est jamais dépourvu d'intelligence, et si cela pouvait être, il aurait encore la meilleure part. »

Sans doute il y a des enfants peu intelligents; mais, d'inintelligents, il y en a peu ou point. En eux l'inintelligence n'est qu'apparente. Presque toujours, c'est étourderie. Ils ont un genre d'esprit qu'il faut savoir comprendre et prendre ; cette prétendue inintelligence de l'enfant, un beau jour, à un certain moment, sous l'influence de quelque lecture, ou de quelque événement, se dissipera comme un nuage, et vous verrez cet esprit s'ouvrir et s'épanouir.

CHAPITRE XXXVIII

MANIÈRE DE FAIRE LA CLASSE (SUITE).
DES INTERROGATIONS

SOMMAIRE. — La classe à deux. — Les maîtres loquaces. — Les muets. — Le monologue et le dialogue. — La classe et la troupe d'acteurs. — La classe et l'orchestre. — Rôle du maître. — De l'interrogation. — Des élèves qui demandent toujours à répondre et de ceux qui ne demandent jamais. — Manière de conduire les interrogations et de poser les questions. — Une visite d'inspection, histoire du temps jadis. — Interrogations volantes. — Interrogations traînantes. — Juste milieu. — Des questions trop faciles ou trop difficiles. — Des questions sans réponse. — Le meilleur critérium de la valeur pédagogique.

La classe doit être faite en partie par le maître, en partie par les élèves.

Certains maîtres font tout par eux-mêmes, ils parlent sans discontinuer, ils se fatiguent, ils s'épuisent, et cela, sinon en pure perte, du moins sans grand profit. D'autres font ou laissent tout faire par les élèves ; ils parlent rarement et peu ; ils se ménagent ; ils ont des moniteurs sur lesquels ils se reposent ; leur rôle se borne à nommer l'élève qui doit parler ; quelquefois même ils s'épargnent cette peine et le désignent du doigt ; ils sont muets, et parfois ils font les sourds, pour n'avoir pas à reprendre. Ce sont là deux défauts, mais le premier vaut mieux, car il provient d'un excès de zèle et l'on s'en corrige ; le second au contraire vient d'un manque de zèle ou même de conscience et l'on n'en guérit guère.

Je dirai donc aux premiers : Prenez garde de faire mal en voulant trop bien faire, et de nuire en voulant être utiles. Si vous donnez toujours et sans rien demander en retour, l'enfant s'habitue à recevoir toujours et sans rendre jamais. Cela ne vaut rien ni pour vous ni pour lui; pour vous, car, si riche qu'on soit, à donner sans compter, on se ruine à la fin ; pour lui, car, en le dispensant de tout effort, d'abord vous le rendez paresseux, égoïste, ensuite vous ralentissez le développement de son esprit, si même vous ne l'arrêtez tout à fait; moralement et intellectuellement, votre zèle est nuisible. En effet, quel doit être le but de l'éducation intellectuelle et morale sinon de provoquer l'effort de la volonté, effort auquel se mesure le mérite, et l'initiative de l'esprit, qui est la condition du progrès?

Un maître qui parle trop souvent et surtout trop longtemps lasse, émousse l'attention des élèves les meilleurs. Nous autres, qui ne sommes pas des enfants, ne savons-nous pas combien il est difficile et pénible de suivre longtemps la pensée de celui qui parle ? ne savons-nous pas quelles ressources de tout genre suppose en un orateur l'art de se faire écouter? et quels accès d'impatience donnent à leur auditoire, l'orateur, le conférencier, ou le professeur qui abusent de la parole ou n'en savent pas user? Même en entendant les maîtres de la parole, ne nous sommes-nous pas plus d'une fois surpris en flagrant délit d'inattention, et n'avons-nous pas dû faire effort pour ramener à l'orateur notre esprit qui lui avait faussé compagnie? Jugeons par là de ce que doit coûter à l'enfant une attention soutenue à des leçons qui ne peuvent pas toujours être intéressantes, soit par la faute du sujet, soit par la faute du maître. Il est bien moins pénible de suivre ses propres idées que de suivre celles des autres, parce que la pensée d'autrui est pleine de surprises et ne peut être exempte d'obscurité ; en écoutant, on ne distingue pas toujours où l'on va, et on ne voit pas toujours où l'on est.

Le rôle du maître, c'est d'apprendre à l'enfant ce que celui-ci ne peut apprendre par lui-même, c'est de lui expliquer ce qu'il n'a pu de lui-même réussir à comprendre. S'agit-il d'une connaissance acquise, il faut exiger de l'enfant qu'il se donne la peine de fouiller dans sa mémoire ; s'agit-il d'un jugement à porter, il faut exiger qu'il fasse usage de sa propre raison ; s'agit-il de découvrir le sens d'un récit, d'une fable, de trouver les développements que comporte un sujet, il faut lui demander une preuve d'attention, un effort d'invention. En un mot, le maître ne doit donner que ce que l'élève n'a pas et ne peut encore avoir ; ils ont chacun leur tâche, et celle du maître commence là où celle de l'élève finit.

Voilà pourquoi, à l'école primaire, la classe doit rarement prendre la forme d'une leçon, c'est-à-dire d'un monologue, elle doit être presque toujours un dialogue entre la classe et le maître.

J'ai dit la classe et non pas l'élève et je l'ai dit à dessein. Car nous touchons ici à un autre défaut qui n'est rare ni dans l'enseignement primaire, ni dans l'enseignement secondaire.

Dans toute classe il y a quelques enfants bien doués, d'un esprit vif, pleins d'ardeur et de bonne volonté. Ceux-là ont toujours l'œil éveillé, l'oreille dressée, le doigt levé. Que le maître les interroge et souvent, rien de mieux, car il ne faut pas laisser leur ardeur se refroidir ou s'éteindre ; mais n'interroger qu'eux, eux seuls, c'est faire tort aux autres. Cependant elles sont encore nombreuses, trop nombreuses, les classes où quatre ou cinq élèves seulement sont mis à contribution, et où les autres sont comme des personnages muets ou de simples assistants. Or, dans une classe bien faite, il ne faut que des acteurs et pas de public ; chacun y doit jouer son rôle, rôle plus ou moins important, suivant la pièce et suivant les aptitudes.

Ou bien encore, si l'on me permet une seconde comparaison, une classe doit être comme un orchestre ; or, dans un orchestre, il n'y a que des exécutants. La variété des instruments représente la variété des aptitudes. Chaque musicien ne joue pas d'un bout à l'autre du morceau ; mais il n'en est pas un qui ne joue, ne fût-ce qu'un instant, ne fût-ce que pour donner à point une note, un coup de tam-tam ou de grosse caisse ; tous suivent, attentifs au moment d'entrer en jeu, et de faire leur partie. Les solos sont réservés aux meilleurs musiciens, et le chef d'orchestre (c'est vous, Monsieur l'instituteur) dirige les exécutants, se tournant tantôt vers l'un, tantôt vers l'autre, et le désignant du bout de son bâton, quand le moment est venu d'entrer dans le concert ; réglant les mouvements du geste, du regard, et ne prenant son instrument que lorsqu'il sent faiblir les exécutants, et qu'il veut enlever l'orchestre.

Ainsi dans la classe il ne faut pas qu'il y ait des parties inertes ou mortes, comme il arrive trop souvent ; la vie doit courir de bancs en bancs, réveiller les dormeurs, secouer les engourdis, stimuler les indifférents, et entraîner tout ce petit monde dans un même courant. L'activité que le maître déploiera à créer ce mouvement et à l'entretenir sera beaucoup mieux employée que celle qu'il aurait mise à se dépenser lui-même et à parler seul pour tous.

Quand l'enfant reste muet dans une classe, ce n'est pas toujours parce qu'il n'a rien à dire ; son silence a souvent pour cause la timidité ou la défiance de lui-même ; par contre, quand un enfant demande continuellement à répondre, ce n'est pas toujours preuve de savoir ou d'attention, mais quelquefois de légèreté et de présomption. C'est au maître, qui connaît le fort et le faible de chaque élève, ses qualités et ses défauts, de ne pas semer les interrogations au hasard, mais de les conduire avec art. Ne posons jamais à l'enfant une question à laquelle il lui soit impossible ou trop facile de répondre ; car dans le premier cas, sans parler du temps perdu, nous risquons d'humilier l'enfant qui répondra mal ou ne répondra pas ; dans l'autre, nous lui procurons, et cela sans profit, une satisfaction qu'il eût mieux valu réserver à quelque autre. Proportionner les questions à l'intelligence et au savoir, c'est là le grand art ; ne laisser aucun enfant, même le plus ignorant, même le moins intelligent, en dehors de l'interrogation, c'est à mes yeux un devoir.

Que devons-nous craindre par-dessus tout en éducation ? n'est-ce pas que l'enfant s'ennuie et se dégoûte de l'étude ? Eh bien, en l'interrogeant avec tact et mesure, nous pouvons de temps en temps lui procurer quelques petites satisfactions d'amour-propre qui lui donneront de la confiance en lui-même et du cœur à l'ouvrage. Il est à désirer qu'aucune classe ne se passe sans que tous les enfants n'aient été plus ou moins mis à contribution ; ce serait un véritable malheur que l'un d'eux pût se croire oublié ou dédaigné, car le sentiment de l'humiliation ou de l'injustice suffit à dévoyer. A mes yeux, le meilleur maître est celui qui de tous ses élèves tire le meilleur parti.

Je ne puis résister au plaisir de conter ici une petite histoire ; peut-être dirai-je un peu de mal d'un inspecteur, mais si peu et sans le nommer ; d'ailleurs, d'inspecteur à inspecteur, la chose ne tire pas à conséquence. Faut-il l'avouer, et non à ma louange, eh bien ! si ces lignes venaient à lui tomber sous les yeux, je n'en serais réellement pas fâché.

J'étais professeur alors (c'était le bon temps); de vous dire en quel collège ou lycée, cela ne fait rien à l'affaire. Arrive un inspecteur, inspecteur général! à un professeur, un jeune professeur, pareille visite cause toujours quelque émoi. Dame, on a son amour-propre et l'on tient à donner de soi une opinion favorable. Je fis donc de mon mieux ou ce que je croyais le mieux, et je m'appliquai à faire parler tout mon petit monde, ne prenant la parole qu'au moment et dans la mesure où je le jugeais convenable. Quand tout fut terminé, j'étais, je l'avoue sans modestie, assez content de ma classe et par conséquent de moi-même, et c'est avec une certaine confiance que je regardai l'inspecteur, pour lire dans ses yeux le témoignage de sa satisfaction. Mais, ô déception cruelle ! je ne rencontrai qu'un regard froid, marque non douteuse d'un mécontentement inattendu. Et, pour ne me laisser aucun doute, le proviseur eut l'obligeance de me faire connaître qu'on m'avait trouvé bien sobre et bien effacé. J'en fus tout marri, mais plus surpris encore. Le lendemain, nouvelle visite. Je ne m'attendais pas à cet excès d'honneur, qui généralement n'est pas un bon signe. Après un moment d'émotion, je me remis pourtant ; me rappelant l'avertissement de la veille, je saisis cette occasion comme une revanche offerte, et, réduisant mes élèves au rôle d'auditeurs, je me mis à parler tout seul et, comme dit M° Pernelle (1), *tout du long de l'aune*. A la sortie de la classe, notre bon proviseur se fit un plaisir de m'apprendre que j'avais été jugé un professeur *rare*. Si je fus flatté, je vous le laisse à penser, mais pour converti, c'est une autre affaire. J'avais fait une classe pour l'inspecteur, mais pour mes élèves, non. Dois-je le dire ? malgré l'adage latin, clair comme du français, *errare humanum, perseverare diabolicum*, j'ai persévéré. J'ai donné là un bien fâcheux exemple d'indiscipline, mais j'étais si sûr d'avoir raison, et j'en suis si sûr encore ! *E pur si muove*, disais-je avec Galilée, en rentrant dans ma chaire, *et pourtant elle se meut*, elle vit, ma classe, et elle avance.

Sans doute, il y a là, comme en toute chose, un milieu à prendre, une mesure à garder, et je ne conseillerai jamais à un instituteur de s'effacer derrière ses élèves, de se dérober en quelque sorte et de s'enfermer dans le silence, surtout en présence d'un inspecteur.

1. *Tartufe*, sc. 1.

Interroger est bien, mais on ne peut, on ne doit pas toujours interroger, et surtout il faut se garder, par défaut d'art ou par abus, de gaspiller en interrogations traînantes ou galopantes un temps partout précieux, mais, plus que partout, à l'école primaire.

Certains maîtres vont si vite en interrogeant qu'ils ne laissent pas aux enfants le temps, je ne dis pas de répondre à la question, mais même de la comprendre ; ils font courir l'interrogation de rang en rang, ils la font voler de tête en tête, c'est comme une traînée de poudre. Mais la question fait ainsi le tour de la classe, sans trouver de réponse, et revient au point de départ, c'est-à-dire au maître, telle qu'elle est partie. D'autres, au contraire, laissent peser indéfiniment sur le même élève une question sans réponse ; il se fait alors un silence accablant pour l'élève interrogé, fatigant pour les autres. Ces longs moments d'attente détendent l'attention générale, relâchent ou brisent le fil de la leçon ; ils sont un supplice pour le patient et un ennui pour ses condisciples. Il faut laisser à l'enfant le temps nécessaire pour comprendre la question et pour en chercher la réponse ; si on le presse trop, il se trouble ; si on le laisse trop longtemps sous le coup de la question, il se trouble encore et cesse de chercher. Passe-t-on trop vite à un autre, on enlève souvent au premier le mérite de répondre au moment où il avait la réponse au bout de la langue ;

s'attache-t-on trop longtemps au même élève, il se noie dans le silence où on le tient plongé. C'est une affaire de tact, c'est aussi une affaire d'art, et l'art s'acquiert.

Parfois, on promène une question d'un bout de la classe à l'autre, sollicitant en vain une réponse qui ne vient pas, parce qu'elle ne peut pas venir, c'est-à-dire parce que la question est ou trop difficile ou trop obscure. Si la question est mal posée, c'est au maître à la reprendre et à la rendre plus claire ; si la question dépasse la portée des enfants, c'est au maître à y répondre, sans attendre en pure perte.

J'ai entendu (le cas est rare), j'ai entendu certains maîtres poser étourdiment des questions dont ils ne savaient pas la réponse. Oh! alors, ils interrogeaient sans fin et avec insistance, passant de l'un à l'autre, pressant, adjurant les pauvres enfants dans l'espoir d'en tirer la bienheureuse réponse et de se tirer d'affaire eux-mêmes ; mais la réponse n'arrivait pas, et l'embarras du maître allait croissant, et les enfants commençaient à échanger entre eux des regards significatifs. En désespoir de cause, le maître tournait court et, laissant la question suspendue, il engageait ses auditeurs à mettre à profit l'intervalle des deux classes pour en trouver la solution. Rarement les malins auditeurs sont dupes de cette retraite, moins savante que commode ; si le maître sait lire dans leurs yeux, ils savent aussi lire dans les siens, et ils ne se méprennent guère sur la cause de cet ajournement opportun.

Si j'osais, je demanderais à l'instituteur de préparer ses interrogations, tant je trouve importante et délicate cette partie de sa tâche ! Je lui dirais volontiers : « En préparant l'explication de votre lecture, et vous la préparez, vous rencontrerez sans aucun doute des difficultés de tout genre et de tout degré ; eh bien, chemin faisant, réfléchissez et dites-vous : je demanderai ceci à Pierre ; je demanderai cela à Jean. Je poserai d'abord cette question, puis celle-ci, puis celle-là et je finirai par cette autre. Tracez votre itinéraire ; marquez votre but et plantez les jalons. »

C'est pitié de voir un maître aller à l'aventure, avançant, reculant, revenant, sans ordre, sans suite, sans plan ; tantôt demander à l'enfant ce qu'il ne peut évidemment ni savoir ni deviner ; tantôt poser en premier lieu une question qui n'aurait dû venir qu'à la fin ; tantôt se mettre dans la nécessité d'abandonner la question posée par l'impossibilité reconnue d'obtenir une réponse. Pour ma part je ne connais pas de plus sûr criterium de la valeur pédagogique d'un maître que sa manière d'interroger ; je n'en connais pas qui révèle mieux et plus vite ce qu'il peut avoir de jugement, de méthode et de science. En un mot, *savoir interroger, c'est savoir enseigner.*

CHAPITRE XXXIX

MANIÈRE DE FAIRE LA CLASSE. — DISCIPLINE.

SOMMAIRE. — De la bonne humeur du maître. — Qu'elle est l'attrait de l'école. — Qu'elle est particulièrement désirable dans une classe de petits Français. — De la patience naturelle et de la patience acquise. — Laquelle est la meilleure ? — De l'emportement, ses effets. — Il rend injuste, il fait perdre le respect des enfants. — Du reproche vraiment efficace. — Des coups. — Des règlements. — De l'habitude. — Période de transition. — Conseils.

Après la bonté, il est une qualité bien utile aux maîtres, qualité trop rare, parce qu'il y a trop de vocations fausses ou forcées, parce que pendant longtemps l'enseignement n'a été pour beaucoup qu'un refuge où l'on venait chercher l'exemption d'un devoir périlleux, parce qu'enfin dans le choix des maîtres on se préoccupe trop exclusivement de leur valeur intellectuelle et pas assez des aptitudes morales que leur profession réclame ; cette qualité, c'est la bonne humeur. Une classe où règne la mauvaise humeur est comme un ciel gris ; la bonne humeur est un rayon de soleil ; elle éclaire et réjouit, elle dissipe les mauvaises pensées, elle dispose à bien faire, prépare à comprendre, entr'ouvre l'esprit, encourage à l'effort. Les hommes d'étude savent par expérience combien le travail, et surtout celui de la composition, devient pénible, ingrat, lorsque l'esprit est embrumé et resserré par l'ennui. Que sera-ce de l'enfant ? La morosité dans un maître est un véritable fléau ; elle devrait être considérée comme un vice rédhibitoire pour l'exercice de sa profession.

Quand je parle de bonne humeur, je n'entends pas dire gaîté évaporée, folâtre ou bouffonne : c'est l'autre extrême. Il ne s'agit pas de rire et de faire rire à tout propos, encore qu'il ne soit ni mauvais ni dangereux de rire de temps à autre; mais de trop fréquents accès de gaîté emporteraient le sérieux nécessaire aux études.

La bonne humeur n'exclut pas le sérieux ; elle n'arrive pas par bouffées et par accès ; elle n'est ni bruyante ni intermittente; mais, égale et douce, elle se mêle à tout, rend tout agréable et facile. Communicative au plus haut point, elle charme, attire, entraîne, aide à travailler, aide à vivre ; c'est comme une atmosphère où l'on se sent à l'aise et dispos, où l'on respire et se meut librement. La bonne humeur du maître est l'attrait de l'école, elle fait que l'enfant y vient volontiers, avec plaisir, et même en chantant.

Cette qualité a sa source dans la bonté aidée de la vocation. Si l'on aime les enfants, comment serait-on de mauvaise humeur au milieu d'eux? Si l'on a du goût pour sa profession, comment trouverait-on de l'ennui à l'exercer? Aimable, désirable en tout pays, elle devient nécessaire chez un peuple naturellement gai, et qui ne connaît pas d'ennemi plus redoutable et plus redouté que l'ennui.

Loin de nous donc les visages moroses et les fronts renfrognés! ils ressemblent à ces épouvantails que les paysans dressent dans leurs vergers, pour effrayer les oiseaux et préserver les fruits ; eux aussi font fuir les oiseaux de l'école et les détournent de mordre aux fruits de la science.

Mais, me dira-t-on, qu'a de commun la bonne humeur avec la discipline? Le voici : d'où vient surtout l'indiscipline, sinon de ce que les enfants se trouvent mal à l'école et s'y ennuient ? si au contraire les enfants se plaisent à l'école, ils y travaillent ; et le travail, c'est l'ordre assuré. Le caractère du maître fait plus pour la discipline que toutes les punitions du monde, car il les rend inutiles.

La bonne humeur et la bonté engendrent elles-mêmes d'autres qualités nécessaires à l'enseignement comme à l'éducation, je veux dire le calme et la patience.

La patience est une qualité que je ne craindrais pas d'appeler divine. C'est avec les enfants qu'on peut bien dire :

> Patience et longueur de temps
> Font plus que force ni que rage.

CHAPITRE XXXIX

Quelles prodigieuses différences entre les enfants que le hasard rapproche et assoit sur les même bancs; l'un comprend à demi mot, il devine, l'autre entendra vingt fois sans comprendre; l'un obéit au premier signe, l'autre résiste à des ordres formels et réitérés ; et entre ces deux extrêmes, quelle série de degrés dans l'intelligence, quelle série de nuances dans les caractères !

Certains maîtres ont la patience naturelle, ce ne sont pas les plus nombreux; la grande difficulté, c'est de l'acquérir, et surtout de ne pas la perdre; car il faut avouer qu'elle est parfois soumise à de rudes épreuves et que, de toutes les professions, il n'en est guère qui exige une plus forte dose de patience que celle de l'instituteur. A ceux donc que la nature a faits par trop irascibles et nerveux je conseille de choisir une autre carrière ; quant à ceux qui ne sont que vifs, ils peuvent arriver à contenir et à régler leur humeur, et en ce cas ils deviennent les meilleurs maîtres ; car il faut que la patience ait un terme, sans quoi les enfants en abusent. La patience acquise est non seulement plus méritoire mais plus utile que la patience naturelle, qui parfois tourne à l'indifférence.

Il est à peine besoin de dire que le maître qui n'est pas avant tout maître de lui-même, est impropre à l'éducation; c'est un grand enfant car le propre de l'enfant, c'est précisément de céder au premier mouvement, de se mettre en colère, de pleurer, de crier pour un rien. Il faut avoir fait sa propre éducation, avant de se mêler de celle des autres. Je ne prétends pas qu'un maître doive rester impassible comme un juge ; car cette impassibilité semblerait de l'indifférence et l'enfant se croirait tout permis. Il faut au contraire que le maître montre qu'il s'intéresse à tout ce que fait l'enfant soit en bien, soit en mal; son mécontentement doit paraître, comme aussi son contentement; mais jamais il ne doit aller jusqu'à la colère et à l'emportement. Le maître qui s'emporte, qui crie, qui frappe à coups de poing sur sa chaire, peut bien une première fois effrayer, étourdir les enfants. Mais ceux-ci reviennent vite de ce premier effroi ; ils s'habituent promptement au bruit, aux menaces, aux éclats de voix. Le maître en colère devient pour eux un spectacle, un objet de curiosité maligne. Encore un moment et les écoliers vont rire, et malheur au maître qui a fait rire à ses dépens ! C'en est fait de lui, son martyre commence.

Un autre effet de la colère c'est qu'elle fait dépasser la mesure dans les punitions. La colère refroidie, le maître revenu à lui comprend sa faute et se trouve alors placé dans cette alternative, ou de se déjuger et de se désapprouver lui-même en retirant la punition, ou de commettre une injustice en la maintenant. Dans le premier cas, son autorité peut être compromise ; dans le second, il perd la confiance et l'affection, et c'est une perte irréparable.

S'il est un sentiment qui soit vivant et fort dans le cœur des enfants, s'il y a une idée qui soit claire et nette dans leur esprit, c'est le sentiment, c'est l'idée de la justice. Si cette idée-là n'est pas innée, elle est au moins singulièrement précoce et on ne saurait la ranger au nombre de celles qui se dégagent lentement et péniblement des données de l'expérience.

Ainsi donc que le maître se possède, qu'il reste calme pour rester juste. J'ai dit calme et non pas froid, car la froideur déplaît aux enfants presque autant que la colère; il n'est pas de défaut qui soit plus contraire à leur nature qui est toute expansion. Sous ce rapport il est bon que le maître ressemble à l'enfant, qu'il ait de la vie et de la chaleur. Mais la chaleur n'exclut pas la possession de soi-même et c'est par là que le maître impose, qu'il démonte les plus résolus, qu'il inspire crainte et respect. La dignité du maintien, un mot dit d'une voix grave et tranquille, un regard où se peint la surprise et le mécontentement, un moment de silence, font plus, pour maintenir ou ramener le calme, que les cris ou les gestes violents, que les longues réprimandes ou les punitions sévères.

On peut dire d'une manière générale qu'il faut en user avec les enfants à peu de chose près comme on en use avec les hommes. Si l'enfant s'aperçoit que ses fautes ne nous causent que de l'impatience, de l'irritation, il recommencera et peut-être avec intention ; s'il a senti, s'il est convaincu qu'elles nous font de la peine, il se corrigera ou au moins il essaiera de se corriger. Voilà pourquoi un peu de tristesse douce dans la réprimande vaut mille fois mieux qu'un ton de dépit ou d'agacement ; voilà pourquoi il faut aimer les enfants pour qu'ils nous rendent la pareille et craignent de nous affliger ; un reproche mesuré, affectueux et comme attristé leur causera un repentir sincère et les rendra meilleurs.

Je rougirais de parler des coups ; c'est chose jugée ; malheureusement il ne suffit pas de condamner pour convertir, et les mauvaises habitudes survivent longtemps encore à la condamnation. Malgré les règlements qui sont formels, malgré l'opinion qui s'est prononcée hautement, malgré les répressions qui sont sévères, il reste encore quelques maîtres incorrigibles. Les bons instituteurs eux-mêmes se plaignent de la difficulté qu'ils éprouvent à maintenir la discipline, et ces plaintes, si elles ne sont pas légitimes, sont du moins fort naturelles. Beaucoup, pour ne rien dire de plus, usaient et abusaient de la règle et de la main, et, sans remonter bien haut, il s'en trouvait plus d'un qui n'enseignait qu'armé de la férule. Ils ont été surpris par des prescriptions inattendues, et du jour au lendemain contraints à désarmer. Rien d'étonnant qu'ils soient désorientés et que, n'ayant plus leur fouet favori, ils ne sachent plus comment s'y prendre pour faire marcher leur attelage. C'est une étude à faire, une méthode à trouver, une habitude à changer, et il y faut du temps. En attendant, d'aucuns se dédommagent en criant, en se démenant, en tempêtant; ils font pleuvoir sur leur chétif auditoire les épithètes malsonnantes et les durs qualificatifs. Le plus grand nombre se borne à exhaler des plaintes.

Regrets superflus ! le temps des coups est passé. Dès longtemps bannie de l'armée où elle a paru contraire à la dignité humaine, la brutalité avait son dernier refuge à l'école ; et les moyens disciplinaires qu'on n'osait plus employer envers des hommes, on en usait encore envers les enfants. Elle a été enfin chassée de sa dernière retraite ; c'est un honneur pour le pays.

Mais cet honneur a rendu la tâche difficile aux maîtres ; car d'un côté l'on ne change pas instantanément d'habitude, et de l'autre les enfants eux-mêmes, habitués à craindre les coups, comme leurs maîtres à les faire craindre, ne sont pas devenus subitement plus accessibles à la voix de la raison. C'est cependant cette voix qu'il faut les habituer à entendre.

Efforçons-nous donc de faire comprendre aux enfants que la discipline est nécessaire, puisque sans elle il n'y a pas d'enseignement possible ; qu'il est de leur intérêt de l'observer, puisque sans elle ils ne sauraient s'instruire ; que l'enfant indiscipliné se rend coupable non seulement envers son maître qu'il dérange, qu'il trouble, qu'il impatiente, non seulement envers ses parents dont il rend les bonnes intentions inutiles, mais envers tous ses camarades qu'il empêche d'écouter les leçons du maître. L'élève indiscipliné est une sorte d'ennemi public, qui nuit à tout le monde autant qu'à lui-même. Si, dans un théâtre ou dans un concert, celui qui fait du bruit pendant que les acteurs jouent ou que les artistes chantent, provoque aussitôt des réclamations et se fait mettre à la porte, que sera-ce de celui qui trouble non pas le plaisir, mais l'étude, et qui empêche les autres, non de s'amuser, mais de s'instruire ? J'ai vu dans une classe des enfants attentifs à la leçon d'un maître qui les intéressait, imposer eux-mêmes silence à un camarade turbulent. Si le maître parvient à gagner ainsi ses élèves, à les associer à la discipline par le sentiment de l'intérêt commun, il aura bien vite raison des petits perturbateurs, parce que l'enfant comme l'homme ne tient guère contre le témoignage d'une désapprobation générale, et que le plus souvent les mutins ne résistent que parce qu'ils se sentent soutenus, sinon par la complicité, au moins par la neutralité de leurs camarades. Quand ceux-ci prennent fait et cause pour le maître et que leur attitude et leur physionomie le montrent, la lutte n'est pas longue, et le maître et le bon sens ont bientôt gain de cause.

Nous ne parlons ici ni des punitions ni des récompenses ; ce sujet est traité longuement dans notre livre sur l'*Éducation à l'École*.

CHAPITRE XL

MANIÈRE DE FAIRE LA CLASSE (SUITE ET FIN)

SOMMAIRE. — Le ton. — La voix. — Le regard. — Les tics. — Les appellations. — Le maître en chaire. — Le péripatéticien. — La tyrannie du livre. — Qu'il faut s'en affranchir à tout prix. — Que l'enseignement n'a de la suite et de la vie qu'autant que le maître le domine. — Friandises : approvisionnement de contes et de récits. — Histoire d'une histoire. — L'Obéron de Wieland.

Quel est le ton qui convient à l'enseignement primaire ? Celui de la conversation, d'une conversation animée, qui se tient à égale distance des emportements de la discussion passionnée, et des lenteurs fastidieuses de la banalité indifférente. Certains maîtres donnent toujours à pleine voix ; ils ne parlent pas, ils crient, ils se fatiguent, fatiguent les enfants ; ils n'instruisent pas, ils étourdissent. D'autres au contraire parlent d'une voix si uniformément grave et basse, d'un ton si ennuyé qu'ils en sont ennuyeux.

L'instituteur doit régler sa voix, la détendre, l'assouplir ; les éclats de voix produisent une sensation pénible qui trouble et paralyse l'esprit ; d'un autre côté, la monotonie et la psalmodie l'engourdissent et l'endorment. On ne saurait croire combien le son d'une voix agréable et bien conduite aide et dispose l'enfant à comprendre et combien il prête de charme à l'enseignement.

« *Sans cesse en écrivant variez vos discours,* » a dit Boileau; excellent pour ceux qui écrivent, ce conseil n'est pas moins bon pour ceux qui parlent. Il faut, suivant la nature des idées et des sentiments qu'on exprime, tantôt ralentir et tantôt presser le débit; parfois faire tomber les mots un à un, goutte à goutte, pour laisser à l'esprit le temps de s'en imprégner, parfois les précipiter comme en un courant pour entraîner son petit auditoire ; quelquefois s'arrêter tout net pour provoquer la réflexion par le silence, et toujours ponctuer son débit.

Tous ceux qui enseignent ont à se défendre d'une habitude fâcheuse qu'engendre l'usage continuel de la parole. Cette habitude consiste dans l'emploi d'un même mot, d'une même locution qui revient régulièrement se placer à la fin et même au beau milieu de chaque phrase. C'est quand l'instituteur est jeune qu'il doit s'observer, s'écouter, pour se prémunir contre ces sortes de tics qui font la joie des écoliers malins, et dont la tyrannie finit par devenir invincible.

Il y a un juste milieu à trouver entre une solennité que ne comporte pas l'enseignement primaire et une familiarité qui compromet la discipline et nuit à l'éducation. Nous ne devons ni tenir les enfants à une trop grande distance, ni cependant supprimer toute distance. Pourquoi appeler *Monsieur* ou *jeune homme* un écolier de 8 à 12 ans ? N'est-il pas plus simple de lui dire *mon ami, mon enfant*, ou tout bonnement de l'appeler par son nom ?

J'ai eu quelque peine à m'empêcher de sourire en entendant des instituteurs dire à un bambin : *Votre collègue* pour dire *votre camarade*. Ce sont là de petites choses ; mais, en matière d'enseignement, il n'y a rien d'insignifiant.

Ne commencez jamais, tant qu'il y a du bruit dans la classe ; imitez le chef d'orchestre, qui promène ses regards autour de lui et attend, l'archet en l'air, et ne l'abaisse que lorsque le silence s'est établi dans la salle. Si par son bavardage quelque étourdi continue à retarder le commencement de la classe, inutile de crier, de frapper du poing ou du pied : regardez-le fixement, amenez ainsi sur lui l'attention de ses camarades; il est rare que le délinquant soutienne longtemps le regard et l'attention dont il devient l'objet. Savez-vous quel est le véritable instrument de la discipline ? C'est un instrument qui ne fait pas de bruit, mais qui fait de la besogne, c'est l'œil. Les bons maîtres me comprendront : ils mènent leur classe à l'œil. Il y a une manière de regarder les enfants qui les mate; pas n'est besoin de prendre un air terrible et, comme on dit, de rouler de gros yeux : non, un regard calme, assuré, où l'enfant sent l'arrêt de la volonté, suffit ; n'ayez pas l'air d'avoir peur, mais non plus de vouloir faire peur ; les enfants obéissent à qui sait commander, ils se moquent de qui veut les intimider.

Certains maîtres font la classe en péripatéticiens, ils se promènent constamment. Sans condamner le maître à une immobilité qui serait préjudiciable à sa santé et qui du reste n'est pas nécessaire, nous l'engageons à monter dans sa chaire toutes les fois qu'il a à faire une de ces leçons qui exigent une attention soutenue. De sa chaire il embrasse et domine son petit auditoire ; son regard s'étend sur tous, et tous les regards convergent sur lui ; il lit dans les yeux des enfants et ceux-ci dans les siens ; il tient la classe. D'autres exercices, au contraire, comportent et exigent même la circulation du maître ; mais il ne doit pas oublier que ses promenades sont éminemment favorables à la dissipation et au bavardage, qu'elles sont une véritable tentation ; que, dans ses allées et ses venues, les regards intéressés le suivent à la dérobée, guettant le moment propice, et que, tandis qu'il est à un bout de la classe, on s'émancipe à l'autre bout. Je sais qu'il y a un art de se promener et de voir sans en avoir l'air ; mais je sais aussi qu'il ne faut pas trop se fier à cet art, et que le plus fin y est pris.

Un des meilleurs moyens disciplinaires est encore l'intérêt qu'on donne à son enseignement. On peut commander le silence, mais il vaut mieux l'obtenir sans l'avoir commandé. Pour y réussir, il faut intéresser, et, pour intéresser, il faut varier les formes de son enseignement, pétrir de mille et mille manières la matière enseignée. Comment le pourra-t-on, si l'on enseigne avec le livre ?

Un livre bien fait est et doit être un auxiliaire, rien de plus. Si avant de faire sa classe, le maître prend la peine de le consulter, d'en extraire la substance, de se l'assimiler, rien de mieux ; si au contraire il disparaît derrière le livre, s'il lui cède la parole, adieu l'enseignement ; car on n'enseigne bien que lorsque l'on possède, et l'on ne possède bien que lorsqu'on peut lâcher le livre.

Je n'ignore pas que ce n'est point chose facile d'arracher l'enseignement primaire à la tyrannie du livre ; cependant le progrès est à ce prix. Substitué au maître, le livre tue l'initiative, engourdit l'esprit, enlève au maître la chaleur, le mouvement, la vie.

Un préjugé très répandu consiste à croire que l'instituteur n'a pas besoin de préparer sa classe, sous prétexte qu'il n'enseigne que des choses faciles, et qu'il en sait plus qu'il n'en faut pour les bien enseigner.

D'abord il n'y a rien de facile dans l'enseignement ; pour qui le comprend, l'enseignement est un art délicat entre tous, qui comporte une série sans fin de progrès. Le véritable maître n'est jamais content de lui ; il sent qu'il peut toujours mieux faire,

23.

et il s'y applique sans relâche. Sa joie intime, sa récompense, c'est de sentir qu'il a réussi à mettre chaque jour plus d'ordre, plus de clarté, plus de simplicité, plus d'intérêt dans ses leçons. Le souci du mieux le suit et le poursuit après sa classe et le conduit de progrès en progrès. Cette prétendue inutilité de la préparation est une erreur grossière et intéressée qui a engendré la routine et qui contribue à la perpétuer.

Le maître, voilà le vrai livre, au lieu que, souvent encore, c'est le livre qui est le maître. Maître et livre, ce sont les deux inséparables; si le maître est à sa chaire, le livre est ouvert devant lui; s'il descend et passe de bancs en bancs, il a son livre à la main; s'il sort et va en promenade, son livre est dans sa poche; s'il a laissé son livre à la maison, il est comme le musicien sans son instrument, il ne peut plus jouer.

Or le livre n'a qu'une forme, froide, inerte ; il est toujours semblable à lui-même, et l'enseignement doit être varié, vivant; il doit être tour à tour grave ou enjoué, noble ou familier, trouver des tours nouveaux, des images, des comparaisons nouvelles, pour se mettre à la portée de tous, pour pénétrer dans tous les esprits.

Un autre défaut, conséquence inévitable de la servitude livresque, c'est l'impuissance du maître à embrasser un ensemble de leçons, à les fondre en une seule, qui les résume et les enchaîne. De là un enseignement au jour le jour, par tranches et par morceaux, sans cohésion, sans suite et sans solidité ; un enseignement sans lumière et sans portée, qui a l'air de finir à chaque fois pour recommencer avec la suivante ; de là des leçons qui se suivent et ne se lient pas, qui se superposent et ne se soudent pas. Des pierres posées les unes sur les autres ne font pas un édifice ; des poutres alignées côte à côte ne forment pas une charpente. Instruire, c'est construire, et, pour construire, il faut encastrer et cimenter. Au fur et à mesure qu'on avance, il est bon aussi de se placer de temps en temps à distance, pour saisir le plan de l'édifice et juger de l'ensemble, pour voir ce que l'on a fait et par là ce qui reste à faire.

Ainsi la bonté et la bonne humeur, la patience, l'art d'interroger et d'intéresser, la personnalité et la vie, voilà les moyens de faire une classe et de la discipliner. Il y a encore les friandises, que j'ai gardées pour la bonne bouche.

Qu'est-ce que les enfants aiment le mieux ? des histoires, et je sais même sur ce point beaucoup d'hommes qui sont enfants ;

> Si Peau d'Ane m'était conté,
> J'y prendrais un plaisir extrême,

disait le roi des conteurs, le bon La Fontaine. Tout petits, c'est avec des histoires que leurs mamans les font tenir tranquilles, calment leurs impatiences, sèchent leurs larmes. Plus grands, ils n'en sont guère moins friands, et, placés entre un gâteau et une histoire, ils n'iraient pas toujours au gâteau.

Aussi conseillerais-je au maître de s'exercer de bonne heure à conter. Savoir conter est un don de la nature, mais c'est aussi un art, et par conséquent on peut l'acquérir ; et s'il n'est donné qu'à bien peu d'y exceller, comme en toutes choses, beaucoup peuvent y réussir à des degrés divers

Quelle ressource qu'un tel art ! avec une histoire bien racontée on distrait, on repose, on délasse ; avec une histoire on s'empare des enfants, on en fait ce qu'on veut, on les mènerait au bout du monde ; avec une histoire on arrête toutes les langues, toutes les mains, toutes les jambes, on fixe les têtes et les yeux, on fait renaître le calme et le silence comme par enchantement ; l'art du récit, c'est la baguette magique entre les mains du maître.

Sans doute, à l'École primaire la grande variété des exercices donne le moyen d'éviter l'ennui, et le caractère de plusieurs de ces exercices, qui ont pour but de former la main et l'œil autant que l'esprit, permet d'éviter la fatigue. Cependant, au cours d'une journée, on a plus d'une occasion de placer utilement une anecdote, un conte, et la vie scolaire est riche en incidents, qui amènent tout naturellement, qui porvoquent même, qui demandent une histoire, un récit. Sans compter que certains enseignements, comme celui de l'histoire proprement dite, prennent presque toujours la forme narrative, et que d'autres, comme celui de la morale, gagnent à être présentés, aux jeunes enfants surtout, sous la forme du récit ; on peut dire qu'il n'est aucun enseignement de l'école enfantine ou primaire auquel on ne puisse à propos attacher quelque historiette ou histoire.

Il va sans dire qu'il ne faut pas donner dans l'excès et passer la classe à enfiler des contes ; les contes ne doivent ni empiéter sur les études, ni en prendre la place ; ils ne doivent être qu'un complément ou un délassement ou une récompense. Que les maîtres s'approvisionnent donc d'histoires de tout genre et de tout caractère, de sérieuses et de plaisantes, de tristes et de gaies, de courtes et de longues ; qu'ils profitent de leurs lectures quotidiennes pour accroître et renouveler leurs provisions ; qu'ils ne vivent pas sur leur fonds et ne fassent pas comme ces petits commerçants qui se retirent trop tôt des affaires avec un maigre capital.

Me permettra-t-on, puisque aussi bien il s'agit d'histoires, de raconter ce qui m'est arrivé, il y a quelque trente-cinq ans. J'étais jeune alors, et je professais (que ne le puis-je encore !) dans une belle ville du Midi. Oh ! les bons élèves que j'avais et comme nous avons travaillé ! Je m'étais mis à lire, par devers moi, et pour mes études personnelles, un grand beau roman de Wieland, qui s'appelle

Obéron. Obéron m'intéressait fort. J'eus l'idée de faire profiter mes élèves du plaisir qu'il me causait, et un beau jour que j'étais très content d'eux, me voilà à leur raconter mon roman. Je m'aperçus bientôt qu'il était de leur goût ; les poissons mordaient à l'amorce. Alors à la manière des feuilletonistes, qui veulent faire désirer la suite et surtout faire acheter le numéro suivant, je coupai mon récit à un des moments les plus intéressants. Il y eut bien quelque désappointement, mais je promis de reprendre le fil du récit, dès qu'on l'aurait mérité. Avec mon *Obéron*, j'obtins des merveilles, et comme ce poème chevaleresque est une interminable série d'aventures toutes plus extraordinaires les unes que les autres, j'emmenai ainsi avec moi mes auditeurs, plusieurs mois durant. *Obéron* entretenait ou réveillait le zèle ; *Obéron* maintenait la discipline; car si quelque étourdi s'avisait de troubler l'ordre, ses camarades, craignant d'être privés de leur dessert d'*Obéron*, lui lançaient des regards significatifs.

Je termine par ce conseil : chers instituteurs, apprenez à conter.

FIN

TABLE DES MATIÈRES

CHAPITRE PREMIER

LES PROGRAMMES DU 27 JUILLET 1882. — LEUR CARACTÈRE, LEUR ESPRIT, LEUR PORTÉE.................................... 1

CHAPITRE II

DE L'INSTRUCTION MORALE

Que cet enseignement est une conséquence de l'établissement de la République. — De son caractère. — Forme à lui donner. — Moyens d'en assurer l'efficacité.. 22

CHAPITRE III

DE L'INSTRUCTION CIVIQUE

Des avantages de cet enseignement. — Difficultés qu'il présente. — Caractère à lui donner. — Mesure à garder. — Idées qu'il doit propager. — Sentiments qu'il doit inspirer. — Méthodes qu'il comporte. — Qu'il ne faut pas se borner à l'exposition. — Qu'il faut mettre en lumière les principes et en montrer l'application. — Qu'on peut faire trouver beaucoup aux enfants. — Méthode interrogative. — Application de la méthode aux attributions du conseil municipal, aux fonctions de maire, à l'organisation des divers ministères. — De la méthode narrative. — Dans quels cas on peut l'appliquer.. 29

CHAPITRE IV

DE L'ENSEIGNEMENT DE LA GRAMMAIRE

Le but de la réforme entreprise est d'accroître la part que prend l'élève à son propre développement. — — Que cette méthode est plus longue en apparence, plus courte en réalité. — Des mots. — Des espèces de mots. — De la syntaxe. — Ce qu'est l'étude de la syntaxe. — Ce qu'elle devrait être. — Que presque toutes les règles sont explicables. — Avantages que l'on trouve à les expliquer. — Des espèces de mots principales et secondaires. — Qu'elles sont les mêmes dans toutes les langues et pourquoi. — Pourquoi l'on retrouve partout les genres, les nombres, les degrés, les temps, les modes? — Que les règles essentielles de la syntaxe ne sont autre chose que les lois de la nature et de l'esprit. — Qu'il faut de bonne heure habituer l'enfant à chercher la raison des règles. — Exemple. — Accord de l'adjectif et du nom. — Des exceptions. — Utilité de la recherche, même infructueuse. — Que la plupart des exceptions sont plus apparentes que réelles.... 45

CHAPITRE V

DE L'ENSEIGNEMENT DE LA GRAMMAIRE (SUITE)

Qu'il faut faire trouver et formuler les règles par les enfants eux-mêmes. — Que c'est la meilleure préparation à l'étude des autres langues et des sciences expérimentales. — Que les exceptions ne sont pas plus difficiles à formuler que les règles. — Exemple. — Qu'il en est de même de la définition des parties du discours, des préfixes, des suffixes : exemples. — Mé-

thode pour prévenir les confusions. — De l'importance
de la racine. — Ses métamorphoses. — De l'importance de la préposition. — Méthode à suivre pour la
bien définir. — Résumé.................................. 57

CHAPITRE VI

DICTÉE — ORTHOGRAPHE

De l'habitude de faire épeler la dictée tout entière, et de
répéter toutes les règles qu'on y rencontre. — Effets
inévitables de cette fâcheuse habitude. — Qu'il vaut
mieux épeler dans chaque dictée les mots douteux
et nouveaux, et insister seulement sur un certain
nombre de règles choisies avec intention. — Dans
quelle mesure on doit user du tableau noir pour la
correction de la dictée. — Procédés à employer pour
fixer dans la mémoire la forme orthographique des
mots. — L'émargement. — La composition spéciale.
— L'épellation. — Habitude vicieuse d'épellation. —
De l'influence de la dictée sur le développement de
l'esprit et l'accroissement des connaissances. — Deux
sortes de recueils à faire, l'un comprenant des sujets
d'un intérêt général, l'autre des sujets d'un intérêt
local. — Avantages de ces recueils. — De la pauvreté
du vocabulaire de l'école primaire. — De la nécessité
de l'enrichir. — Moyens d'y réussir. — Le lexique
personnel. — Triage des mots techniques et savants. 70

CHAPITRE VII

LECTURE EXPRESSIVE ET RÉCITATION

Des difficultés à vaincre. — L'accent local. — Moyens
que peut employer l'instituteur pour s'en guérir. —
Que l'importance de la lecture à haute voix est aujourd'hui vivement sentie. — Des deux espèces de
livres auxquelles ce besoin a donné naissance. — Le
livre trop obligeant. — La récitation à la mécanique.

— Que l'intelligence du texte est la première condition d'une bonne récitation. — Que pour bien lire il faut penser les pensées et sentir les sentiments de l'auteur. — Du choix des morceaux. — Des exercices préparatoires à la lecture. — Des règles essentielles a la récitation : l'inflexion, l'accent, le mouvement. — Procédés à employer pour faire retrouver à l'enfant le ton et les inflexions naturels. — Exemples. — De la concordance entre les sentiments de l'âme et les inflexions de la voix. — Inflexions forcées. — Du mouvement de la phrase. — Comment on doit le régler. — Du mot de valeur. — Utilité de sa recherche. — — Exemples. — Résumé.................. 81

CHAPITRE VIII

DE L'EXPLICATION DES TEXTES OU LECTURE EXPLIQUÉE

Nouveauté et utilité de cet exercice. — Du choix des sujets. — De la lecture préparatoire. — Ce qui la rend nécessaire. — Des difficultés que présente l'explication des textes. — Caractère propre des chefs-d'œuvre. — Qu'il vaut mieux séparer les remarques philologiques et grammaticales de la critique littéraire et des réflexions morales. — De l'introduction. — Exemple. — De la méthode à suivre dans l'explication. — Règle unique. — Application de la règle à la fable du Vieillard et des trois jeunes Hommes............ 98

CHAPITRE IX

DU STYLE EN GÉNÉRAL — EXERCICES PRÉPARATOIRES — DE LA DÉFINITION

Que le progrès dans l'art d'écrire est de tous le plus lent et pourquoi. — Ce qu'on peut raisonnablement demander à nos maîtres. — Que, pour arriver à écrire, il faut lire beaucoup, et que le temps manque à l'école pour les lectures. — Des qualités de style qu'on doit surtout développer. — De l'impropriété dans les termes. — Quelles en sont les causes. — D'où naissent le goût et le besoin de la propriété dans les termes. — Moyen le plus efficace pour arriver à la propriété. — De la définition scientifique. — De la définition ordinaire. — Heureux effets de l'habitude de la définition...................... 112

CHAPITRE X
EXERCICES PRÉPARATOIRES — DE LA MÉTAPHORE — DU STYLE FIGURÉ

Du besoin que nous éprouvons de trouver des comparaisons pour nous soulager et nous faire mieux comprendre. — Exemple tiré de la conversation. — Que la métaphore et le mot figuré sont des comparaisons. — Que les sciences elles-mêmes ne peuvent se passer de la métaphore. — Exemples tirés du vocabulaire de l'arithmétique. — Qu'il importe de s'exercer de bonne heure à l'emploi des métaphores. — Sur quel fondement repose le langage figuré. — Que le défaut le plus ordinaire du style des instituteurs est la fausseté des métaphores et pourquoi. — Méthode à suivre pour distinguer les bonnes métaphores des mauvaises. — Exemples. — Substitution de termes métaphoriques à des termes abstraits. — Choix entre plusieurs métaphores pour l'expression d'une même idée. 119

CHAPITRE XI
DU TOUR DE LA PHRASE

Défaut ordinaire à l'école. — Uniformité des tours. — Du passé défini. — De l'imparfait du mode indicatif. — Abus de ces temps. — De la prédilection pour l'imparfait du mode subjonctif. — Du temps présent; avantages qu'il offre sous le rapport de la variété des sons. — Exemples. — Des défilés de pronoms employés à la même personne. — Modèle de variété emprunté à La Fontaine. — Que la variété naît de la vivacité du sentiment. — Exemple tiré de la conversation. — Que les sujets les moins vivants comportent cependant une certaine variété de tours. — Exemples tirés de deux descriptions, l'une de Voltaire, l'autre de Buffon. — Moyens à employer pour se corriger de l'uniformité........................ 129

CHAPITRE XII

DU VOCABULAIRE LITTÉRAIRE — MOYENS DE L'ENRICHIR

Que ce sont surtout les mots et les tours de la langue littéraire qui font défaut dans les écoles et pourquoi. — Moyens à employer pour enrichir le vocabulaire des enfants. — Reconstitution des dictées. — Résumés oraux des lectures expliquées ou courantes. — — Registre des mots nouveaux. — De la récitation au point de vue du vocabulaire. — Moyens de la rendre féconde. — Le cahier de morceaux appris par cœur pendant les six ou sept années de scolarité. — Les récapitulations périodiques. — Leurs effets certains.................................... 138

CHAPITRE XIII

DE LA DESCRIPTION — SON IMPORTANCE — SA MARCHE — CE QUI EN FAIT L'IMPORTANCE.

De la description. — Son importance. — Qu'elle répond à un besoin de notre nature. — Qu'elle est d'un usage continuel dans la vie ordinaire. — Qu'elle est l'auxiliaire indispensable des lettres, des sciences, des arts et des métiers. — Conditions de la description. — Observation analytique. — Description de la Suisse vue du haut du Jura. — Qu'ordinairement on se borne à donner des modèles et à les faire reproduire, mais sans en dégager la méthode à suivre. — Marche de l'auteur dans la description de la Suisse. — Pourquoi il a suivi cette marche. — Ce qui donne à une description son véritable caractère. — Ce qui en fait l'unité.. 145

CHAPITRE XIV

DE LA DESCRIPTION (SUITE) — DES OBJETS, DES MINÉRAUX, DES VÉGÉTAUX.

Méthode générale d'observation. — Les cinq sens. — Application de la méthode à la description d'un ruisseau, aux minéraux, aux plantes, aux arbres. — Les physionomies des arbres et leurs attitudes. — Exemples... 154

CHAPITRE XV

DESCRIPTION DES ANIMAUX

Méthode analytique. — Division naturelle. — Exemples tirés de L. Figuier et de Buffon. — L'âne. — L'oiseau-mouche.. 163

CHAPITRE XVI

DESCRIPTION DE L'HOMME — PORTRAITS ET CARACTÈRES

Description de l'homme. — Portrait. — Gustave Wasa. — Fénelon. — Le cardinal Dubois. — Portrait physique. — Portrait moral. — Portrait intellectuel. — Méthode à suivre. — Types ou caractères. — Procédés de La Bruyère. — Exemples : l'égoïste, le riche, la manie des oiseaux.. 169

CHAPITRE XVII

DE LA DESCRIPTION GÉOGRAPHIQUE ET SCIENTIFIQUE

Du point de vue auquel on doit se placer. — De l'ordre et de l'enchaînement des parties. — Exemple tiré de la description d'un pays. — Qualités essentielles de la description scientifique. — Importance et indication du point de départ. — Exemples divers. — La lampe de Dawy. — Le haut fourneau. — Le phare. — Application de la méthode.................................. 180

CHAPITRE XVIII
DE LA DESCRIPTION DES PHÉNOMÈNES

Descriptions dans l'espace. — Descriptions dans le temps. — De l'ordre qui doit y régner. — Des phases diverses par lesquelles passent les phénomènes de la nature. — Des parties de la description qui y répondent : les symptômes avant-coureurs, le crescendo, le maximum, le decrescendo, les effets. — Exemples : l'orage du poème des *Saisons*. — L'orage dans la symphonie de Beethoven. — Le lieu, le temps : exemple tiré de Chateaubriand. — De la conclusion : exemples : le lever de soleil de J.-J. Rousseau, une nuit dans les déserts du nouveau monde de Chateaubriand 190

CHAPITRE XIX
DE LA DESCRIPTION DES IMAGES

Importance croissante de l'image dans l'enseignement contemporain. — Que l'image est l'instrument scolaire par excellence. — Lorsque l'image n'est qu'une reproduction exacte, la méthode de description est la même pour l'image que pour l'objet qu'elle représente. — Lorsqu'elle est une composition, une œuvre d'art, la méthode change. — Il faut se demander quel a été le but de l'artiste. — Des tableaux à un ou plusieurs personnages. — Méthode à suivre pour l'observation et par conséquent pour la description. — Exemples : Attila et saint Loup. — Louis XIV au Parlement. — Bonaparte au pont d'Arcole. — Le visage, le geste, l'attitude, les vêtements, les groupes. — Exemple tiré du deuxième acte d'*Athalie*. — Règle essentielle... 198

CHAPITRE XX
DE LA MANIÈRE D'EXPLIQUER LES PROVERBES

Du proverbe. — Son origine. — Son antiquité. — Son caractère. — Son utilité. — Des divers genres de proverbes. — Différences de fond. — Différences de forme. — Méthode de développement. — L'explication du sens, la définition des mots, la preuve par les faits, la preuve par le raisonnement. — Application de la méthode à deux proverbes : « Dis-moi qui tu hantes et je te dirai qui tu es ». — « Toute vérité n'est pas bonne à dire ». — Résumé et conclusion. 207

CHAPITRE XXI
DE LA LETTRE

Définition. — Sens du mot conversation. — Qualités que la lettre doit avoir. — Défauts ordinaires de la lettre à l'école. — Abus qu'on y fait du genre épistolaire. — Que presque tous les sujets peuvent être traités sous forme de lettre, mais à certaines conditions. — Du caractère essentiel et constitutif de la lettre : la *personnalité*. — Que l'enfant a un commencement de personnalité, et que c'est là ce qu'il faut faire sortir de la lettre. — Un bout de lettre de madame de Sévigné. — Des lettres d'affaires ou autres. 222

CHAPITRE XXII
DE LA TRADUCTION DES MORCEAUX DE VERS EN PROSE

Que cet exercice n'est pas toujours bien compris. — Qu'imiter n'est pas traduire. — Ce que c'est qu'une traduction. — Que la langue poétique diffère sensiblement de la langue de la prose. — Que la poésie n'est pas toujours facile à comprendre et pourquoi.

De l'effet produit sur l'esprit par la musique des

vers. — Avantages que l'enfant retire de la traduction des vers en prose..... 229

CHAPITRE XXIII
DU DIALOGUE

De son importance. — Qu'il constitue un genre. — Qu'il se retrouve dans tous les genres littéraires. — Ce qui en fait la difficulté. — Des qualités du dialogue. — L'enchaînement. — La direction vers un but marqué à l'avance. — L'opposition des caractères ou des idées. — L'accélération du mouvement. — Que le dialogue entre Bourbon et Bayard, tiré des Dialogues des morts de Fénelon, possède toutes ces qualités. — Étude analytique de ce morceau. — Méthode pour arriver à faire parler convenablement les personnes. — Résumé................... 233

CHAPITRE XXIV
QUELQUES MOTS SUR LE DISCOURS

Qu'un discours n'est qu'un composé de deux dialogues. — Qu'il est bon de savoir en quoi consiste un discours. — Que tout le monde en fait, sans le vouloir ou le savoir. — Qu'il est un raisonnement. — Que les raisons se puisent à deux sources, le devoir et l'intérêt. — Méthode de composition et d'appréciation. — Précautions à prendre..................... 244

CHAPITRE XXV
DE LA NARRATION (PREMIÈRE PARTIE)

Que la narration renferme tous les autres genres. — Simplification des règles. — Règles principales : le but et les moyens. — La division du récit. — Application de ces règles par P.-L. Courier. — Aventure dans les Calabres. — L'art du récit. — Gradation et contraste 250

CHAPITRE XXVI

DU CONTRASTE ET DE LA GRADATION

Que les contrastes abondent dans la nature, dans la vie, dans les lettres et les arts; qu'il en est de même de la gradation ; que ce sont comme des lois qui gouvernent le monde et l'esprit ; que, bien qu'opposées, elles s'accordent entre elles. — Exemples de tout genre.. 261

CHAPITRE XXVII

NARRATION (DEUXIÈME PARTIE)

Le meunier Sans-Souci. — Les pièces de la narration, description, portrait, réflexions, dialogues. — Du rapport des parties avec le but. — Gradation dans l'intérêt du récit, gradation dans le caractère du meunier. — De l'importance relative des diverses parties et de l'étendue qu'il convient de donner à chacune d'elles. — Résumé et conclusion........... 267

CHAPITRE XXVIII

DE L'ENSEIGNEMENT DE LA GÉOGRAPHIE. — CARACTÈRE A LUI DONNER... 276

CHAPITRE XXIX

DE L'ENSEIGNEMENT DE LA GÉOGRAPHIE (SUITE)

Progrès de la science géographique dans ces derniers temps. — Changements qui en résultent dans les méthodes d'enseignement. — Ce que c'est que savoir la géographie. — Que cette science est ambitieuse, qu'elle touche et tient à tout, et que le maître doit

savoir se borner et choisir. — Où doit-il s'arrêter?
— De la limite dans la description. — Qu'il doit à
propos des lieux fameux rappeler les événements et
non les raconter. — Des lectures géographiques. — De
la décomposition nécessaire de la carte complète en
cartes spéciales. — De l'importance des cartes orographiques et hydrographiques. — De l'ordre dans
lequel les cartes spéciales peuvent se succéder. — De
la reconstitution par l'élève de la carte générale. —
Son utilité... 285

CHAPITRE XXX
DU DESSIN DES CARTES

De la carte muette. — Son principal usage. — Des
cartes coloriées, leur utilité. — Du dessin, ses avantages. — Que dessiner les signes géographiques n'est
pas plus difficile que d'écrire certaines lettres. — Qu'il
faut procéder avec gradation. — Application de la
méthode au cours du Rhône. — Le partage du fleuve.
— La direction de chacune des parties. — Leur longueur relative. — Les accidents. — Manière d'attacher les affluents. — Exemple tiré des affluents de
la Seine. — De la détermination des points d'attache.
— De la comparaison des affluents entre eux sous le
rapport de la direction et de la longueur. — De la
manière d'ajuster les départements. — Comparaison
entre eux sous le rapport du partage et de la forme. 297

CHAPITRE XXXI
LE PASSÉ ET LE PRÉSENT 310

CHAPITRE XXXII
DE L'ENSEIGNEMENT DE L'HISTOIRE

La leçon d'histoire dans certaines écoles. — Le coup
de ciseaux. — L'histoire en menus morceaux. — Les

fournées. — De la nécessité pour le maître de faire la leçon, livre fermé. — Combien de fois le maître a appris ce qu'il doit enseigner. — Le véritable rôle du livre. — Le maître et le casier du typographe. — Que l'histoire est, de sa nature, infinie, multiple, croissante ; que, pour la saisir et la fixer, l'on peut employer la méthode actuellement appliquée à l'étude de la géographie. — Avantages de cette méthode : elle renouvelle l'intérêt, elle fixe les souvenirs, elle habitue à grouper les connaissances, à saisir un ensemble, à comprendre la nature et la marche du progrès. — Les questions de rapprochement et de comparaison. — Le cours de l'histoire en aval et en amont.................................... 315

CHAPITRE XXXIII

DE L'ENSEIGNEMENT DE L'HISTOIRE (SUITE) — CHRONOLOGIE

Mobilité de l'histoire et fixité géographique. — De l'importance des dates. — De la difficulté de les retenir. — Nécessité d'une méthode. — Efficacité des procédés personnels. — Du cadre général : les dynasties et les règnes. — Procédés mnémotechniques. — De la comparaison des dynasties, des règnes et des assemblées sous le rapport de la durée. — Règnes égaux en durée. — Règne d'un an, de deux, de trois ans. — Règnes égaux et successifs. — Les extrêmes. — Deux règnes de 44 et deux de 43 ans chacun. — Règnes de 60 et de 72 ans. — Leur place. — De la comparaison entre eux des règnes d'une même dynastie. — Les Capétiens directs. — De la comparaison des dynasties entre elles sous le rapport du nombre des règnes. — Autres procédés ; la date promenée de siècle en siècle. — Les grands faits groupés autour d'une même date. — Exemples.............. 327

CHAPITRE XXXIV
MNÉMOTECHNIE HISTORIQUE

Qu'il est utile de résumer un règne en un portrait. — Que le souvenir des qualités ou défauts d'un prince réveille inévitablement le souvenir des principaux faits de son règne. — Exemples. — Qu'il faut habituer les enfants à apprécier la valeur morale. — Que cette habitude préserve du fatalisme historique. — De l'utilité qu'on trouve à donner aux siècles eux-mêmes une physionomie et des noms ou surnoms. — Exemples. — Confusions ordinaires aux enfants dans la chronologie des siècles. — Procédés à suivre pour les éviter. — Application du mètre à la chronologie. — Correspondance parfaite entre le mètre et le siècle. — Exemple. — Trois règnes juxtaposés ou superposés. — Qu'on peut tracer sur les murs d'une classe, si petite qu'elle soit, une ligne horizontale représentant en mètres et en centimètres, c'est-à-dire en siècles et en années, tout le cours de notre histoire. — Des divisions logiques ou naturelles par opposition aux divisions arbitraires ou accidentelles. 340

CHAPITRE XXXV
DEUX GRANDES LEÇONS D'HISTOIRE

Histoire du peuple. — Histoire de l'humanité......... 352

CHAPITRE XXXVI
DES LEÇONS DE CHOSES ET DES MUSÉES SCOLAIRES, CANTONAUX, PÉDAGOGIQUES.

Que la leçon de choses n'est pas toujours bien comprise. — Qu'elle doit être une leçon faite par les choses et non sur les choses. — Qu'elle est une application de la méthode d'observation personnelle. — Exemples tirés des grains et des épis. — Des musées scolaires. — Leur composition. — Leur diversité. — Leur utilité. — Des musées cantonaux. — Comment ils se divisent. — Comment ils peuvent servir aux enfants. — Du musée pédagogique. — Quels services il peut rendre aux instituteurs. — Des projections lumineuses. — Du parti qu'on en peut tirer. — Cours complet d'enseignement par l'aspect.............. 35

CHAPITRE XXXVII

MANIÈRE DE FAIRE LA CLASSE

L'entrée en classe. — La revue des troupes. — La harangue. — Du savoir et du savoir-faire. — La sauce et le poisson. — L'aimantation — De la froideur, ses effets. — De la bonté. — Le signe de la vocation. — Qu'on doit ménager l'amour-propre des enfants. — Ne pas leur dire qu'ils sont intelligents.......... 373

CHAPITRE XXXVIII

MANIÈRE DE FAIRE LA CLASSE (SUITE) — DES INTERROGATIONS

La classe à deux. — Les maîtres loquaces. — Les muets. — Le monologue et le dialogue. — La classe et la troupe d'acteurs. — La classe et l'orchestre. — Rôle du maître. — De l'interrogation. — Des élèves qui demandent toujours à répondre et de ceux qui ne demandent jamais. — Manière de conduire les interrogations et de poser les questions. — Une visite d'inspection, histoire du temps jadis. — Interrogations volantes. — Interrogations traînantes. — Juste milieu. — Des questions trop faciles ou trop difficiles. — Des questions sans réponse. — Le meilleur criterium de la valeur pédagogique 38

CHAPITRE XXXIX

MANIÈRE DE FAIRE LA CLASSE — DISCIPLINE

De la bonne humeur du maître. — Qu'elle est l'attrait de l'école. — Qu'elle est particulièrement désirable dans une classe de petits Français. — De la patience naturelle et de la patience acquise. — Laquelle est la meilleure ? — De l'emportement, ses effets. — Il rend injuste, il fait perdre le respect des enfants. — Du reproche vraiment efficace. — Des coups. — Des règlements. — De l'habitude. — Période de transition. — Conseils.................................... 392

CHAPITRE XL

MANIÈRE DE FAIRE LA CLASSE (SUITE ET FIN)

Le ton. — La voix. — Le regard. — Les tics. — Les appellations. — Le maître en chaire. — Le péripatéticien. — La tyrannie du livre. — Qu'il faut s'en affranchir à tout prix. — Que l'enseignement n'a de la suite et de la vie qu'autant que le maître le domine. — Friandises. — Approvisionnement de contes et de récits. — Histoire d'une histoire. — L'*Obéron* de Wieland... 401

FIN DE LA TABLE DES MATIÈRES

POITIERS. — TYPOGRAPHIE OUDIN ET Cie.

www.ingramcontent.com/pod-product-compliance
Lightning Source LLC
Chambersburg PA
CBHW050903230426
43666CB00010B/2009